高等职业教育土木建筑类专业新形态教材

U0711114

工程建设法规

（第3版）

主　编　廖征军
参　编　张　丽　卢　林　李晓楼
　　　　罗　淼　张　凯

北京理工大学出版社
BEIJING INSTITUTE OF TECHNOLOGY PRESS

内 容 提 要

    本书结合高职高专院校人才培养目标及教学改革的需要编写完成。全书共11章，主要内容包括概论、建设工程法律法规基础、工程发承包与招投标法规、建设工程合同法规、建设工程勘察设计法规、建设工程施工管理法规、工程建设监理法规、建设工程质量管理法规、工程建设安全生产法规、环境保护与建筑节能法规、城市房地产与物业管理法规等。

    本书可作为高职高专院校土建施工类、工程管理类相关专业的教学用书，也可供工程建设行业相关人员学习参考。

图书在版编目(CIP)数据

工程建设法规／廖征军主编.—3版.—北京：北京理工大学出版社，2019.1（2024.2重印）

ISBN 978-7-5682-6235-4

Ⅰ.①工… Ⅱ.①廖… Ⅲ.①建筑法–中国–高等学校–教材 Ⅳ.①D922.297

中国版本图书馆CIP数据核字（2018）第199120号

责任编辑：杜春英	文案编辑：杜春英
责任校对：周瑞红	责任印制：边心超

出版发行／北京理工大学出版社有限责任公司

社　　址／北京市丰台区四合庄路6号

邮　　编／100070

电　　话／（010）68914026（教材售后服务热线）

　　　　　（010）68944437（课件资源服务热线）

网　　址／http://www.bitpress.com.cn

版 印 次／2024年2月第3版第4次印刷

印　　刷／北京紫瑞利印刷有限公司

开　　本／787 mm×1092 mm　1/16

印　　张／15.5

字　　数／376千字

定　　价／49.00元

图书出现印装质量问题，请拨打售后服务热线，负责调换

第3版前言

党的二十大报告指出，坚持全面依法治国，推进法治中国建设。"全面依法治国是国家治理的一场深刻革命，关系党执政兴国，关系人民幸福安康，关系党和国家长治久安。必须更好发挥法治固根本、稳预期、利长远的保障作用，在法治轨道上全面建设社会主义现代化国家。"近年来，随着我国国民经济的持续快速发展以及深化改革的不断推进，工程建设的规模越来越大，为适应工程建设领域迅猛发展的需要，规范工程建设行为，确保工程建设领域的健康发展，必须加强工程建设法规的教育工作，提高从业人员的法律意识。

本书以我国工程建设现行的法律法规为基本依据，结合高职高专院校工程造价与管理、建筑工程技术等土建类相关专业人才培养的需要，基本按照工程建设先后程序进行编写。全书内容紧扣高等职业教育人才培养目标，以工程建设全过程为主线，对勘察、设计、施工、招标、投标、工程监理、质量保证、生产安全、节能环保、城市房地产交易与物业管理等所涉及的工程建设法律法规以及违反工程建设法规应负的法律责任进行了介绍。

在本次修订编写过程中，加入了必要的小资料对相关名词术语进行备注，在重要环节通过案例分析对相关知识点进行了巩固分析，既方便教学，又能充分激发学生的学习兴趣，提高教学效果。另外，通过设置学习重点、学习目标、任务总结和巩固训练，最大限度地适应高职高专院校教学需要。

本书由四川职业技术学院廖征军统稿并担任主编，成都农业科技职业学院张丽，贵州交通职业技术学院卢林，四川职业技术学院李晓楼、罗淼、张凯参与了本书部分章节的编写工作。具体编写分工为：第1章、第3章、第10章、第11章由廖征军编写；第2章由卢林、廖征军、张凯共同编写；第4章由卢林编写；第5章由罗淼编写；第6章、第8章、第9章由张丽编写；第7章由李晓楼编写。

本书在编写过程中，除查阅大量法律、法规、规章等之外，还参考了国内专家和同行的部分著作，在此谨向相关专家和同行表示衷心感谢！

由于编者水平有限，加之时间仓促，书中难免存在疏漏与不足，敬请专家和读者不吝赐教。

编　者

第2版前言

近年来，随着我国国民经济持续快速发展和改革开放不断深化，工程建设的规模与影响也日益扩大，为适应并规范工程建设领域的迅猛发展，工程建设领域的立法工作也在不断展开，一批新的法律、部门法规及规定陆续颁布实施，一些原有的法律法规也得到修改完善，因而本书第1版中的部分内容已不能满足现阶段工程建设工作的需要。

根据各院校使用者的建议，结合近年来高职高专教育教学改革的动态，我们对本书进行了修订。本书的修订以近年来工程建设领域所颁布实行的法律、部门法规、规定及司法解释为基本依据，紧扣高职高专院校工程造价与管理、建筑工程技术等土建类专业的人才培养目标，以工程建设全过程为主线进行。修订后的教材内容基本涵盖了建设工程勘察、设计、施工、招标、投标、工程监理、质量保证、生产安全、节能环保等方面所涉及的大部分工程建设法律法规，从而进一步强化了教材的实用性和可操作性，使修订后的教材能更好地满足高职高专院校教学工作的需要。

本次修订和补充的情况主要表现在：

（1）对在第1版编写中出现的笔误进行了纠正，使教材更严谨；

（2）以完善"小资料"的形式对部分名词进行了必要的介绍，进一步方便教学；

（3）在一些重要的知识点后面和习题中增加了案例分析，使教学能更加贴近现实，有利于激发学生的学习兴趣，提高教学效果；

（4）调整和删除了部分内容，使教材结构更合理。

本书修订后共包括11章，分别为绪论、建设工程行政法基础、工程建设标准化法规、工程发承包与招投标法规、建设工程合同法规、工程勘察设计法规、建设工程施工管理法规、工程建设监理法规、建设工程质量管理法规、工程建设安全生产法规、环境保护与建筑节能法规等。此外，为了最大限度地适应高职高专院校教学工作的需要，教材还设置了学习重点、学习目标、本章小结和各类习题。

本书由四川职业技术学院廖征军统稿并担任主编。其中各章节的编写修订执笔人为：第1章、第4章、第11章由四川职业技术学院廖征军修订；第2章、第5章由贵州交通职业技术学院卢林修订；第3章由四川职业技术学院张凯修订；第6章由四川职业技术学院罗淼修订；第7章、第9章、第10章由成都农业科技职业学院张丽修订；第8章由四川职业技术学院李晓楼修订。

本书在编写过程中，除查阅大量法律、法规、规章等之外，还参考了国内专家和同行的部分著作，在此谨向相关专家和同行表示衷心感谢！由于编者水平有限，加之时间仓促，书中难免存在疏漏与不足，敬请专家和读者不吝赐教。

编　者

第1版前言

当前，建筑业已成为推动我国国民经济快速发展的主要支柱产业之一。为规范工程建设行为，确保建设领域的健康发展，必须加强工程建设法规的教育工作，提高从业人员的法律意识。

本书以我国工程建设现行的法律法规为基本依据，结合高职高专院校工程造价与管理、建筑工程技术等土建类专业的人才培养特点，基本按照工程建设先后程序进行编写。内容紧扣高职高专教育培养高等技术应用型专门人才的目标，以工程建设全过程为主线，对勘察、设计、施工、招标、投标、工程监理、质量保证、生产安全、节能环保等所涉及的工程建设法律法规以及违反工程建设法规应负的法律责任作了介绍。

在编写过程中，加入了必要的小资料、案例分析等栏目，既方便教学，又能有效激发学生的学习兴趣，提高教学效果。此外，还设置了学习重点、学习目标、本章小结、习题，以最大限度地适应高职教育"以能力为本位"的教学需要。

全书共分为11章，分别为绪论、建设工程行政法基础、工程建设标准化法规、工程发承包与招投标法规、建设工程合同法规、工程勘察设计法规、建设工程施工管理法规、工程建设监理法规、建设工程质量管理法规、工程建设安全生产法规、环境保护与建筑节能法规。

本书由四川职业技术学院廖征军统稿并担任主编。具体编写情况为：第1章、第4章、第11章由四川职业技术学院廖征军编写；第2章、第5章由贵州交通职业技术学院卢林编写；第3章由四川职业技术学院张凯编写；第6章由四川职业技术学院罗淼编写；第7章、第9章、第10章由成都农业科技职业学院张丽编写；第8章由四川职业技术学院李晓楼编写。

本书在编写过程中，除查阅大量法律、法规、规章等之外，还参考了国内专家和同行的部分著作，在此表示衷心感谢！

由于编者水平有限，加之时间仓促，书中难免存在疏漏与不足，敬请专家和读者批评指正。

编　者

目 录

第1章　概　　论

学习重点

　　建设法规的概念、工程建设法律关系的构成要素；建设法规的调整对象、法律地位与作用；工程项目建设的程序。

概论

学习目标

　　了解建设法规的概念及立法的基本原则；熟悉建设法规的地位、作用；掌握工程建设法律关系的构成要素及工程项目建设的阶段划分。

1.1　建设法规概述

1.1.1　建设法规及建设法规体系

1. 建设法规

　　(1)建设法规的概念。建设法规是指国家权力机关或其授权的行政机关制定，旨在调整国家及其有关机构、企事业单位、社会团体、公民之间在建设活动或建设行政管理活动中发生的各种社会关系的法律、法规的统称。

　　建设法规主要是由特定活动或行业为规范内容而构成的，表现为建设法律、建设行政法规和部门规章以及地方性建设法规和规章。如《中华人民共和国城市规划法》是以特定活动为规范内容的法律；《中华人民共和国城市房地产管理法》是以特定行业为规范内容的法律；《建筑师执业资格证制度暂行规定》则是以特定职业为规范内容的行政法规。

　　(2)建设法规的调整对象。建设法规的调整对象是发生在各种建设活动中的社会关系，包括建设活动中的行政管理关系、经济协作关系及民事关系，它们既彼此关联，又各具自身属性。

　　1)行政管理关系。建设活动中的行政管理关系是指国家及其建设行政主管部门与建设单位、设计单位、施工单位及其他有关单位之间发生的管理与被管理的关系，这种管理关系必须纳入有关建设法规加以调整。

　　2)经济协作关系。建设活动中的经济协作关系是指各个经济主体为了自身生产、生活需要或为实现一定的经济利益及目的，而与其协作伙伴之间所发生的建设经济协作关系。如建设单位与施工单位之间发生的施工关系。它是一种平等自愿、互利互助的横向协作关系，一般以经济合同形式确定。

　　3)民事关系。建设活动中的民事关系是指因从事建设活动而产生的国家、单位法人、公民之间的民事权利和义务。其主要包括：发生在建设活动中有关自然人的损害、侵权、赔偿关系；建设领域从业人员的人身和经济权利保护关系；房地产交易中买卖、租赁、产权关系；土地征用、房屋拆迁导致的拆迁安置、财产赔偿等公民个人的权利关系等。民事关系必须按照民法和建设法规中的民事法律规范加以调整。

2. 建设法规体系

(1)建设法规体系的概念。广义上说，建设法规体系是指把已经制定和需要制定的建设法律、建设行政法规和建设部门规章、地方性建设法规及规章衔接起来，形成一个相互联系、相互补充、相互协调的完整统一的体系。建设法规体系的建立，既是我国现代化进程中建设事业发展的客观需要，也是建设领域建立健全法制环境，规范建设行为，实现有法可依、有章可循的必然要求。

(2)建设法规体系的构成。我国习惯上将建设法规分为建设行政法律、建设民事法律和建设技术法规三种。其可根据立法权限分为以下五个层次：

1)建设法律。建设法律是指全国人民代表大会及其常务委员会审议发布的属于住房和城乡建设部主管业务范围的各项法律，它们是建设法规体系的核心，如《中华人民共和国建筑法》《中华人民共和国城市房地产管理法》等。

2)建设行政法规。建设行政法规是指国务院依法制定并颁布的，属于住房和城乡建设部主管业务范围的各项法规，如《建设工程质量管理条例》。

3)建设部门规章。建设部门规章是指住房和城乡建设部根据国务院规定的职责范围，依据制定并颁布的各项规章或住房和城乡建设部和国务院有关部门联合制定并发布的规章，如《房屋建筑工程和市政基础设施工程竣工验收备案管理暂行办法》。

4)地方性建设法规。地方性建设法规是指在不与宪法、法律、行政法规抵触的前提下，由省、自治区、直辖市人大及其常务委员会制定并发布的建设法规。其包括省会(自治区首府)城市和经国务院批准的较大的市①人大及其常委会制定，报经省、自治区人大或其常务委员会批准的各种法规。

5)地方性建设规章。地方性建设规章是指省、自治区、直辖市以及省会(自治区首府)城市和经国务院批准的较大的市人民政府，根据法律和国务院行政法规制定并颁布的建设方面的规章。

另外，与建设活动关系密切的相关法律、行政法规和部门规章，也起着调整部分建设活动的作用，其所包含的内容或某些规定也是建设法规体系的组成部分。

小资料

①较大的市

根据我国2004年10月27日第十届人大常委会修改通过的《中华人民共和国地方各级人民代表大会和地方各级人民政府组织法》，"较大的市"专指经国务院批准，拥有与省会(自治区首府)城市相同的地方性法规和规章制定权的城市。共50个，有以下几类：

一是分四批批准的18个城市：唐山、大同、包头、大连、鞍山、抚顺、吉林、齐齐哈尔、无锡、淮南、青岛、洛阳(1984年批准，其中重庆已经升格为直辖市)；宁波(1988年批准)；淄博、邯郸、本溪(1992年批准)；徐州、苏州(1993年批准)。

二是5个经济特区：深圳、珠海、汕头、厦门、喀什(海南是省，不是城市)。

三是27个省级政府所在地，即22个省会和5个自治区首府。

1.1.2 建设法规的立法原则

1. 遵循市场经济规律原则

市场经济是指市场对资源配置起基础性作用的经济体制。社会主义市场经济是指与社会主义基本制度相结合的，市场在国家宏观调控下对资源配置起基础性作用的经济体制。我国实行社会主义市场经济体制，不仅是宪法的基本原则，也是建设法规立法的基本原则。

2. 法制统一原则

所有法律都有其内在的统一联系，并在此基础上构成国家的法律体系。建设法规体系作为我国法律体系的一个组成部分，其立法必须遵循法制统一原则。该法律体系与其他法律体系不应冲突，必须符合宪法的精神与要求。其内部高层次法律、法规对低层次法规及规章具有制约性和指导作用，地位相等的建设法规和规章在内容规定上不应互相矛盾。

3. 责、权、利一致原则

责、权、利一致是对建设行为主体的权利、义务及责任在建设立法上提出的一项基本要求。建设法规主体享有的权利和履行的义务是统一的，任何主体在享有建设法规规定权利的同时，也必须履行法律规定的义务。建设行政主管部门行使行政管理权利的同时也负有相应的责任或义务，权利和义务应彼此结合，协调一致。

1.1.3 建设法规的作用

1. 规范、指导建设行为

建设法律规范是指从事各种具体建设活动应遵循的行为规范。其规范性表现为以下两个方面：

（1）必需的建设行为。如《中华人民共和国建筑法》第四十八条规定："建筑施工企业应当依法为职工参加工伤保险缴纳工伤保险费。鼓励企业为从事危险作业的职工办理意外伤害保险，支付保险费。"此为义务性建设行为规定。

（2）禁止的建设行为。如《中华人民共和国招标投标法》第四条规定："任何单位和个人不得将依法必须进行招标的项目化整为零或者以其他任何方式规避招标。"该法第五条规定："招标投标活动应当遵循公开、公平、公正和诚实信用的原则。"这些规定均体现了建设法规对具体建设行为的规范和指导作用。

2. 保护合法建设行为

建设法规应对一切符合本法规的建设行为给予确认和保护。如《中华人民共和国合同法》第八条规定："依法成立的合同，对当事人具有法律约束力。当事人应当按照约定履行自己的义务，不得擅自变更或者解除合同。依法成立的合同，受法律保护。"

3. 处罚违法建设行为

建设法规必须对违法建设行为给予应有的处罚，否则，建设法规的制度会因得不到强制制裁手段的保障而变得毫无意义。如《中华人民共和国建筑法》第七十二条规定："建设单位违反本法规定，要求建筑设计单位或者建筑施工企业违反建筑工程质量、安全标准，降低工程质量的，责令改正，可以处以罚款；构成犯罪的，依法追究刑事责任。"

1.2 工程建设法律关系

1.2.1 工程建设法律关系的概念

法律关系是指法律规范调整一定社会关系而产生的权利和义务关系。工程建设法律关系是指由工程建设法规所确认和调整的、在工程监督管理和协作中所产生的权利和义务关系。

在工程建设活动中，建设单位要进行工程建设，则必须获得计划部门对该项目的批准，由此便在建设单位与计划批准机关之间产生了行政管理关系；建设计划批准后，需要进行资金筹措、材料设备购置、招标投标以及进一步组织设计、施工、安装等工作，这样又产生了建设单位与银行、物资供应、勘察设计、施工等单位的资金借贷关系、材料供应关系、勘察设计关系、工程承包关系等。这些关系往往表现为平等、等价、有偿的合同关系。

1.2.2 工程建设法律关系的构成要素

工程建设法律关系的构成要素是工程建设法律关系必不可少的组成部分。任何法律关系都是由主体、客体和内容三个要素构成的，三者缺一不可。三个要素因内涵不同而组成不同的法律关系，如民事法律关系、行政法律关系、劳动法律关系等。

1. 主体

工程建设法律关系的主体，主要是指参加、管理或监督建设活动，受工程建设法律规范调整，在法律上享有权利、承担义务的自然人、法人或其他组织。

（1）国家机关。

1）国家权力机关。国家权力机关是指全国人民代表大会及其常务委员会和地方各级人民代表大会及其常务委员会。国家权力机关在工程建设法律关系中的职能是审批国家建设计划和国家预决算，制定并颁布建设法规，监督检查国家各项建设法律的执行。

2）国家行政机关。国家行政机关是指依照宪法和法律设立，依法行使国家行政职权、组织管理国家行政事务的机关。其包括国务院及其所属部委、地方人民政府及其职能部门。国务院制定通过的条例、规定等称为行政法规，其地位低于全国人民代表大会及其常务委员会制定通过的法律；国务院各部门制定的条例、规定、办法等属于部门规章，其地位低于国务院制定的行政法规。

（2）社会组织。工程建设中所指的社会组织一般为法人。法人是具有民事权利能力和民事行为能力，依法享有民事权利和承担民事义务的组织，如建设单位、勘察设计单位、建筑业企业、生产厂商等。法人必须依法成立，有必要的财产或经费，有自己的名称、组织机构和场所，能独立承担民事责任。

（3）自然人。自然人也可成为工程建设法律关系的主体。例如，建筑企业工作人员与企业签订劳动合同时，即成为劳动法律关系主体。

2. 客体

工程建设法律关系的客体是指工程建设法律关系主体享有的权利和承担的义务所共同

指向的对象。通常，工程建设主体都是为了某一客体，彼此才设立一定的权利与义务，从而产生工程建设法律关系，这里的权利与义务所指的对象即工程建设法律关系的客体。

工程建设法律关系的客体可分为以下四类：

(1)表现为财的客体。财一般是指资金及各种有价证券。工程建设法律关系中主要是建设资金，如基本建设贷款合同的标的，即一定数量的货币。

(2)表现为物的客体。在工程建设法律关系中，表现为物的客体主要指建筑材料，如钢材、木材、水泥等及其构成的建筑物，还有建筑机械设备等。

(3)表现为行为的客体。在工程建设法律关系中，行为多表现为完成一定的工作，如勘察设计、施工验收等活动。

(4)表现为非物质财富的客体。在工程建设法律关系中，如设计单位提供具有创造性的设计图纸就是非物质财富的客体，该设计单位依法享有专用权，任何单位未经其允许不得无偿使用。

3. 内容

工程建设法律关系的内容是指工程建设权利和工程建设义务。工程建设法律关系的内容是工程建设主体的具体要求，决定着工程建设法律关系的性质，它是连接主体和客体的桥梁和纽带。

(1)工程建设权利。工程建设权利是指工程建设法律关系主体在法定范围内，根据国家建设管理要求和自己业务活动需要，有权进行各种建设活动。权利主体可要求合同其他主体做出和抑制相应的行为，以实现自己的工程建设权利。由于其他主体的行为而使工程建设权利不能实现时，权利主体有权要求国家机关对自己加以保护并对相应的其他主体予以制裁。

(2)工程建设义务。工程建设义务是指工程建设法律关系主体必须按法律规定或合同约定应负的责任。工程建设义务和工程建设权利是相互对应的，相应主体必须自觉、正确履行工程建设义务，否则将受到相应制裁。

案例 1.1

背景：

某投资公司与某建筑公司签订了办公楼施工合同，合同明确了建筑公司必须保质保量保工期完成该办公楼的施工、保修以及投资公司支付建筑公司工程款等具体条款。

试分析：

本案例包含了什么法律关系？该法律关系中三要素分别有哪些？

分析要点：

本案例所包含的法律关系是某投资公司与某建筑公司之间的施工承包合同关系。该法律关系主体是某建筑公司和某投资公司。客体是办公楼。内容是主体双方各自应享有的权利和应承担的义务，即对于投资公司而言，应按合同约定承担按时、足额的工程款支付义务，在此前提下，具有要求建筑公司按合同约定获得合格办公楼的权利；对于建筑公司，其权利是按合同约定获得工程款，接收该工程款后，负有保质保量保工期交付办公楼及承担其保修事项的义务。

1.2.3 工程建设法律关系的产生、变更与终止

1. 工程建设法律关系的产生

工程建设法律关系的产生是指工程建设法律关系的主体之间形成一定的权利和义务关

系。如某建设单位与施工单位签订了建设工程合同，主体双方便产生了相应的权利和义务关系。此时，受法律规范调整的工程建设法律关系即告产生。

2. 工程建设法律关系的变更

工程建设法律关系的变更是指工程建设法律关系的三个要素发生了变化。

(1)主体变更。主体变更是指工程建设法律关系主体数目的增减或主体改变。

(2)客体变更。客体变更是指工程建设法律关系中权利和义务所指向的事物发生变化。客体变更可以是其范围变更，也可以是其性质变更。

(3)内容变更。工程建设法律关系主体与客体的变更，必然导致相应权利与义务的变更，即内容变更。

3. 工程建设法律关系的终止

工程建设法律关系的终止也称工程建设法律关系的消灭，是指工程建设法律关系主体之间的权利与义务不复存在，彼此丧失了约束力。具体有以下三种情况：

(1)自然终止。自然终止是指工程建设法律关系所规范的权利和义务顺利得到履行，主体取得了各自的利益，从而使该法律关系达到完结。

(2)协议终止。协议终止是指工程建设法律关系主体之间协商解除某类工程建设法律关系规范的权利与义务，致使该法律关系归于终止。

(3)违约终止。违约终止是指工程建设法律关系主体一方违约或发生不可抗力，致使该工程建设法律关系规范的权利不能实现。

工程建设法律关系只在一定情况下产生，而这种法律关系的变更和终止也是由一定情况决定的。这种引起工程建设法律关系的产生、变更和终止的情况即人们常说的法律事实，它是工程建设法律关系产生、变更和终止的原因。法律事实按是否包含当事人意志可分为以下两类：

(1)事件。事件是指不以当事人意志为转移而产生的客观现象。其包括地震、台风、火灾等自然事件，战争、暴乱、政府禁令等社会事件和意外事件。

(2)行为。行为是指人有意识的活动。其包括积极的作为和消极的不作为。

1.3 工程建设程序

1.3.1 工程建设程序的概念及其重要性

1. 工程建设程序的概念

工程建设程序是指工程项目从设想、选择、评估、决策、设计、施工到竣工验收以及投入生产的整个建设过程中，各项工作必须遵循的先后顺序。这个顺序是人们在长期认识客观规律的基础上总结制定的，是建设项目科学决策和顺利实施的重要保证。

2. 工程建设程序的重要性

工程建设项目是社会化大生产，其建设周期长，资金和资源占用多，建设环境及内外协作关系复杂，突发性事件或因素多，因此必须要求各行为主体进行广泛而严密的配合，而各项活动又必须在一定的建设地点集中进行和完成，活动空间受到限制，因此只能在时间上进行科学合理的安排。例如，任何工程项目，通常都必须先调研后立项，先选址、勘察后设计，先设计后施工等。前一阶段工作是后一阶段工作的基础和前提，前者未完成后者就不能或无法进行。这种先后顺序是不能颠倒和违反的，否则将造成资源的严重浪费和经济的重大损失。

1.3.2 工程建设的阶段划分及其内容

我国现行工程项目建设有关程序法规将工程项目建设划分为工程项目建设前期阶段、工程项目建设准备阶段、工程项目建设实施阶段、工程竣工验收与保修阶段、工程项目建设后评价阶段五个阶段，每个阶段又包括若干环节。这些阶段和环节各有不同的工作内容，并有着客观的先后顺序。由于工程项目性质、规模、复杂程度的不同，同一阶段内各环节可能会交叉，有些环节也可能被省略，具体执行中，应在工程项目建设程序大前提下灵活开展。

（1）工程项目建设前期阶段。工程项目建设前期阶段即决策分析阶段，目的是对工程项目投资的合理性进行考察和对工程项目进行选择，并从根本上决定其投资效益。其包括以下五个环节：

1）投资意向。投资意向是投资主体发现合适的投资机会而产生的投资愿望，是工程建设活动的起点。

2）投资机会分析。投资机会分析是投资主体对投资机会进行的初步考察和分析，当认为机会合适、有良好预期效益时，即可采取进一步行动。

3）项目建议书。项目建议书是要求建设某具体工程项目的建议文件，主要从宏观上分析项目建设的必要性，同时初步分析建设的可能性，以便在一个确定地区或部门内，以自然资源和市场预测为基础，选择建设项目。限额以上大中型的项目建议书，由行业归口部门初审后，再由国家发改委审批；小型项目则按隶属关系由主管部门或地方发改委审批。

4）可行性研究。可行性研究是指项目建议书经批准后，分析论证项目在技术上是否可行，经济上是否合理。可行性研究是项目最终决策和进行初步设计的重要文件，必须经过具备资格的咨询机构评估确认，方可作为投资决策的依据。

5）审批立项。审批立项是有关部门对可行性研究报告的审批程序。审查通过后即予以立项，正式进入工程项目建设准备阶段。

（2）工程项目建设准备阶段。工程项目建设准备阶段包括以下五个环节：

1）规划。在规划区[①]内建设的工程，必须符合城市规划和村庄、集镇规划的要求。在城市规划区内进行工程建设的，要在依法领取城市规划行政主管部门核发的《选址意见书》《建设用地规划许可证》《建设工程规划许可证》后，方可获取土地使用权并进行设计、施工等相关建设活动。

2）获取土地使用权。《中华人民共和国土地管理法》第八条规定："城市市区的土地属于国家所有，农村和城市郊区的土地除由法律规定属于国家所有的以外，属于农民集体所有；宅基地和自留地、自留山，属于农民集体所有。"工程建设用地都必须通过国家对土地使用权的出让而

> **小资料**
> **①规划区**
> 规划区是指城市、镇和村庄的建成区及因城乡建设和发展需要，必须规划控制的区域。规划区的范围由有关人民政府在组织编制的城市总体规划、镇总体规划、乡规划和村庄规划中，根据城乡经济社会发展水平和统筹城乡发展需要划定。

取得，需在农民集体所有土地上进行工程建设的，也必须先由国家征用农民土地，然后再将土地使用权出让给建设单位或个人。

3）征收。征收是工程建设的重要环节之一，为规范国有土地上房屋征收与补偿活动，维护公共利益，保障被征收房屋所有权人的合法权益，国务院于2011年1月21日起公布并施行了《国有土地上房屋征收与补偿条例》。对国有土地上的房屋进行征收与补偿，必须符合该条例的有关规定。

4）报建。建设项目批准立项后，建设单位或其代理机构需持项目立项批文、银行出具的资信证明、建设用地批文等资料，向当地住房城乡建设主管部门或其授权机构进行报建。

5）工程发包与承包。建设项目批准立项并报建后，需对拟建工程发包，以优选工程勘察设计、施工、总承包和监理等单位。

（3）工程项目建设实施阶段。工程项目建设实施阶段包括以下四个环节：

1）工程勘察设计。设计是工程项目建设中与勘察密不可分的重要环节。设计文件是制订建设计划、组织施工和控制投资的依据。设计必须在进行工程勘察取得足够地质、水文等基础资料后才能进行。建设项目的设计一般可分为初步设计和施工图设计。对于重大和技术复杂的项目，其可根据实际情况在初步设计和施工图设计之间增设技术设计。

2）施工准备。施工准备包括施工单位在技术、物资方面的准备和建设单位取得开工许可的准备。

3）工程施工。工程施工是施工队伍具体配置各种施工要素，将工程设计转化为建筑产品的过程。工程施工管理水平的高低、工作质量的好坏对建设项目的质量和所产生的效益起着十分关键的作用。工程施工管理包括施工调度、施工安全、文明施工及环境保护等内容。

4）生产准备。生产准备是指工程施工临近结束时，为保证建设项目能及时投产使用而进行的准备活动。它是建设阶段转入生产经营的必要条件。其内容主要包括：招收和培训人员，组织设备安装调试及工程验收；生产管理机构设置，管理制度的制定，生产人员配备；生产技术准备；落实原材料、燃料、水、电的来源及其他需要协作配合的条件和物资的准备。

（4）工程竣工验收与保修阶段。工程项目按设计文件规定内容和标准全部建成，并按规定将工程内外全部清理完毕后称为竣工。竣工验收是工程建设过程的最后一环，也是基本建设转入生产或使用的标志。只有当工程验收合格后，方可交付使用。

《中华人民共和国建筑法》及相关法规规定，工程竣工验收交付使用后，在保修期内，承包单位要对工程中出现的质量缺陷承担保修与赔偿责任。

（5）工程项目建设后评价阶段。工程项目建设后评价是工程竣工投产、生产经营一段时间后，对项目立项决策、设计、施工、竣工投产、生产运营等全过程进行系统评价的一种技术经济活动。

> 任务总结

建设法规主要是以特定活动或行业为规范内容而构成的，其体系构成按立法权限可分为建设法律、建设行政法规、建设部门规章、地方性建设法规和地方性建设规章五个层次。

它所调整的对象是建设关系,包括建设活动中的行政管理关系、经济协作关系和民事关系三个方面。

工程建设法律关系是指由工程建设法规所确认和调整的、在工程监督管理和协作中所产生的权利和义务关系。它包括主体、客体和内容三个组成要素。

工程建设程序是指工程项目从设想、选择、评估、决策、设计、施工到竣工验收以及投入生产的整个建设过程中,各项工作必须遵循的先后顺序。这个顺序是人们在长期认识客观规律的基础上总结制定的,是建设项目科学决策和顺利进行的重要保证。

工程项目建设划分为工程项目建设前期阶段、工程项目建设准备阶段、工程项目建设实施阶段、工程竣工验收与保修阶段、工程项目建设后评价阶段五个阶段,每个阶段又包括若干环节。这些阶段和环节各有不同的工作内容,并有着客观的先后顺序。

巩固训练

一、名词解释

建设法规　　建设法规体系　　工程建设法律关系
工程建设程序

二、单项选择题

1. 以下不是工程建设法律关系的是(　　)。
   A. 主体
   B. 客体
   C. 建设法规
   D. 法律关系内容

2. 工程建设法律关系主体一方违约或发生不可抗力,致使该工程建设法律关系规范的权利不能实现,这时工程建设法律关系的终止是(　　)。
   A. 自然终止　　　B. 协议终止　　　C. 违约终止　　　D. 合同终止

3. 行为是指人的有意识的活动,包括(　　)。
   A. 消极的作为和不作为
   B. 积极的作为和不作为
   C. 消极的作为和积极的不作为
   D. 积极的作为和消极的不作为

4. 事件是指不以当事人意志为转移的法律事实,不包括(　　)。
   A. 自然事件　　　B. 意外事件　　　C. 历史事件　　　D. 社会事件

5. 由国务院制定并颁布的《建设工程质量管理条例》是(　　)。
   A. 法律
   B. 行政法规
   C. 建设部门规章
   D. 地方性建设法规

三、多项选择题

1. 工程建设法律关系的构成要素包括(　　)。
   A. 主体　　　B. 客体　　　C. 法律　　　D. 内容

2. 建设法律关系主体,主要指参加或管理、监督建设活动,受工程建设法律规范调整,在法律上享有权利、承担义务的(　　)。
   A. 自然人　　　B. 协会　　　C. 法人　　　D. 其他组织

3. 下列各项中,可以成为法律关系主体的有(　　)。
   A. 某建筑公司　　　B. 市建设局　　　C. 合伙企业　　　D. 外地民工

参考答案

4. 下列各项中，能够作为法律关系客体的有（　　）。
    A. 工程师设计手册   B. 建设资金
    C. 设备采购行为   D. 水泥
5. 法律关系的客体包括（　　）。
    A. 合作伙伴   B. 财或物   C. 行为   D. 非物质财富
6. 法律关系的变更，是指法律关系的（　　）发生变化。
    A. 主体   B. 客体   C. 内容   D. 签订

四、判断题

1. 建设法规能调整建设活动中的民事关系。   （　　）
2. 建设法规主要考虑建设单位享有的权利。   （　　）
3. 法律事实按是否包含当事人意志分为行为和事件，其中事件是指人的有意识的活动，包括积极的作为和消极的不作为。   （　　）
4. 工程建设法律关系中权利义务所指向的事物发生变化叫主体变更。   （　　）
5. 工程建设程序是指项目从设想、选择、评估、决策、设计、施工到验收、投入生产整个建设过程中，各项工作必须遵循的先后顺序。   （　　）

五、简答题

1. 建设法规的调整对象是什么？
2. 工程建设法律关系的构成要素有哪些？
3. 工程建设程序依次分为哪几个阶段？

六、案例分析

背景：

2015 年 7 月 15 日，某医院与某设计单位签订了综合楼的设计合同。合同明确规定了设计单位必须在 8 月 20 日前按照规定的设计要求完成该设计任务，交付设计资料文件；同时也规定了医院支付该综合楼设计款项等具体条款。

试分析：

本案例包含了什么法律关系？该法律关系中三要素分别有哪些？

第2章 建设工程法律法规基础

学习重点

　　行政法的概念；城乡规划法的编制与实施；劳动合同法的适用范围；工程建设标准的分类。

学习目标

　　了解行政立法和执法的相关概念；熟悉城乡规划法规、劳动合同法、工程建设标准等相关知识；掌握行政诉讼程序及《中华人民共和国城乡规划法》(以下简称《城乡规划法》)的相关内容。

2.1　行政法

2.1.1　行政法概述

1. 行政法的概念

　　行政法是指调整国家行政机关在行使职权过程中发生的各种社会关系以及对行政活动进行监督的各种法律规范的总称。

2. 行政的概念与特征

　　行政是指国家行政主体对国家事务和社会事务(即公共事务)进行管理的活动。现代行政具有以下特征：

　　(1)行政的对象是公共事务，具有国家意志性。

　　(2)行政是行政主体依法执行的公共事务管理活动，具有执行性和法律性。

　　(3)行政具有国家强制性，并通过法律的强制性体现。

2.1.2　行政立法

1. 行政立法的概念与特征

　　行政立法是指特定的国家行政机关根据法定权限和程序，制定和发布行政法规和行政规章的活动。行政机关制定规章以外的其他规范性文件的活动不属于行政立法范畴，但却属于抽象行政行为。行政立法具有以下特征：

　　(1)行政立法的主体是国家行政机关。国家权力机关虽然也能制定调整行政关系的法律、法规，但不是这里所说的行政立法。根据《中华人民共和国宪法》第八十九条、《中华人民共和国国务院组织法》第十条、《中华人民共和国地方各级人民代表大会和地方各级人民政府组织法》第六十条和《中华人民共和国立法法》第七十一、七十三条的规定，下列行政机关才能成为行政立法的主体：国务院及部委行署、直属机构，省、自治区、直辖市和较大的市人民政府。显然，行政立法的主体仅限于较高层次的行政机关。

（2）行政立法是依法进行的。行政立法的主体、权限、程序都是法定的。主体法定如上所述。就权限法定而言，立法权属于国家权力机关是一般原则，由行政机关来行使则是一种例外和补充。因此，行政机关进行行政立法必须具有明确、具体的法律依据和授权依据。就程序法定而言，《中华人民共和国立法法》及有关行政法规已对行政立法的程序做了明确规定。

（3）行政立法属于国家立法活动的一部分。国家行政机关根据宪法和法律的规定或授权获得立法权限，依照法定程序制定和发布适用于不特定行政相对人的普遍性规则，其形式表现为行政法规和行政规章。它们具有普遍性、统一性、规范性和强制性。

（4）行政立法是一种抽象行政行为。行政立法的内容不是针对特定人、特定事和一次适用，而是针对不特定人、不特定事制定的，具有反复适用的特性，属于抽象行政行为。

2. 行政立法的分类

（1）根据行政立法权的取得方式，可将行政立法分为职权立法和授权立法。

1）职权立法。职权立法是指行政机关根据宪法和组织法赋予的行政立法权所进行的立法活动，职权立法不能和上位法相抵触。

2）授权立法。授权立法是指行政机关根据单行法律、法规或决议授予的立法权而进行的立法。根据单行法律、法规所进行的立法一般称为普通授权立法，根据最高国家权力机关专门的授权决议所进行的立法称为特别授权立法。授权立法可变通①、补充法律或法规的规定。

（2）根据行政立法的功能，可将行政立法分为执行性立法和创制性立法。

1）执行性立法。执行性立法是指行政机关为了执行或实现特定法律、法规或上级行政机关其他行政规范性文件的规定而进行的立法。

> **小资料**
> **①法律变通**
> 法律变通是指国家最高权力机关以及法律、行政法规授权经济特区的人民代表大会及其常务委员会、民族自治地方的人民代表大会，可以根据其地方政治、经济和文化特点对法律、法规等上位法做出非原则性的变动和突破，在本行政区域范围内适用。

2）创制性立法。创制性立法是指行政机关为填补法律、法规空白或变通法律、法规的规定而进行的立法。

例如，2008年5月12日14点28分，四川省汶川县发生里氏8.0级大地震，汶川县位于震中，损失非常严重，震后重建是一项既严峻又紧迫的工作。2008年6月8日，国务院公布了《汶川地震灾后恢复重建条例》，该条例作为我国首个地震灾后恢复重建的专门条例，使得灾区急切的重建工作纳入了法制化轨道。国务院制定颁布《汶川地震灾后恢复重建条例》的行为便是创制性立法。

（3）根据行政立法的主体，可将行政立法分为中央行政立法和地方行政立法。

1）中央行政立法。中央行政立法是指中央行政机关依法制定和发布行政法规和部门规章的活动。中央立法在全国范围内具有法律效力。

2）地方行政立法。地方行政立法是指地方行政机关依法制定和发布地方规章的活动。地方立法只在本行政区域内发生法律效力。

(4)根据行政立法的形式，可将行政立法分为法规性立法和规章性立法。

1)法规性立法。法规性立法是指国务院依法制定和发布行政法规的活动。行政法规的名称一般称"条例"，也可称"规定""办法"等。其中，"条例"是对某一方面行政工作进行比较全面、系统的规定；"规定"是对某一方面行政工作进行部分的规定；"办法"是对某项行政工作进行比较具体的规定。国务院根据全国人民代表大会及其常务委员会授权而制定的行政法规，称为"暂行条例"或"暂行规定"。

2)规章性立法。规章性立法是指国务院各部门和有立法权的地方人民政府依法制定和发布行政规章的活动。其中，国务院各部门制定和发布的称为部门规章；地方人民政府制定和发布的称为地方规章。规章的名称不能称为"条例"，一般称为"规定"或"办法"。

3. 行政立法的效力

行政立法所制定的行政法规、部门规章、地方规章在效力等级和效力范围上是不同的。

(1)行政立法的效力等级。行政立法的效力等级是指行政法规和行政规章在国家法律规范体系中所处的地位。我国行政立法的效力等级依次为法律、行政法规、地方性法规、规章。其中，省、自治区人民政府制定规章的效力高于本行政区域内较大市的人民政府制定的规章；各部门规章之间、部门规章和地方规章之间具有同等效力，在各自的权限范围内施行。

当各部门规章之间、部门规章和地方规章之间就同一事项规定不一致时，应提请国务院裁决，国务院有权改变或撤销不适当的部门规章和地方规章。

地方性法规与部门规章对同一事项的规定不一致，不能确定如何适用时，由国务院提出意见，国务院认为应当适用地方性法规的，应适用该地方性法规；国务院认为应当适用部门规章的，应报请全国人民代表大会常务委员会裁决。

(2)行政立法的效力范围。行政立法制定的法律规范的效力范围包括时间效力、地域效力和对人的效力。

1)时间效力。行政法规、行政规章的时间效力是指其开始生效和终止效力的时间。生效时间通常有两种：一是自发布之日起开始生效；二是特别规定生效的时间。终止效力的时间主要有：新的法律规范命令废止相关的行政法规、行政规章；专门文件宣布废止行政法规、行政规章；行政法规、行政规章本身规定终止效力日期；因行政法规、行政规章所规定的社会关系事实已不存在而自然失效。

行政法规、行政规章一般不溯及既往①。但使用新的行政法规、行政规章的规定对行政管理相对人更有利时，应使用新的规定。

2)地域效力。行政法规、部门规章的地域效力原则上适用于全国，包括我国领土、领海、领空及领土延伸部分的一切领域。但行政法规、部门规章特别规定有适用范围的，其效力仅限于特别规定地域。如国务院制定颁布的行政法规《汶川地震灾后恢复重建条例》只适用于该次地震涉及的相关区域。地方规章的地域效力适用于制定机关所辖行政区域。

3)对人的效力。行政法规、行政规章对我国公民、法人或其他组织均适用；一般对我国境内的外国人和无国籍人、外国组织也均适用，但依照国际惯例和法律、法规特别规定不适用的除外。

4. 工程行政法律

工程行政法律是指国家制定或认可，体现人民意志，由国家强制力保证实施并由国家建设管理机关从宏观、全局去管理建设企业的法律规范。它在建设法规中居主要地位。如《城乡规划法》《中华人民共和国建筑法》《建设工程勘察设计管理条例》《中华人民共和国城市房地产管理法》等。其特征如下：

（1）指令性。工程行政法律调整的法律关系主体地位不平等，一方下达指令，另一方只能服从并予以执行。

（2）非对等性。主体一方作为国家建设主管机构或间接管理机构只享有权利，而另一方作为接受管理的企事业单位及公民则只承担义务，其权利和义务不对等。

（3）强制性。工程行政法律规范多以禁止、命令的形式表现出来，没有选择和考虑的余地。

（4）灵活性。工程行政法律一般政策性强，立法程序简单，表现形式多样，可根据建设企业的形势变化随时制定、修改和废止。

2.1.3 行政执法

1. 行政执法概述

（1）行政执法的概念。行政执法是指行政机关和其他享有行政管理职能的组织依法对行政管理相对人采取的具体的、直接影响其权利和义务的，或者对相对人权利行使和义务履行情况进行监督检查的具体行政行为。江泽民同志在党的十五大报告中提出："一切政府机关都必须依法行政。"行政机关作为国家权力执行机关，担负着依法管理国家事务、经济和文化事业、社会事务的繁重任务。在我国，宪法和法律、法规的许多规定主要是靠行政机关来贯彻执行的。

（2）行政执法的特征。

1）法定性。行政执法的法定性包含三个方面内容：一是行政执法主体必须合法；二是其权限必须是法律、法规和规章规定的；三是行政执法的依据必须是现行有效的法律、法规和规章。

2）经常性。行政机关的行政管理活动是一项经常性、不间断的活动，因此，行政执法也是一项经常性的活动，在不间断管理社会事务的过程中发挥作用。

3）相对性。行政执法的法律关系为双方的法律关系，行政机关为一方，公民、法人和其他组织为另一方。

4）单方性。行政执法是一种引起行政机关与相对人之间双方法律关系的单方面行为。

5）执法与行政的双重性。在行政执法过程中，行政执法的主体既是法律的执行机关，又是行政管理机关。

6）强制性。行政机关的行政执法行为在合法的前提下，有采取一定手段使行政执法行为的内容得以全部实现的权力。

2. 建设工程行政执法

建设工程行政执法是指住房和城乡建设主管部门和被授权或被委托的单位，依法对各项建设活动和建设行为进行检查监督，并对违法行为执行行政处罚的行为。其执法行为包括以下几项内容：

（1）建设行政决定。建设行政决定是指执法者依法对相对人的权利和义务做出单方面的处理。其包括行政许可、行政命令和行政奖励。

（2）建设行政检查。建设行政检查是指执法者依法对相对人是否守法的实事进行单方面的强制了解。其包括实地检查和书面检查。

（3）建设行政处罚。建设行政处罚是指建设行政主管部门或其他权力机关对相对人实行惩戒或惩罚的行为。其包括财产惩罚、行为处罚和申诚罚①三种。

（4）建设行政强制执行。建设行政强制执行是指在相对人不履行行政机关规定义务时，特定行政机关有权依法对其采取强制手段，迫使其履行相应的义务。

> **小资料**
> ① 申诚罚
> 　　申诚罚也称精神罚或影响声誉罚，是指行政执法部门向违法者发出警戒，申明其有违法行为，通过对其名誉、荣誉、信誉等施加影响，引起其精神上的警惕，使其不再违法的处罚形式。申诚罚的主要形式有警告、通报批评两种。

2.1.4　行政复议

1. 行政复议概述

（1）行政复议的概念。行政复议是指公民、法人或其他组织不服行政主体做出的具体行政行为，认为行政主体的具体行政行为侵犯了其合法权益，依法向法定的行政复议机关提出复议申请，行政复议机关依法对该具体行政行为进行合法性、适当性审查，并做出行政复议决定的行政行为。

行政复议是公民、法人或其他组织通过行政救济途径解决行政争议的一种方法。

（2）行政复议的原则。

1）合法原则。要求复议活动对法律的服从具有与法律的一致性。

2）公开原则。应当满足和保障当事人与公众的了解权、监督权。

3）公正原则。禁止对任何一方当事人的偏私和袒护，平等对待申请人和被申请人。

4）及时原则。行政机关处理案件应尽量程序简单，时间短暂，以使行政争议较快得到解决，行政关系得到较快确定，行政制度得到较快恢复。

5）便民原则。行政复议应将减少当事人的讼累②和支出作为基本活动准则，如不收费、尽快结案等。

> **小资料**
> ② 讼累
> 　　讼累是指因诉讼而带来的麻烦和风险。减少讼累的途径有减轻当事人的诉讼成本，将诉讼程序简单化，用快捷有效的方式来判案，避免案子一拖再拖等。

（3）可以申请行政复议的事项。对公民、法人和其他组织的合法权益造成侵害的行政行为，公民、法人或其他组织可以申请行政复议，具体包括：行政处罚，行政强制措施，许可行为，确认行为，侵犯经营自主权的行为，侵犯农业承包权的行为，违法要求履行义务，不依法办理证照和给予许可的行为，不依法履行保护义务的行为，不依法发放抚恤金、保险金或最低生活保障费的行为，认为行政机关的其他具体行政行为侵犯其合法权益的。

公民、法人或其他组织认为行政机关的具体行政行为所依据的下列规定不合法，在对具体行政行为申请行政复议时，可一并向行政复议机关提出对该规定的审查申请：

1）国务院各部门的规定。

2）县级以上地方各级人民政府及其工作部门的规定。

3)乡、镇人民政府的规定。

上述所列规定不含国务院各部、委以及地方人民政府的规章。

(4)行政复议申请人。行政复议申请人是认为自身合法权益受到侵害，并依法提出复议申请的公民、法人或其他组织。

有权申请行政复议的公民死亡的，其近亲属可以申请行政复议。有权申请行政复议的法人或其他组织终止的，承受其权利的法人或其他组织可以申请行政复议。有权申请行政复议的公民为无民事行为能力人或限制民事行为能力人的，其法定代理人可代为申请行政复议。申请人可委托代理人代为参加行政复议。外国人、无国籍人、外国组织在中华人民共和国境内申请行政复议，享有与中国公民、法人或其他组织相同的申请权。

(5)行政复议被申请人。

1)做出具体行政行为的一级人民政府及其工作部门是独立的被申请人。

2)以共同名义做出具体行政行为的行政机关是共同被申请人。

3)做出被申请具体行政行为的行政机关在申请提出时已经被撤销，继续行使其权限的行政机关是被申请人。

4)法定授权的组织做出具体行政行为，公民、法人或其他组织不服而提出行政复议的，该法定授权组织作为被申请人。

5)行政机关的派出机关①和以自己名义做出具体行政行为的派出机构②，该派出机关和派出机构为被申请人。

(6)行政复议机关。

1)对县级以上地方各级人民政府工作部门的具体行政行为不服的，由申请人选择，可向该部门的本级人民政府申请行政复议，也可向上一级主管部门申请行政复议。对海关、金融、国税、外汇管理等实行垂直领导的行政机关和国家安全机关的具体行政行为不服的，向上一级主管部门申请行政复议。

2)对省、自治区、直辖市人民政府以外地方各级人民政府的具体行政行为不服的，向上一级地方人民政府申请行政复议。不能向上一级人民政府的工作部门或向更上一级人民政府申请复议。对省、自治区人民政府依法设立的派出机关所属县级地方人民政府的具体行政行为不服的，向该派出机关申请行政复议。

3)对国务院部门或省、自治区、直辖市人民政府的具体行政行为不服的，向做出该具体行政行为的国务院部门或省、自治区、直辖市人民政府申请行政复议。对行政复议决定不服的，可向人民法院提起行政诉讼；也可向国务院申请裁决，国务院将依照行政复议法的规定做出最终裁决。当事人不得对国务院的最终裁决提起行政诉讼。

小资料

①派出机关

派出机关是指由各级人民政府设置的职权行政主体，如市辖区、不设区的市人民政府经上一级人民政府批准设立的街道办事处、县级以上地方人民政府在经济技术开发区设立的管委会等。

②派出机构

派出机构是指由各级人民政府的职能部门设置的授权行政主体，如税务所、派出所、工商所等。

派出机关和派出机构的区别在于：

一是设立机关不同。派出机关由各级人民政府设置；派出机构则由各级人民政府的职能部门设置。

二是职能范围不同。派出机关的职能是多方面或综合性的，相当于一级政府；派出机构则仅限于管理某专项行政事务。

三是主体资格不同。派出机关在法律上能以自己名义行使行政权，是地域性行政主体；派出机构则只能成为授权行政主体，且只能是公务性行政主体。

4)对县级以上地方人民政府依法设立的派出机关的具体行政行为不服的，向设立该派出机关的人民政府申请行政复议。

5)对政府工作部门依法设立的派出机构依照法律、法规或规章规定以自己名义所做的具体行政行为不服的，向设立该派出机构的部门或该部门的本级地方人民政府申请行政复议。

6)对法律、法规授权组织的具体行政行为不服的，分别向直接管理该组织的地方人民政府、地方人民政府工作部门或国务院部门申请行政复议。

7)对两个或两个以上行政机关共同做出的具体行政行为不服的，向其共同上一级行政机关申请行政复议。

8)对被撤销的行政机关在撤销前所做出的具体行政行为不服的，向继续行使其职权的行政机关的上一级行政机关申请行政复议。

2. 工程行政复议

工程行政复议是指建设行政机关根据行政监督权，在当事人的申请和参加下，对下一级建设行政机关做出的具体行政行为进行合法性和适当性审查并做出裁决，以解决行政侵权争议的活动。严格执行《中华人民共和国行政复议法》和《中华人民共和国行政复议法实施条例》，对于有效化解行政争议、推进依法行政、促进社会和谐稳定具有十分重要的意义。

案例 2.1

背景：

A县一造纸厂未经批准擅自向本县某河流排放大量造纸废水，造成严重环境污染，县环保局执法检查发现后责令其立即纠正该违法行为，并对其处以5万元的罚款。造纸厂认为省政府颁布的《水污染防治条例》规定："县人民政府环境保护行政主管部门决定的罚款以不超过1万元为限；超过1万元的，应报上一级环境保护行政主管部门批准。"而县环保局却对其处以5万元的处罚，明显违反该条例规定，造纸厂决定申请行政复议。

试分析：

造纸厂可以向哪些机关申请行政复议？依据是什么？

分析要点：

造纸厂的行政复议机关可以是A县人民政府或A县环保局的上一级主管部门即A县所在的市环保局。

依据是《中华人民共和国行政复议法》对行政复议机关所做的规定：对县级以上地方各级人民政府工作部门的具体行政行为不服的，由申请人选择，可向该部门的本级人民政府申请行政复议，也可向上一级主管部门申请行政复议。

2.1.5　行政诉讼

1. 行政诉讼概述

(1)行政诉讼的概念和特征。行政诉讼是指法院应公民、法人或其他组织的请求，通过审查具体行政行为的合法性，从而解决特定范围内行政争议的活动。行政诉讼具有以下特征：

1)行政诉讼是法院通过审判方式进行的一种司法活动，专指法院动用诉讼程序解决行政争议的活动。

2)行政诉讼是通过审查行政行为合法性的方式解决行政争议的活动。

3)行政诉讼是解决特定范围内行政争议的活动。

4)行政诉讼当事人的地位具有特殊性(在行政诉讼中,行政主体当被告,相对人当原告)。

(2)行政诉讼与民事诉讼的联系。行政诉讼与民事诉讼之间既有联系,又有区别。行政诉讼解决的相当一部分行政争议与民事争议交织在一起,解决行政争议成为解决民事争议的前提条件。当事人因不服行政违法侵权行为提起赔偿诉讼既有行政诉讼的特点,也有民事诉讼的特点。法院处理行政争议案件时,应参照民事诉讼法的有关规定,采用民事诉讼规则进行。

2. 行政诉讼程序

(1)起诉。《中华人民共和国行政诉讼法》第四十九条规定,提起诉讼应符合下列条件:

1)原告是认为具体行政行为侵犯其合法权益的公民、法人或其他组织。

2)有明确的被告。

3)有具体的诉讼请求和事实根据。诉讼请求是指原告对被告提出的具体的权利主张和对人民法院做何种判决的要求。事实根据是指原告向法院起诉时明确提出诉讼请求所依据的事实和根据,即不仅包括案件事实(案情事实和证据事实),还应包括诉讼请求的法律、法规依据。

4)属人民法院受案范围和受诉人民法院管辖。最高人民法院《关于执行〈中华人民共和国行政诉讼法〉若干问题的解释》第三十四条规定,公民、法人或其他组织已经申请行政复议,在法定复议期间内又向人民法院提起诉讼的,人民法院不予受理。

(2)受理。受理是指人民法院对原告的起诉进行审查,认为符合法律规定的起诉条件而决定立案并予以审理,或认为起诉不符合法律规定,决定不予受理的行为。

(3)一审。

1)准备阶段。

①由审判员或审判员和陪审员共同组成合议庭。

②人民法院立案后5日内将起诉状副本发送被告,被告在收到副本后15日内向法院提交做出具体行政行为的材料并提交答辩状。法院收到答辩状后5日内将答辩状副本发送原告。

③法院工作人员审查诉讼文书及证据材料。

④调查收集证据。

⑤确认、更换和追加当事人。

⑥决定是否合并审理及其他相关事项。

⑦确定开庭时间、地点并通知当事人和其他诉讼参与人。开庭审理3日前,应以传票或通知书通知当事人。

2)开庭审理。

①通知当事人,公告相关内容。

②进行审理,包括预备阶段、法庭调查、法庭辩论。

③合议庭评议。

④判决裁定。

⑤闭庭。

（4）二审。一审法院做出判决和裁定后，当事人均提起上诉的，上诉各方均为上诉人；诉讼当事人中一部分人提出上诉的，没有提出上诉的对方当事人为被上诉人。上诉人可向一审法院的上一级法院提起上诉，实践中是向原审法院提起上诉，上诉状、答辩状等程序均由原审法院处理完结交二审法院。二审法院在2个月内做出终审判决。

（5）审判监督程序。审判监督程序也称再审程序，是法院根据当事人的申请、检察机关的抗诉或法院自己发现已经发生法律效力的判决、裁定确有错误，依法对案件进行再审的程序。其可分为上级法院的指令再审和本院审判委员会决定的自行再审两类。

3. 行政诉讼裁判

（1）裁定。裁定是指人民法院在审理行政案件过程中，或在案件执行过程中，对程序性问题所做的裁决。

（2）决定。决定是指人民法院为了保证行政诉讼的顺利进行，对诉讼中发生的某些特殊事项所做的司法意思表示，以解决诉讼过程中可能出现的特殊问题，保证案件正常审理和诉讼程序正常进行。

（3）判决。判决是指人民法院根据事实，依据法律、法规，参照规章，对具体行政行为的合法性做出的实体裁判。

2.2 城乡规划法

2.2.1 城乡规划法概述

我国的城乡发展和建设，存在布局混乱、违法建设屡禁不止、旧城区超强度开发建设、环境恶化、城市发展与区域发展不协调、村镇建设散乱等问题。2008年1月1日起实施的《城乡规划法》对于强化城乡规划的综合调控，加强对自然资源和文化遗产的保护与合理利用，加强环境保护，坚持促进城乡经济社会全面、协调、可持续发展等具有十分重要的意义，同时，有利于加强对国家机关工作人员和政府及所属有关部门行政行为的监督检查，提高国家机关工作人员依法行政的自觉性。

1. 城乡规划法的概念

城乡规划是以促进城乡经济社会全面、协调、可持续发展为根本任务，促进土地科学使用为基础，促进人居环境根本改善为目的，涵盖城乡居民点的空间布局规划。城乡规划是城乡建设的基本依据，是保证城乡土地合理利用和城市生产、生活协调运行的重要手段。

城乡规划法是调整在编制、审批和实施城乡规划过程中发生各种社会关系，保障城乡中的土地利用以及各项建设活动符合城乡规划，对违反城乡规划法的行为进行处罚的各种规范性文件的总称。

2. 城乡规划法的适用范围

城乡规划法的适用范围包括地域适用范围和主体适用范围两个方面。

（1）城乡规划法的地域适用范围是指规划区。其可分为两部分：一是建成区，即实际已经成片开发建设，市政公用设施和公共设施基本具备的地区；二是尚未建成，但因进一步发展建设的需要必须实行规划控制的区域。

（2）城乡规划法的主体适用范围是指与城乡规划的编制、审批、管理活动有关的单位和个人。其具体包括以下几项：

1）负责城乡规划编制、审批和管理的各级人民政府、城乡规划行政主管部门和其他相关部门及其有关人员。

2）具体从事城乡规划编制工作的生产、科研、教学、设计单位及其有关人员。

3）凡在城乡规划区内进行建设活动的建设单位、勘察设计单位、施工企业、其他相关单位及其有关人员。

3. 监督检查

《城乡规划法》规定，县级以上人民政府及其城乡规划主管部门应当加强对城乡规划编制、审批、实施、修改的监督检查。地方各级人民政府应向本级人大常务委员会或乡、镇人民代表大会报告城乡规划的实施情况，并接受监督。监督检查情况和处理结果应依法公开，供公众查阅和监督。

城乡规划主管部门在查处违反《城乡规划法》规定的行为时，发现国家机关工作人员依法应当给予行政处分的，应当向其任免机关或者监察机关提出处分建议；依照《城乡规划法》规定应当给予行政处罚，而有关城乡规划主管部门不给予行政处罚的，上级人民政府城乡规划主管部门有权责令其做出行政处罚决定或建议有关人民政府责令其给予行政处罚；城乡规划主管部门违反《城乡规划法》规定做出行政许可的，上级人民政府城乡规划主管部门有权责令其撤销或者直接撤销该行政许可。因撤销行政许可给当事人合法权益造成损失的，应依法给予赔偿。

4. 法律责任

《城乡规划法》对法律责任有以下规定：

（1）对依法应当编制城乡规划而未组织编制，或者未按法定程序编制、审批、修改城乡规划的，由上级人民政府责令改正，通报批评；对有关人民政府负责人和其他直接责任人员依法给予处分。

（2）未取得建设工程规划许可证或未按建设工程规划许可证规定进行建设的，由县级以上地方人民政府城乡规划主管部门责令停止建设；还可采取改正措施消除对规划实施的影响的，限期改正，处建设工程造价5％以上10％以下罚款；无法采取改正措施消除影响的，限期拆除，不能拆除的，没收实物或违法收入，可以并处建设工程造价10％以下的罚款。

（3）建设单位或个人有下列行为之一的，由所在地城市、县人民政府城乡规划主管部门责令限期拆除，可并处临时建设工程造价一倍以下的罚款：

1）未经批准进行临时建设的。

2）未按批准内容进行临时建设的。

3）临时建筑物、构筑物超过批准期限不拆除的。

（4）建设单位未在建设工程竣工验收后六个月内向城乡规划主管部门报送有关竣工验收资料的，由所在地城市、县人民政府城乡规划主管部门责令限期补报；逾期不补报的，处一万元以上五万元以下罚款。

（5）城乡规划主管部门做出责令停止建设或限期拆除的决定后，当事人不停止建设或逾期不拆除的，建设工程所在地县级以上地方人民政府可责成有关部门采取查封施工现场、强制拆除等措施。

（6）违反《城乡规划法》规定，构成犯罪的，依法追究刑事责任。

2.2.2 城乡规划的类型、编制与实施

1. 城乡规划的类型

城乡规划包括省域城镇体系规划、城市规划和镇规划、乡规划和村庄规划。城市规划、镇规划可分为总体规划和详细规划两类。详细规划又可划分为控制性详细规划和修建性详细规划。控制性详细规划是以城市总体规划或分区规划为依据，确定建设地区土地使用性质和使用强度的控制指标、道路和工程管线控制性位置及空间环境控制的规划要求；修建性详细规划是以城市总体规划、分区规划或控制性详细规划为依据，制定用以指导各项建筑和工程设施的设计和施工的规划设计，是城市详细规划的一种。

(1)省域城镇体系规划。省域城镇体系规划应涉及的城镇包括市、县城和其他重要的建制镇、独立工矿区。《城乡规划法》第十三条规定，省域城镇体系规划的内容应包括：城镇空间布局和规模控制，重大基础设施的布局，为保护生态环境、资源等需要严格控制的区域。

(2)城市规划和镇规划。城市、镇总体规划的内容包括：城市、镇的发展布局，功能分区，用地布局，综合交通体系，禁止、限制和适宜建设的地域范围，各类专项规划等。同时强调规划区范围、规划区内建设用地规模、基础设施和公共服务设施用地、水源地和水系、基本农田和绿化用地、环境保护、自然与历史文化遗产保护以及防灾减灾等内容，应作为城市总体规划、镇总体规划的强制性内容。所谓强制性内容，是指城市、镇总体规划的必备内容，应在规划图上有准确标明，在规划文本上有明确、严格、规范的表述，并提出相应的管治措施。

(3)乡规划和村庄规划。乡规划和村庄规划的内容应包括：规划区范围、住宅、道路、供水、排水、供电、垃圾收集、畜禽养殖场所等农村生产和生活服务设施、公共事业等各项建设的用地布局、建设要求以及对耕地等自然资源和历史文化遗产保护、防灾减灾的具体安排。乡规划还应包括本行政区域的村庄发展布局。

2. 城乡规划的编制

(1)城乡规划的编制原则。城乡规划编制是指各级人民政府根据一定时期城市的经济和社会发展目标，依法编制规划文件，以确定城市性质、规模和发展方向，合理利用城市土地，协调城市空间功能布局，综合部署各项建设。其一般编制原则如下：

1)要为社会、经济、文化综合发展服务。目前，我国正处在加速城市化的时期，各种社会、经济矛盾凸显，在市场经济的发展中，城乡规划是政府实施宏观调控的主要方式之一。城乡规划、建设的根本目的就是促进社会、经济、文化的综合发展，不断优化城乡人居环境。因此，在编制城乡规划时，是否有利于区域综合发展、长远发展就应成为考虑问题的出发点，也是检验城乡规划工作的根本标准。

2)必须从实际出发，因地制宜。从实际出发就是从国情出发，从城市市情出发。近年来，虽然我国的发展取得了长足进步，国内生产总值(GDP)已经稳居世界第二，但人口多、底子薄的情况并未得到根本改变，我国仍属于发展中国家，这就是我国的基本国情。一切城乡规划的编制，包括规划指标的选用、建设标准的确定、分期建设目标的拟定，都必须从这个基本国情出发，符合国情是城乡规划工作的基本出发点。我国幅员辽阔，城市众多，各地自然、区域乃至经济、社会发展程度差别很大，因此城乡规划必须结合当地实际。

3)贯彻建设节约型社会的要求，处理好人口、资源与环境的关系。我国人口多，土地资源不足，合理用地、节约用地是我国的基本国策，也是我国的长远利益所在。城乡规划必须贯彻我国关于建设节约型社会的要求，规划用地必须认真核算，要尽量使用荒地、劣地，严格保护基本农田。要以水资源供给能力为基本出发点，考虑产业发展和建设规模，落实各项节水措施。要大力促进城市综合节能，鼓励发展新能源和可再生能源，完善城市供热体制，重点推进节能降耗。

4)构建环境友好型城市，建设良好的人居环境。城市人居环境的建设水平是体现现代城市综合竞争能力和可持续发展能力的重要因素之一。从特定意义上讲，城乡规划就是城市的环境规划，城市建设就是为市民工作、生活创造良好环境的建设。因此应把规划建设和环境保护有机结合起来，力求取得经济效益、社会效益和环境效益的有机统一。

5)城乡统筹，建设和谐社会。制定城乡规划必须根据规划的内容要求和特点，统筹考虑城市、镇、乡和村庄的发展；实施城乡规划时，要根据城乡特点，强化对乡村规划建设的管理，完善乡村规划许可制度，坚持便民、利民和以人为本；必须注意保护当地的优秀历史文化遗产，有纪念意义、教育意义和科学艺术价值的文化古迹，将开发和保护、继承和发扬结合起来；少数民族地区的城乡规划应适应少数民族风俗习惯的需要，努力创造具有民族特色的城市风貌。

（2）城乡规划的制定。

1)国务院城乡规划主管部门会同国务院有关部门组织编制全国城镇体系规划，用于指导省域城镇体系规划、城市总体规划的编制。全国城镇体系规划由国务院城乡规划主管部门报国务院审批。

2)省、自治区人民政府组织编制省域城镇体系规划，报国务院审批；城市人民政府组织编制城市总体规划。

3)直辖市的城市总体规划由直辖市人民政府报国务院审批；省、自治区人民政府所在地的城市以及国务院确定的城市的总体规划，由省、自治区人民政府审查同意后，报国务院审批，其他城市的总体规划由城市人民政府报省、自治区人民政府审批；县人民政府组织编制县人民政府所在地镇的总体规划，报上一级人民政府审批，其他镇的总体规划由镇人民政府组织编制，报上一级人民政府审批。

省、自治区人民政府组织编制的省域城镇体系规划，城市、县人民政府组织编制的总体规划，在报上一级人民政府审批前，应先经本级人民代表大会常务委员会审议，常务委员会组成人员的审议意见交由本级人民政府研究处理。

镇人民政府组织编制的镇总体规划，在报上一级人民政府审批前，应先经镇人民代表大会审议，代表的审议意见交由本级人民政府研究处理。

4)镇人民政府根据镇总体规划的要求，组织编制镇的控制性详细规划，报上一级人民政府审批。县人民政府所在地镇的控制性详细规划，由县人民政府城乡规划主管部门根据镇总体规划的要求组织编制，经县人民政府批准后，报本级人民代表大会常务委员会和上一级人民政府备案。

5)城市、县人民政府城乡规划主管部门和镇人民政府可以组织编制重要地块的修建性详细规划。修建性详细规划应当符合控制性详细规划。

6)乡、镇人民政府组织编制乡规划、村庄规划，报上一级人民政府审批。村庄规划在报送审批前，应经村民会议或者村民代表会议讨论同意。

7)首都的总体规划、详细规划应统筹考虑中央国家机关用地布局和空间安排的需要。

8)城乡规划组织编制机关应委托具有相应资质等级的单位承担城乡规划的具体编制工作。从事城乡规划编制工作应具备《城乡规划法》第二十四条规定的条件，并具备国家规定的勘察、测绘、气象、地震、水文、环境等基础资料。

9)城市总体规划、镇总体规划的规划期限一般为二十年。城市总体规划还应对城市更长远的发展作预测性安排。

10)省域城镇体系规划、城市总体规划、镇总体规划批准前，审批机关应组织专家和有关部门进行审查。

3. 城乡规划的实施

(1)城乡规划实施的概念。城乡规划的实施是指城乡规划按法定程序批准生效后，即具有法律效力，在城乡规划区内的任何土地利用及各项建设活动，都必须符合城乡规划，满足城乡规划的要求，使生效的城乡规划得以实现。

(2)城乡规划实施的原则。

1)根据当地经济社会发展水平，量力而行，有计划、分步骤地实施城乡规划。

2)优先安排基础设施及公共服务设施的建设，妥善处理新区开发与旧区改建的关系，统筹兼顾进城务工人员生活和周边农村经济社会发展、村民生产与生活的需要。

3)城市新区的开发和建设，应合理确定建设规模和时序，充分利用现有市政基础设施和公共服务设施，严格保护自然资源和生态环境，体现地方特色。在城市总体规划、镇总体规划确定的建设用地范围以外，不得设立各类开发区和城市新区。

4)旧城区的改建，应当保护历史文化遗产和传统风貌。

5)城乡建设和发展，应当依法保护和合理利用风景名胜资源，统筹安排风景名胜区及周边乡、镇、村庄的建设。

6)城市地下空间的开发和利用，应当与经济和技术发展水平相适应，充分考虑防灾减灾、人民防空和通信等需要，并符合城市规划，履行规划审批手续。

7)城市、县、镇人民政府应根据有关总体规划、年度计划及国民经济和社会发展规划，制定近期建设规划，报总体规划审批机关备案。

8)城乡规划确定的铁路、公路、港口、机场、水源地、自然保护区和公共服务设施及其他需要依法保护的用地，禁止擅自改变用途。

9)按照国家规定需要有关部门批准或核准的建设项目，以划拨方式提供国有土地使用权的，建设单位在报批或核准前，应向城乡规划主管部门申请核发选址意见书。

10)在城市、镇规划区内以划拨方式提供国有土地使用权的建设项目，经有关部门批准、核准、备案后，建设单位应向城市、县人民政府城乡规划主管部门提出建设用地规划许可申请，由城市、县人民政府城乡规划主管部门依据控制性详细规划核定建设用地的位置、面积、允许建设的范围，核发建设用地规划许可证。建设单位取得建设用地规划许可证后，方可向县级以上地方人民政府土地主管部门申请用地，经县级以上人民政府审批后，由土地主管部门划拨土地。

11)规划条件未纳入国有土地使用权出让合同的(如市中心不具备建核电站的条件)，该国有土地使用权出让合同无效；对未取得建设用地规划许可证的建设单位批准用地的，由县级以上人民政府撤销有关批准文件；占用土地的，应当及时退回；给当事人造成损失的，应当依法赔偿。

12)城乡规划主管部门不得在城乡规划确定的建设用地范围以外做出规划许可。

13)建设单位应当按照规划条件进行建设，确需变更的，必须向城市、县人民政府城乡规划主管部门提出申请。变更内容不符合控制性详细规划的，城乡规划主管部门不得批准。城市、县人民政府城乡规划主管部门应当及时将依法变更后的规划条件通报同级土地主管部门并公示。建设单位应当及时将依法变更后的规划条件报有关人民政府土地主管部门备案。

14)县级以上地方人民政府城乡规划主管部门按照国务院规定对建设工程是否符合规划条件予以核实。未经核实或经核实不符合规划条件的，建设单位不得组织竣工验收。建设单位应当在竣工验收后六个月内向城乡规划主管部门报送有关竣工验收资料。

2.3 国有土地上房屋征收与补偿条例

2011年1月21日，国务院公布施行了《国有土地上房屋征收与补偿条例》(以下简称《条例》)。该条例的实施，为规范国有土地上房屋征收与补偿活动，维护公共利益，依法征收国有土地上单位、个人的房屋，对被征收房屋所有权人给予公平补偿等提供了法律依据。

2.3.1 房屋征收程序

房屋征收程序是规范政府征收行为，维护被征收人合法权益，促使政府做好群众工作的重要保障。《条例》明确规定，房屋征收与补偿应遵循决策民主、程序正当、结果公开的原则。

(1)房屋征收部门应对房屋征收范围内房屋的权属、区位、用途、建筑面积等情况组织调查登记，被征收人应予配合，调查结果应在房屋征收范围内向被征收人公布。

(2)被征收人在法定期限内不申请行政复议或者不提起行政诉讼，在补偿决定规定的期限内又不搬迁的，由做出房屋征收决定的市、县级人民政府依法申请人民法院强制执行。

2.3.2 房屋征收决定

(1)《条例》规定，为了保障国家安全、促进国民经济和社会发展等公共利益的需要，有下列情形之一，确需征收房屋的，由市、县级人民政府做出房屋征收决定：

1)国防和外交的需要。

2)政府组织实施的能源、交通、水利等基础设施建设的需要。

3)政府组织实施的科技、教育、文化、卫生、体育、环境和资源保护、防灾减灾、文物保护、社会福利、市政公用等公共事业的需要。

4)政府组织实施的保障性安居工程建设的需要。

5)政府依照城乡规划法有关规定组织实施的对危房集中、基础设施落后等地段进行旧城区改建的需要。

6)法律、行政法规规定的其他公共利益的需要。

(2)确需征收房屋的各项建设活动，应当符合国民经济和社会发展规划、土地利用总体规划、城乡规划和专项规划。保障性安居工程建设、旧城区改建，应当纳入市、县级国民经济和社会发展年度计划。制定国民经济和社会发展规划、土地利用总体规划、城乡规划和专项规划，应当广泛征求社会公众意见，经过科学论证。由房屋征收部门拟定征收补偿方案，报市、县级人民政府，市、县级人民政府应组织有关部门对征收补偿方案进行论证并予公布，征求公众意见。征求意见期限不少于 30 日。

2.3.3 房屋征收补偿规定

《条例》规定，做出房屋征收决定的市、县级人民政府对被征收人给予补偿后，被征收人应当在补偿协议约定或者补偿决定确定的搬迁期限内完成搬迁。即房屋征收应实施先补偿后征收的原则。

（1）做出房屋征收决定的市、县级人民政府对被征收人给予的补偿包括以下几项：

1）被征收房屋价值的补偿。

2）因征收房屋造成的搬迁、临时安置的补偿。

3）因征收房屋造成的停产停业损失的补偿。

市、县级人民政府应当制定补助和奖励办法，对被征收人给予补助和奖励。

（2）征收个人住宅，被征收人符合住房保障条件的，做出房屋征收决定的市、县级人民政府应当优先给予住房保障。具体办法由省、自治区、直辖市制定。

（3）因征收房屋造成搬迁的，房屋征收部门应当向被征收人支付搬迁费；选择房屋产权调换的，产权调换房屋交付前，房屋征收部门应当向被征收人支付临时安置费或提供周转用房。

（4）对因征收房屋造成停产停业损失的补偿，根据房屋被征收前的效益、停产停业期限等因素确定。具体办法由省、自治区、直辖市制定。

（5）房屋征收部门与被征收人依照《条例》规定，就补偿方式、补偿金额和支付期限、用于产权调换房屋的地点和面积、搬迁费、临时安置费或周转用房、停产停业损失、搬迁期限、过渡方式和过渡期限等事项，订立补偿协议。补偿协议订立后，一方当事人不履行补偿协议约定义务的，另一方当事人可依法提起诉讼。

（6）房屋征收范围确定后，不得在房屋征收范围内实施新建、扩建、改建房屋和改变房屋用途等不当增加补偿费用的行为，违反规定的，不予补偿。

《条例》还规定，任何单位和个人不得采取暴力、威胁或者违反规定中断供水、供热、供气、供电和道路通行等非法方式迫使被征收人搬迁。禁止建设单位参与搬迁活动。

2.4 劳动法

2.4.1 劳动法概述

劳动法是调整劳动关系以及与劳动关系密切联系的社会关系的法律规范的总称。

劳动法的调整对象是劳动关系和与劳动关系密切联系的其他社会关系。劳动关系是指劳动者与用人单位之间，为实现劳动过程而发生的一方有偿提供劳动力，由另一方用于实现其经济利益的社会关系。劳动关系是劳动法调整的最重要、最基本的关系。

2.4.2 劳动合同法

1. 劳动合同法的立法目的与适用范围

《中华人民共和国劳动合同法》(以下简称《劳动合同法》)已于2008年1月1日起施行。其立法目的是完善劳动合同制度，明确劳动合同双方当事人的权利和义务，保护劳动者的合法权益，构建和发展和谐稳定的劳动关系。该法适用于中华人民共和国境内的企业、个体经济组织、民办非企业单位等组织(以下称用人单位)与劳动者建立劳动关系，订立、履行、变更、解除或者终止劳动合同。国家机关、事业单位、社会团体和与其建立劳动关系的劳动者，订立、履行、变更、解除或终止劳动合同，依照本法执行。

随着市场经济的建立和发展，我国劳动用工情况走向了多样化，出现了许多新型的劳动关系，如非全日制用工、劳务派遣工、家庭用工、个人用工等。同时，在实行劳动合同制的过程中也出现了一些问题，如用人单位不签订劳动合同、劳动合同短期化、滥用试用期、用人单位随意解除劳动合同、将正常劳动用工变为劳务派遣等。劳动合同法的首要宗旨就是规范劳动合同的订立、履行、变更、解除或终止行为，完善劳动合同制度。

2. 劳动合同的订立原则与形式

劳动合同是劳动者与用人单位确立劳动关系，明确双方权利和义务的协议。劳动合同的订立是指劳动者和用人单位经过相互选择和平等协商，就劳动合同条款达成协议，从而确立劳动关系和明确相互权利和义务的法律行为。

(1)订立劳动合同应当遵循的原则。《劳动合同法》第三条规定："订立劳动合同，应遵循合法、公平、平等自愿、协商一致和诚实信用的原则。"

1)合法原则。合法原则是指劳动合同的形式和内容必须符合法律、法规的规定。如果劳动合同违反了合法原则，当事人不仅不受法律保护，还要承担相应的法律责任。

2)公平原则。公平原则是指在符合法律规定的前提下，劳动合同双方公正、合理地确立双方的权利和义务，即劳动合同的内容应公平、合理。将公平作为劳动合同订立的原则，可以防止劳动合同当事人尤其是用人单位滥用优势地位，损害劳动者的权益，有利于平衡劳动合同双方当事人的利益以及建立和谐稳定的劳动关系。

3)平等自愿原则。平等自愿原则包含两个方面含义，一方面，劳动者和用人单位订立劳动合同时法律地位是平等的，没有高低、从属之分，不存在命令和服从、管理和被管理的关系；另一方面，订立劳动合同完全出自劳动者和用人单位双方的真实意愿，任何一方不得把自己的意志强加给另一方，任何单位和个人不得强迫劳动者订立劳动合同。

4)协商一致原则。协商一致原则是指在订立劳动合同时，用人单位和劳动者应充分沟通和协商，消除分歧，对合同内容达成一致意见。

5)诚实信用原则。诚实信用原则是指在订立劳动合同时双方当事人要诚实，讲信用。如订立劳动合同时，双方都不得有欺诈行为，不得隐瞒真实情况等。

(2)劳动合同的形式。《中华人民共和国劳动法》(以下简称《劳动法》)和《劳动合同法》明确规定，建立劳动关系，应订立书面劳动合同。已建立劳动关系但未同时订立书面劳动合同的，应自用工之日起一个月内订立书面劳动合同。

《劳动合同法》第十四条规定，无固定期限劳动合同是指用人单位与劳动者约定无确定终止时间的劳动合同。用人单位自用工之日起满一年不与劳动者订立书面劳动合同的，视为用人单位与劳动者已订立无固定期限劳动合同。《劳动合同法》第八十二条规定，用人单位自用工之日起超过一个月不满一年未与劳动者订立书面劳动合同的，应当向劳动者每月支付二倍的工资。用人单位违反《劳动合同法》规定不与劳动者订立无固定期限劳动合同的，自应当订立无固定期限劳动合同之日起向劳动者每月支付两倍的工资。

3. 劳动合同的履行原则

（1）全面履行原则。《劳动合同法》第二十九条规定："用人单位与劳动者应按照劳动合同的约定，全面履行各自义务。"即劳动合同当事人双方必须按合同约定的时间、期限、地点，用约定的方式，按质、按量全部履行自己承担的义务，既不能只履行部分义务，也不得擅自变更或者解除合同。

（2）实际履行原则。劳动合同的实际履行要求劳动合同主体必须亲自履行劳动合同。劳动关系是具有人身关系性质的社会关系，劳动合同是特定主体间的合同。确立劳动关系后，不允许劳动者将应由自己完成的工作交由第三方代办，用人单位不能将应由自己对劳动者承担的义务转嫁给第三方承担，未经劳动者同意不能随意变更劳动者的工作性质、岗位，不能擅自将劳动者调到其他用人单位工作。

（3）协作履行原则。

1）当事人双方首先应按照劳动合同的约定和劳动纪律的规定，履行自己应尽的义务，并为对方履行义务创造条件。

2）当事人双方应互相关心，通过生产经营管理和民主管理，互相督促，发现问题及时协商解决。

3）无论用人单位还是劳动者遇到问题时，双方都应在法律允许范围内尽力给予对方帮助，协助对方尽快解决问题。

4）劳动者违纪，用人单位应依法进行教育，帮助劳动者改正；用人单位违约，劳动者要及时发现问题，尽快协助纠正，并设法防止和减少损失。

5）劳动合同履行中若发生劳动争议，当事人双方应从大局出发，根据法律法规有关规定，结合实际情况，及时协商解决，从而建立和谐稳定的劳动关系。

4. 劳务派遣

（1）劳务派遣的概念。劳务派遣又称劳动派遣，是指由劳务派遣单位与被派遣劳动者订立劳动合同，由被派遣劳动者向用工单位给付劳务，其报酬由用工单位以劳务费向劳务派遣机构支付并代发的一种用工方式。劳务派遣一般在临时性、辅助性或替代性工作岗位上实施。

（2）劳务派遣单位应履行的义务。

1）被派遣劳动者是劳务派遣单位的职工，劳务派遣单位应向被派遣劳动者履行用人单位对劳动者的义务。

2）劳务派遣单位与被派遣劳动者订立的劳动合同，除应载明一般的必备条款外，还应载明被派遣劳动者的用工单位及派遣期限、工作岗位等情况。

3）劳务派遣单位应与被派遣劳动者订立两年以上的固定期限劳动合同。

4）劳务派遣单位应按月支付劳动报酬；被派遣劳动者在无工作期间，劳务派遣单位应按所在地人民政府规定的最低工资标准，向其按月支付报酬。劳务派遣单位不得克扣用工单位按照劳务派遣协议支付给被派遣劳动者的劳动报酬。

5）劳务派遣单位应将劳务派遣协议的内容告知被派遣劳动者。

（3）用工单位应履行的义务。

1)执行国家劳动标准，提供相应的劳动条件和劳动保护。

2)告知被派遣劳动者的工作要求和劳动报酬。

3)支付加班费、绩效奖金，提供与工作岗位相关的福利待遇。

4)对在岗被派遣劳动者进行工作岗位所必需的培训。

5)连续用工的，实行正常的工资调整机制。

6)用工单位不得将被派遣劳动者再派遣到其他用人单位。

7)按照同工同酬原则向被派遣劳动者支付劳动报酬，用工单位无同类岗位劳动者的，参照用工单位所在地相同或相近岗位劳动者的劳动报酬确定。

5. 非全日制用工

(1)非全日制用工的概念。非全日制用工是指以小时计酬为主，劳动者在同一用人单位一般平均每日工作时间不超过 4 小时，每周工作时间累计不超过 24 小时的用工形式。

(2)非全日制用工的形式、报酬与终止。非全日制用工双方当事人可以订立口头协议，不得约定试用期。

从事非全日制用工的劳动者可以与一个或一个以上用人单位订立劳动合同；但是，后订立的劳动合同不得影响先订立的劳动合同的履行。

非全日制用工小时计酬标准不得低于用人单位所在地人民政府规定的最低小时工资标准。非全日制用工劳动报酬结算支付周期最长不得超过 15 日。

非全日制用工双方当事人任何一方都可随时通知对方终止用工。终止用工，用人单位不向劳动者支付经济补偿。

2.4.3 劳动争议处理

1. 劳动争议处理的概念、范围与方式

我国调整劳动争议问题的法律主要有《劳动法》《企业劳动争议处理条例》《最高人民法院关于审理劳动争议案件适用法律若干问题的解释》《最高人民法院关于审理劳动争议案件适用法律若干问题的解释(二)》和《中华人民共和国劳动争议调解仲裁法》等，这些法律构成了我国劳动争议处理的法律体系。

(1)劳动争议的概念和范围。劳动争议是指劳动关系双方当事人之间因实现劳动权利、履行劳动义务发生的争议。

2008 年 5 月 1 日实施的《中华人民共和国劳动争议调解仲裁法》(以下简称《劳动争议调解仲裁法》)规定，劳动争议的范围包括以下几项：

1)因确认劳动关系发生的争议。

2)因订立、履行、变更、解除和终止劳动合同发生的争议。

3)因除名、辞退和辞职、离职发生的争议。

4)因工作时间、休息休假、社会保险、福利、培训以及劳动保护发生的争议。

5)因劳动报酬、工伤医疗费、经济补偿或者赔偿金等发生的争议。

6)法律、法规规定的其他劳动争议。

(2)劳动争议处理的方式。

1)协商。协商是指发生劳动争议的双方当事人在没有第三人的参与下，通过双方平等对话、互谅互让并做出必要妥协而达成和解的劳动争议处理方式。

2）调解。调解是指在第三人的参与下，通过说服、劝导促成争议双方达成和解。劳动争议调解一般是指在企业调解委员会的主持下，当事人双方自愿进行的调解。另外，当事人可以向依法设立的基层人民调解组织或乡镇、街道设立的具有劳动争议调解职能的组织申请调解。

3）仲裁。仲裁是指由公正的第三人居中裁决纠纷。劳动争议的仲裁是指由依法设立的劳动争议仲裁委员会按照法定程序对劳动争议裁决的活动。

4）诉讼。诉讼是人民法院通过审判程序解决劳动争议纠纷的活动。

协商和调解不是仲裁和诉讼的必经程序，但仲裁却是诉讼的必经程序。"必经程序"是相对于诉讼程序而言的，即不经仲裁程序就不能进入诉讼程序。仲裁前置有两种例外情况，一是劳动者以用人单位的工资欠条为证据直接向人民法院起诉，诉讼请求不涉及劳动关系其他争议的，视为拖欠劳动报酬争议，按普通民事纠纷受理，不必经过仲裁程序；二是根据《劳动争议调解仲裁法》的有关规定，部分劳动争议实行有条件"一裁终局"①的。

小资料

①一裁终局

一裁终局是指劳动争议一经仲裁庭裁决后即告终结，该裁决具有终局的法律效力。裁决作出后，如果当事人一方不履行裁决，另一方当事人可以依照《中华人民共和国民事诉讼法》的有关规定向人民法院申请执行。

以往劳动争议处理机制的主要问题之一就是争议处理周期长，许多劳动者往往因拖不起时间而打不起官司，使得合法权益难以得到有效维护。一裁终局能让劳动争议案件在仲裁阶段就得到解决，不用拖延至诉讼阶段，从而有效地缩短劳动争议案件的处理时间。

2. 劳动争议处理的基本原则

根据《劳动争议调解仲裁法》的规定，劳动争议处理机构处理劳动争议时应遵循以下主要原则：

（1）合法、公正、及时处理的原则。合法是指处理劳动争议应以法律为准绳，并遵循法定程序；公正是指在处理劳动争议过程中，应公正地对待双方当事人，在程序和结果上都不得偏袒其中任何一方；及时是指受理劳动争议案件后，应尽快查明事实，分清是非，并在此基础上尽快调解、裁决或判决，不得违背法定时限。

（2）着重调解的原则。处理劳动争议，应注重运用调解方式，不仅基层调解机构应疏导当事人达成调解协议，而且仲裁机构、人民法院在判决前也应先行调解，调解不成才进入下一程序。

（3）适用法律一律平等的原则。劳动争议当事人法律地位平等，双方具有平等的权利和义务，任何一方当事人都不具有超越另一方当事人的特权。在劳动争议处理的各个阶段，应确保双方当事人享有平等的法律地位，获得平等的法律保护。

3. 劳动争议调解

（1）调解机构。《劳动争议调解仲裁法》规定，发生劳动争议，当事人可到下列调解组织申请调解：

1）企业劳动争议调解委员会。

2）依法设立的基层人民调解组织。

3）在乡镇、街道设立的具有劳动争议调解职能的组织。

（2）调解程序。

1）申请调解。发生劳动争议后，如果当事人通过协商不能解决，或者不愿意协商解决的，可自愿选择向调解组织申请调解。申请形式可以是书面申请，也可以是口头申请。口头申请的，由调解组织当场记录申请人的基本情况和申请调解的争议事项、理由及时间。

2) 争议受理。调解组织经受理审查认为符合受理条件的，予以受理，并通知双方当事人；对于不受理的，应向申请人说明理由，并告知应向何处申诉。

3) 实施调解。调解组织应充分听取双方当事人对事实和理由的陈述。依据法律法规和查明的事实耐心疏导，帮助当事人达成协议。调解达成协议的，应制作调解协议书。调解协议书由双方当事人签名或盖章，经调解员签名并加盖调解组织印章后生效，对双方当事人具有约束力。

自劳动争议调解组织收到调解申请之日起 15 日内未达成调解协议的，当事人可依法申请仲裁。达成调解协议后，一方当事人在协议约定期限内不履行调解协议的，另一方当事人可依法申请仲裁。

4. 劳动争议仲裁

(1) 劳动争议仲裁的机构。劳动争议仲裁机构是劳动争议仲裁委员会，它是依法设立，经国家授权依法独立仲裁处理劳动争议案件的专门机构，由劳动行政部门代表、工会代表和企业代表组成，组成人员应为单数。劳动争议仲裁委员会主任由劳动行政部门代表担任。劳动争议仲裁委员会下设办事机构，负责办理劳动争议仲裁委员会的日常工作。

(2) 劳动争议仲裁的参加人。

1) 当事人。发生劳动争议的劳动者和用人单位为劳动争议仲裁案件的双方当事人。劳务派遣单位或用工单位与劳动者发生劳动争议的，劳务派遣单位和用工单位为共同当事人。

2) 第三人。与劳动争议案件的处理结果有利害关系的第三人，可以申请参加仲裁活动或由劳动争议仲裁委员会通知其参加仲裁活动。

3) 代理人。当事人可以委托代理人参加仲裁活动。委托他人参加仲裁活动的，应向劳动争议仲裁委员会提交有委托人签名或盖章的委托书，委托书应载明委托事项和权限。

(3) 劳动争议仲裁的管辖。劳动争议由劳动合同履行地或用人单位所在地的劳动争议仲裁委员会管辖。双方当事人分别向劳动合同履行地和用人单位所在地劳动争议仲裁委员会申请仲裁的，由劳动合同履行地的劳动争议仲裁委员会管辖。

(4) 劳动争议仲裁的时效。劳动争议仲裁时效是指劳动争议当事人在法定期限内不行使申诉权，申诉权因期满而归于消灭的制度。

《劳动争议调解仲裁法》规定，劳动争议申请仲裁的时效期间为 1 年。仲裁时效期间从当事人知道或应当知道其权利被侵害之日起计算。

(5) 劳动争议仲裁的程序。

1) 申请。当事人向仲裁委员会申请仲裁，应提交书面仲裁申请，并按被申请人人数提交副本。书写仲裁申请确有困难的，可口头申请，由劳动争议仲裁委员会笔录，并告知对方当事人。

2) 受理。劳动争议仲裁委员会收到仲裁申请之日起 5 日内，认为符合受理条件的，应当受理，并通知申请人；认为不符合受理条件的，应书面通知申请人不予受理，并说明理由。

劳动争议仲裁委员会受理仲裁申请后，应当在 5 日内将仲裁申请书副本送达被申请人。被申请人收到仲裁申请书副本后，应当在 10 日内向劳动争议仲裁委员会提交答辩书。劳动争议仲裁委员会收到答辩书后，应当在 5 日内将答辩书副本送达申请人。被申请人未提交答辩书的，不影响仲裁程序的进行。

3)调解。仲裁庭是劳动争议仲裁委员会处理劳动争议案件的基本组织形式。仲裁庭做出裁决前应先行调解。调解达成协议的，仲裁庭应制作调解书，调解书应写明仲裁请求和当事人协议的结果。调解书由仲裁员签名，加盖劳动争议仲裁委员会印章，送达双方当事人。调解书经双方当事人签收后发生法律效力。

4)裁决。调解不成或调解书送达前，一方当事人反悔的，仲裁庭应当及时做出裁决。仲裁庭裁决劳动争议案件，应自劳动争议仲裁委员会受理仲裁申请之日起45日内结束。案情复杂需延期的，经劳动争议仲裁委员会主任批准，可以延期并书面通知当事人，但延长期限不得超过15日。逾期未做出仲裁裁决的，当事人可就该劳动争议事项向人民法院提起诉讼。

仲裁庭裁决劳动争议案件时，其中一部分事实已经清楚的，可以就该部分先行裁决。

5. 劳动争议诉讼

劳动争议诉讼是指人民法院在劳动争议双方当事人和其他诉讼参与人的参加下，依法审理和解决劳动争议案件的活动。劳动争议的诉讼是解决劳动争议的最终程序。

《劳动争议调解仲裁法》第四十七条规定，下列劳动争议除本法另有规定外，仲裁裁决为终局裁决，裁决书自做出之日起发生法律效力：追索劳动报酬、工伤医疗费、经济补偿或赔偿金，不超过当地月最低工资标准12个月金额的争议；因执行国家的劳动标准在工作时间、休息休假、社会保险等方面发生的争议。

劳动者对依照《劳动争议调解仲裁法》第四十七条规定所做的仲裁裁决不服的，可自收到仲裁裁决书之日起15日内向人民法院提起诉讼；期满不起诉的，裁决书发生法律效力。

用人单位有证据证明《劳动争议调解仲裁法》第四十七条规定的仲裁裁决有下列情形之一的，可自收到仲裁裁决书之日起30日内向劳动争议仲裁委员会所在地中级人民法院申请撤销裁决：

(1)适用法律、法规确有错误的。

(2)劳动争议仲裁委员会无管辖权的。

(3)违反法定程序的。

(4)裁决所根据的证据是伪造的。

(5)对方当事人隐瞒了足以影响公正裁决的证据的。

(6)仲裁员在仲裁该案时有索贿受贿、徇私舞弊、枉法裁决行为的。

人民法院经组成合议庭审查核实裁决有前款规定情形之一的，应当裁定撤销。仲裁裁决被人民法院裁定撤销的，当事人可自收到裁定书之日起15日内就该劳动争议事项向人民法院提起诉讼。

2.5 工程建设标准化法规

2.5.1 工程建设标准概述

《中华人民共和国标准化法》(以下简称《标准化法》)由中华人民共和国第七届全国人民代表大会常务委员会第五次会议于1988年12月29日通过，并自1989年4月1日起施行。其立法目的是发展社会主义商品经济，促进技术进步，改进产品质量，提高社会经济效益，维护国家和人民的利益，使标准化工作适应社会主义现代化建设和发展对外经济关系的需要。

1. 标准及标准化的概念

（1）标准的概念。标准是对一定范围内的重复性事物和概念所做的统一规定。它以科学、技术和实践经验的综合成果为基础，以获得最佳秩序、促进最佳社会效益为目的，经有关方面协商一致，由主管机构批准，以特定形式发布，作为共同遵守的准则和依据。

（2）标准化的概念。为在一定范围内获得最佳秩序，对实际或潜在的问题制定共同和重复使用规则的活动称为标准化。它包括制定、发布及实施标准的过程。标准化是组织专业化生产的技术纽带，有利于发展社会化大生产以及社会主义商品经济。通过制定、发布和实施标准，达到"统一"是标准化的实质；"获得最佳秩序和社会效益"则是标准化的目的。

（3）标准的分类。标准有多种划分方式，主要包括以下几种：

1）按级别划分。依据《标准化法》，标准可分为国家标准、行业标准、地方标准和企业标准四个层级。各层级标准之间有一定的依从关系和内在联系，形成一个覆盖全国又层次分明的标准体系。

①国家标准。国家标准是指国内各级标准必须服从，不得与之相抵触的标准。国家标准是一个国家标准体系的主体和基础。对需要在全国范围内统一的技术要求，应制定国家标准。在我国，国家标准由国务院标准化行政主管部门编制计划和组织草拟，并统一审批、编号、发布。国家标准的代号为"GB"。

②行业标准。对没有国家标准而又需要在全国某个行业范围内统一的技术要求，可以制定行业标准，作为对国家标准的补充。在相应的国家标准实施后，该行业标准即自行废止。行业标准由行业标准归口部门审批、编号、发布，实施统一管理，并公布该行业的标准代号。

③地方标准。对没有国家标准和行业标准而又需要在省、自治区、直辖市范围内统一的要求，可以制定地方标准。这些要求包括以下几项：

a. 工业产品的安全、卫生要求。

b. 药品、兽药、食品卫生、环境保护、节约能源、种子等法律、法规规定的要求。

c. 其他法律、法规规定的要求。

地方标准由省、自治区、直辖市标准化行政主管部门统一编制计划、组织制定、审批、编号、发布。

④企业标准。企业标准是指对企业范围内需要协调、统一的技术要求、管理要求和工作要求而制定的标准。企业标准由企业制定，由企业法人代表或法人代表授权的主管领导批准、发布。企业产品标准应在发布后30日内向政府备案。

2）按属性划分。根据《标准化法》的规定，国家标准、行业标准均可分为强制性标准和推荐性标准。保障人体健康，人身、财产安全的标准和法律、行政法规规定强制执行的标准是强制性标准；其他标准均为推荐性标准。强制性标准和推荐性标准具有以下区别：

①所具属性不同。强制性标准具有法属性特点，属技术法规，具有法制功能，即制定法律、执行法律、遵守法律这三方面功能；而推荐性标准不具备法属性特点，属技术文件，不具备强制执行功能。

②内容规定不同。强制性标准一般规定得比较具体、明确、详细，缺乏市场的适应性；推荐性标准一般规定得不够具体，比较简要、笼统、灵活，强调用户普遍关心的产品使用

性能，一般不对细节作规定，市场适应性较强。

③检验项目不同。强制性标准的强制性检验项目较多，而推荐性标准中强制性检验项目则较少，供用户选择或由供需双方协议的项目较多。

④通用程度不同。强制性标准因内容规定得比较死，故其通用性较差，覆盖面较小；推荐性标准的内容规定得比较灵活，故其通用性较强，覆盖面较大。

3)按性质划分。根据标准的专业性质，通常可将标准划分为技术标准、管理标准和工作标准三大类。对标准化领域中需要统一的技术事项所制定的标准称为技术标准；对标准化领域中需要协调统一的管理事项所制定的标准称为管理标准；为实现工作(活动)过程的协调，提高工作质量和工作效率，对每个职能和岗位的工作制定的标准称为工作标准。

2. 工程建设标准化的分类

工程建设标准化是在建设领域有效地实行科学管理、强化政府宏观调控的基础和手段，对规范建设市场行为、确保建设工程质量和安全、促进建设工程技术进步、提高建设工程经济效益和社会效益等都具有重要的意义。

我国工程建设标准规范覆盖建筑工程的各个建设阶段，包括工程的勘察、设计、施工、安装、检验、验收、维护加固以及相关的管理和中介服务等。我国工程建设标准规范体系总计约为 3 600 本，主要按以下几个方面分类：

(1)按总体划分。按总体划分为 7 大类，即工程建设标准强制性条文、工程建设国家标准、城镇建设工程行业标准、建筑工程行业标准、中国工程建设标准化协会标准、建设工业产品标准、工程项目建设标准。

(2)按专业划分。按专业划分为 27 大类，即工程建设标准强制性条文、工程项目建设标准、城乡规划、工程勘察测量、城镇公共交通、城镇道路桥梁、给水排水、城镇燃气、供热与采暖通风、城镇市容环境卫生、风景园林、工程抗震、建筑防火、建筑设计、建筑地基基础、工程结构、建筑施工、建筑维护加固与房地产、建筑室内环境、信息技术、工业建筑、交通运输、铁道工程、能源、防洪与水利工程、化工、矿山工程。

(3)按属性划分。我国工程建设标准规范按属性分为工程建设强制性标准和工程建设推荐性标准两种。其中，工程建设强制性标准又分为工程建设国家强制性标准和工程建设行业强制性标准。下面主要介绍强制性标准：

1)工程建设国家强制性标准。《工程建设国家标准管理办法》规定，下列工程建设国家标准属于强制性标准。

①工程建设勘察、规划、设计、施工(包括安装)及验收等通用综合标准和重要的通用质量标准。

②工程建设通用的有关安全、卫生和环境保护的标准。

③工程建设通用的术语、符号、代号、量与单位、建筑模数和制图方法标准。

④工程建设重要、通用的试验、检验和评定方法等标准。

⑤工程建设重要、通用的信息技术标准。

⑥国家需要控制的其他工程建设通用标准。

2)工程建设行业强制性标准。《工程建设行业标准管理办法》规定，下列工程建设行业标准属于强制性标准：

①工程建设勘察、规划、设计、施工(包括安装)及验收等行业专用综合性标准和重要的行业专用质量标准。

②工程建设行业专用的有关安全、卫生和环境保护的标准。

③工程建设重要的行业专用术语、符号、代号、量与单位和制图方法等标准。

④工程建设重要的行业专用试验、检验和评定方法等标准。

⑤工程建设重要的行业专用信息技术标准。

⑥行业需要控制的其他工程建设标准。

2.5.2 工程建设强制性标准的实施与监督管理

1. 工程建设强制性标准的实施

（1）工程建设强制性标准实施的意义。2000年8月25日，原建设部发布施行了《实施工程建设强制性标准监督规定》，其中第三条规定，工程建设强制性标准是指直接涉及工程质量、安全、卫生及环境保护等方面的工程建设标准强制性条文。2000年国务院颁发《建设工程质量管理条例》，以法令的形式肯定了强制性标准在保证工程建设质量中的作用。

因此，实施工程建设强制性标准既是现阶段国家有关技术经济政策的需要，又是实现政府对建设工程的安全和质量进行有效监督的基础。加大强制性标准的实施力度、强化贯彻执行强制性标准的自觉性，对确保建设工程质量、安全及规范建筑市场具有重要的意义。具体来说，一方面，强制性标准是建立新的建设工程管理制度的重大举措，是推进工程建设标准体制改革迈出的关键性一步；另一方面，强制性标准是工程建设技术管理体制的重大突破，是工程质量管理的技术依据，是确保工程质量的重要技术准则。

（2）工程建设强制性标准实施的特殊情况。原建设部以"建标（2005）124号"文件发布的《"采用不符合工程建设强制性标准的新技术、新工艺、新材料核准"行政许可实施细则》（以下简称"三新核准"）中规定，凡采用不符合工程建设强制性标准的新技术、新工艺、新材料时，应由拟采用单位提请建设单位组织专题技术论证，报批准标准的建设行政主管部门或国务院有关主管部门审定。工程建设中采用国际标准或国外标准，现行强制性标准未做规定的，建设单位应向国务院建设行政主管部门或国务院有关行政主管部门备案。

1）申请"三新核准"应具备的条件。

①申请事项不符合现行相关的工程建设强制性标准。

②申请事项直接涉及建设工程质量安全、人身健康、生命财产安全、环境保护、能源资源节约和合理利用以及其他社会公共利益。

③申请事项已通过省级、部级或国家级的鉴定或评估，并经过专题技术论证。

2）申请"三新核准"应提交的材料。

①《采用不符合工程建设强制性标准的新技术、新工艺、新材料核准申请书》。

②采用不符合工程建设强制性标准的新技术、新工艺、新材料的理由。

③工程设计图（或施工图）及相应的技术条件。

④省级、部级或国家级的鉴定或评估文件，新材料的产品标准文本和国家认可的检验、检测机构的意见（报告），以及专题技术论证会纪要。

⑤新技术、新工艺、新材料在国内或国外类似工程应用情况的报告或中试（生产）试验研究情况报告。

⑥国务院有关行政主管部门的标准化管理机构或省、自治区、直辖市建设行政主管部门的审核意见。

2. 工程建设强制性标准的监督管理

为加强工程建设强制性标准实施的监督工作，保证建设工程质量，保障人民的生命、财产安全，维护社会公共利益，2000 年 8 月 21 日，原建设部颁布第 81 号令《实施工程建设强制性标准监督规定》，对实施工程建设强制性标准的监督机构、监督检查方式和监督检查内容做了明确规定。

（1）监督机构。

1）建设项目规划审查机关应对工程建设规划阶段执行强制性标准的情况实施监督。

2）施工图设计审查单位应对工程建设勘察、设计阶段执行强制性标准的情况实施监督。

3）建筑安全监督管理机构应对工程建设施工阶段执行施工安全强制性标准的情况实施监督。

4）工程质量监督机构应对工程建设施工、监理、验收等阶段执行强制性标准的情况实施监督。

5）工程建设标准批准部门应对工程项目执行强制性标准情况进行监督检查。

（2）监督检查方式。工程建设标准批准部门应定期对建设项目规划审查机关、施工图设计文件审查单位、建筑安全监督管理机构、工程质量监督机构实施强制性标准的监督进行检查，对监督不力的单位和个人，给予通报批评，建议有关部门处理；工程建设标准批准部门应对工程项目执行强制性标准的情况进行监督检查，监督检查可采取重点检查、抽查和专项检查的方式；工程建设标准批准部门应将强制性标准监督检查结果在一定范围内公告。

（3）监督检查内容。

1）有关工程技术人员是否熟悉、掌握强制性标准。

2）工程项目的规划、勘察、设计、施工、验收等是否符合强制性标准的规定。

3）工程项目采用的材料、设备是否符合强制性标准的规定。

4）工程项目的安全、质量是否符合强制性标准的规定。

5）工程中采用的导则、指南、手册、计算机软件的内容是否符合强制性标准的规定。

任务总结

行政法是调整国家行政机关在行使职权过程中发生的各种社会关系以及对行政活动进行监督的各种法律规范的总称。

工程行政法律是指国家制定或认可，体现人民意志，由国家强制力保证实施并由国家建设管理机关从宏观、全局去管理建设业的法律规范，它在建设法规中居主要地位，如《城乡规划法》《中华人民共和国建筑法》《建设工程勘察设计管理条例》《中华人民共和国城市房地产管理法》等。

行政执法是指行政机关和其他享有行政管理职能的组织依法对行政管理相对人采取的具体的、直接影响其权利义务的，或者对相对人权利行使和义务履行情况进行监督检查的具体行政行为。在我国，宪法和法律、法规的许多规定主要是靠行政机关来贯彻执行，行政执法活动是否公正、合法，直接关系到法律的权威性。

城乡规划法是调整在编制、审批和实施城乡规划过程中发生的各种社会关系，保障城乡中的土地利用以及各项建设活动符合城乡规划，对违反城乡规划法的行为进行处罚的各种规范性文件的总称。

2011年1月21日，国务院公布施行了《国有土地上房屋征收与补偿条例》。该条例的实施，为规范国有土地上房屋征收与补偿活动，维护公共利益，依法征收国有土地上单位、个人的房屋，对被征收房屋所有权人给予公平补偿等提供了法律依据。

劳动法是调整劳动关系以及与劳动关系密切联系的社会关系的法律规范的总称。其调整对象是劳动关系和与劳动关系密切联系的其他社会关系。《劳动合同法》的立法目的是完善劳动合同制度，明确劳动合同双方当事人的权利和义务，保护劳动者的合法权益，构建和发展和谐稳定的劳动关系；其首要宗旨就是规范劳动合同的订立、履行、变更、解除或终止行为，完善劳动合同制度。

《标准化法》规定，所谓标准，就是对一定范围内的重复性事物和概念所做的统一规定；标准化指为在一定范围内获得最佳秩序，对实际的或潜在的问题制定共同的和重复使用规则的活动。

《标准化法》将标准主要分为以下类别：按级别分为国家标准、行业标准、地方标准和企业标准；按属性分为强制性标准和推荐性标准；按专业性质分为技术标准、管理标准和工作标准。

巩固训练

参考答案

一、名词解释

行政立法的效力等级　　行政执法　　控制性详细规划　　工程行政复议
劳动合同的订立　　劳动争议诉讼　　国家标准　　行业标准　　工程建设强制性标准
标准化

二、单项选择题

1. 行政是国家行政主体对(　　)进行管理的活动。
   A. 公共事务　　　　B. 个人事务　　　　C. 国内事务　　　　D. 国际事务
2. 人民法院为了保证行政诉讼的顺利进行，对诉讼中发生的某些特殊事项所做的司法意思表示是(　　)。
   A. 裁定　　　　　　B. 判定　　　　　　C. 裁决　　　　　　D. 决定
3. 详细规划分为控制性详细规划和(　　)。
   A. 恢复性详细规划　　　　　　　　　B. 修建性详细规划
   C. 总体性详细规划　　　　　　　　　D. 分区性详细规划
4. 甲地A公司将3辆进口车卖给乙地B公司，B公司将汽车运回期间受到乙地工商局查处。工商局以A公司无进口汽车证明，B公司无准运证从事非法销售运输为由，决定没收3辆汽车。A公司不服该决定，提起诉讼。下列属于本案受理法院的主要审查对象是(　　)。
   A. 3辆汽车的所在地　　　　　　　　B. A公司销售行为的合法性
   C. B公司购买运输行为的合法性　　　D. 工商局处罚决定的合法性
5. 以下不是订立劳动合同时应遵循的原则的是(　　)。
   A. 合法原则　　　　B. 公平原则　　　　C. 服从原则　　　　D. 诚实信用原则

6. 针对需要在全国范围内统一的技术要求而制定的标准是（　　）。
　　A. 行业标准　　　　B. 国家标准　　　　C. 企业标准　　　　D. 地方标准

7. 对标准化领域中需要统一的技术事项所制定的标准称为（　　）。
　　A. 管理标准　　　　B. 工作标准　　　　C. 技术标准　　　　D. 强制性标准

8. 对工程建设规划阶段执行强制性标准的情况实施监督的机构是（　　）。
　　A. 工程质量监督机构　　　　　　　　B. 建筑安全监督管理机构
　　C. 建设项目规划审查机关　　　　　　D. 施工图设计审查单位

9. 负责监督检查工程项目执行强制性标准情况的部门是（　　）。
　　A. 工程质量监督部门　　　　　　　　B. 工程建设标准批准部门
　　C. 建设项目规划审查机关　　　　　　D. 施工图设计审查单位

10. 国家标准的代号为（　　）。
　　A. JB　　　　　　　B. JG　　　　　　　C. GB　　　　　　　D. GD

三、多项选择

1. 以下是工程行政法律特征的有（　　）。
　　A. 指令性　　　　　B. 强制性　　　　　C. 非对等性　　　　D. 严密性

2. 通常所说的文物包括下列（　　）。
　　A. 革命遗址　　　　B. 古文化遗址　　　C. 古墓葬　　　　　D. 古建筑

3. 劳务派遣一般在下列（　　）工作岗位上实施。
　　A. 动机性　　　　　B. 临时性　　　　　C. 辅助性　　　　　D. 替代性

4. 劳动争议的处理方式包括（　　）。
　　A. 协商　　　　　　B. 调解　　　　　　C. 仲裁　　　　　　D. 诉讼

5. 根据《标准化法》，下列标准又可分为强制性标准和推荐性标准的是（　　）。
　　A. 行业标准　　　　B. 国家标准　　　　C. 企业标准　　　　D. 地方标准

6. "三新核准"中的三新指的是（　　）。
　　A. 新技术　　　　　B. 新工艺　　　　　C. 新能源　　　　　D. 新材料

7. 我国工程建设标准规范按属性分为（　　）。
　　A. 强制性标准　　　　　　　　　　　　B. 标准化协会标准
　　C. 工程项目建设标准　　　　　　　　　D. 推荐性标准

8. 强制性标准监督检查的方式包括（　　）。
　　A. 重点检查　　　　B. 抽查　　　　　　C. 专项检查　　　　D. 全面检查

9. 强制性标准监督检查的内容包括（　　）。
　　A. 有关工程技术人员是否熟悉、掌握强制性标准
　　B. 工程项目采用的材料、设备是否符合强制性标准的规定
　　C. 工程项目的安全、质量是否符合强制性标准的规定
　　D. 工程项目的规划、勘察、设计、施工、验收等是否符合强制性标准的规定

四、判断题

1. 行政法规、行政规章一般不溯及既往。　　　　　　　　　　　　　　（　　）
2. 行政诉讼的目的是解决民事纠纷，保障当事人民事权益的实现。　　　（　　）
3. 城乡规划包括城镇体系规划、城市规划、镇规划、乡规划和村庄规划。（　　）
4. 若房屋征收时间紧迫，可先征收，再根据对被征收人的损失进行补偿。（　　）

5. 只要你不愿意，用工单位就不可能与你订立劳动合同。 （　　）

6. 发生劳动争议后，如果当事人通过协商不能解决，或者不愿意协商解决，可以自愿选择向调解组织申请调解。 （　　）

7. 对一定范围内的重复性事物和概念所做的统一规定就是标准。 （　　）

8. 由省、自治区、直辖市标准化行政主管部门统一编制计划、组织制定、审批、编号、发布的标准称为行业标准。 （　　）

9. 工程建设通用的有关安全、卫生和环境保护的标准属于国家强制性标准。 （　　）

10. 行业标准和相应的国家标准可以同时有效。 （　　）

五、简答题

1. 工程行政立法的概念及特征分别是什么？

2. 行政复议的概念及行政复议机关分别是什么？

3. 行政诉讼和民事诉讼的区别是什么？

4. 城乡规划的编制原则是什么？

5. 劳动合同的订立原则与形式是什么？

6. 工程建设标准有哪些类别？

7. 什么是"三新核准"？

六、案例分析

背景：

某地级市城区内一啤酒厂扩大生产规模后，未经批准擅自向本市护城河排放大量有机废水，造成严重环境污染，市环保局执法检查发现后责令其立即停止违法排污行为，同时考虑到啤酒厂违法排污时间较长，污染又十分严重，决定对其处以 20 万元的罚款。啤酒厂认为，省政府颁布的《水污染防治条例》规定"市人民政府环境保护行政主管部门决定的罚款以不超过 10 万元为限；超过 10 万元的，应报省环境保护行政主管部门批准"，而市环保局却对其处以 20 万元的处罚，违反了该条例规定，欲申请行政复议。

试分析：

啤酒厂可向哪些机关申请行政复议？为什么？

第3章　工程发承包与招投标法规

学习重点

　　建设工程发承包及招标、投标、开标、评标、中标的相关规定；建设工程招投标的管理机构及职责。

学习目标

　　了解建设工程招投标的管理机构及职责；熟悉工程报建程序及建设工程发承包的相关规定；掌握工程建设招投标的相关规定。

3.1　建设工程发包与承包概述

　　建设工程发包与承包，是发包、承包经济活动相对应且不可分割的两个方面，是指在经济活动中，作为交易一方的建设单位，将需要完成的建筑工程勘察、设计、施工等全部或部分工作交给勘察、设计、施工等另一方交易单位去完成，并按双方约定支付报酬的行为。其中，建设单位是以建筑工程所有者身份委托他人完成勘察、设计、施工、安装等工作并支付报酬的公民、法人或其他组织，是发包人，又称甲方；以建筑工程勘察、设计、施工、安装者身份向建设单位承包，有义务完成发包人交给的建筑工程勘察、设计、施工、安装等工作，有权获得报酬的企业是承包人，又称乙方。

　　招标、投标活动应遵循公开、公平、公正和诚实信用的原则，择优选择承包单位。2000年1月1日起实施的《中华人民共和国招标投标法》（以下简称《招标投标法》）是我国招标、投标活动主要的法律依据。

　　为便于明确发承包双方各自的权利与义务，减少纷争，根据《中华人民共和国建筑法》（以下简称《建筑法》）和《中华人民共和国合同法》（以下简称《合同法》）的相关规定，建筑工程合同的订立、合同条款的变更均应采用书面形式。

3.1.1　建设工程发承包的特征

　　建设工程发包、承包同计划经济时期建设工程生产管理及其他相关发包、承包活动相比，主要有以下特征。

1. 发包、承包主体的合法性

　　建设工程发包人或总承包单位将建设工程发包或分包时，要具有发包资格，符合法律规定的发包条件：

　　(1)发包主体为独立承担民事责任的法人实体或其他经济组织。

(2)按照国家有关规定已经履行工程项目审批手续。

(3)工程建设资金来源已落实。

(4)发包方有与发包的建设项目相适应的技术、经济管理人员。

(5)招标发包的，发包方应具备编制招标文件和组织开标、评标、定标的能力。

不具备(4)、(5)项条件的，必须委托具有相应资格的建设管理咨询单位等进行代理。

承包人必须是依法取得资质证书，具备法人资格的勘察、设计、施工等单位，并在其资质等级许可的业务范围内承揽工程。

2. 发包、承包活动内容的特定性

建设工程发承包包括建设项目可行性研究、工程勘察设计、建筑材料及设备采购、工程施工、工程劳务、工程项目监理等的发承包，并以建筑工程勘察设计、施工的发承包居多。

3. 发包、承包行政监控的严格性

建筑工程的质量和安全，关系到国家利益、社会利益和人民群众的生命财产安全。因此，必须严格对建设工程发包和承包进行监督、管理和控制，保障建设工程发包、承包依法进行；实行工程报建制度、招标投标制度、建设工程承包合同制度及其他监督管理措施，以确保建设工程的质量和安全，维护良好的建筑市场秩序。

3.1.2 建设工程的发包方式

建设工程发包有不同的分类方式，若按任务获取途径，可分为招标发包和直接发包。《建筑法》规定："建筑工程依法实行招标发包，对不适于招标发包的可以直接发包。"即建筑工程应以招标发包为主，直接发包为辅。

1. 招标发包

招标发包是指建设单位通过招标确定承包单位的一种发包方式。全部或部分使用国有资金投资或国家融资的建设工程，应依法采用招标方式发包。按照我国目前的实际做法，招标发包又可分为公开招标发包、邀请招标发包和议标三种具体的招标形式。

(1)公开招标发包。公开招标发包又称无限竞争性招标，是指发包方通过新闻媒体公开发布招标公告，公开提供招标文件，所有潜在投标人[①]均有平等机会参加投标竞争，发包方按规定的程序和标准从投标人中优选中标者的发包方式。

(2)邀请招标发包。邀请招标发包又称有限竞争性招标，是指发包方根据自己所了解的情况选择几家特定的承包商，向其发出投标邀请，由这些被邀请的承包商参加投标竞争，从中选定中标者的发包方式。

> **小资料**
>
> **①潜在投标人与投标人**
>
> 潜在投标人：就是在投标报名前，符合招标文件中规定的投标人条件，具有投标意向的合法企业及独立法人。
>
> 投标人：是响应招标、参加投标竞争的法人或其他组织。

(3)议标。议标又称非竞争性招标，是指发包方选定两家以上的特定承包商，分别与其进行一对一的协商谈判，从中选定工程承包方的发包方式。

议标方式缺乏充分竞争，程序也不公开，属于发承包双方一对一的谈判签约方式，严格意义上说，不具有招标发包的基本特征，不能算是一种招标发包方式，《招标投标法》也未将议标作为一种法定招标方式。

招标虽有不同方式，但都离不开公开性、竞争性与公平性的基本特征。显然，上述三种招标方式中公开招标最能体现公平竞争的原则，但其程序最复杂，费用也最高，适合于大中型建筑工程项目的招标发包。

2. 直接发包

直接发包是指发包方直接与承包方签订承包合同的一种发包方式。

3.1.3 建设工程的承包形式

1. 总承包

总承包简称总包，是指发包人将建设项目建设全过程或其中某个或某几个阶段的全部工作，发包给一个承包人的承发包方式。总承包主要有分项总承包和全部建筑工程总承包两种。

（1）分项总承包即建筑工程的发包单位将建筑工程勘察、设计、施工、设备采购的一项或多项发包给一个工程总承包单位。

（2）全部建筑工程总承包即建筑工程发包单位将建筑工程的勘察、设计、施工、设备采购和试运行一并发包给一个工程总承包单位，由总承包单位直接向发包单位负责。总承包单位可自己负责整个建筑工程的全过程，也可依法分包给若干个专业分包单位来完成，并对其统一协调和监督管理，各专业承包人只对总包人负责，不与发包人发生直接关系。

《建筑法》规定："国家提倡对建筑工程实行总承包，禁止将建筑工程肢解发包。"

2. 分承包

分承包简称分包，是指从总承包人承包范围内分包某一分项工程（如土方、模板、钢筋等）或某一专业工程（如钢结构制作和安装、电梯安装、卫生设备安装等）的承发包方式。分包人只对总包人负责，不与发包人发生直接关系。

2004年2月3日，原建设部发布了《房屋建筑和市政基础设施工程施工分包管理办法》，对房屋建筑和市政基础设施工程施工分包活动的行为规范做了明确规定。

（1）建筑工程总承包单位，可将承包工程中的部分工程发包给具有相应资质的分包单位。但主体结构工程不能分包，必须由总承包单位自行完成。

（2）分包工程承包人必须具有相应资质，并在资质等级许可范围内承揽业务。严禁个人承揽分包工程业务。

（3）专业工程分包，除在施工总承包合同中另有约定外，必须经建设单位认可。专业分包工程承包人必须自行完成所承包的工程。

（4）劳务作业分包，由劳务作业发承包人通过劳务合同约定。劳务作业承包人必须自行完成所承包的任务。

（5）分包工程发承包人应依法签订分包合同，按照合同约定履行义务。分包合同必须明确约定支付工程款和劳务工资的时间、结算方式以及保证按期支付的相应措施，确保工程款和劳务工资的支付。

（6）分包工程发包人应在订立分包合同后7个工作日内，将合同送工程所在地县级以上地方人民政府建设行政主管部门备案。分包合同发生重大变更的，分包工程发包人应自变更后7个工作日内，将变更协议送原备案机关备案。

（7）分包工程发包人应设立项目管理机构，组织管理所承包工程的施工活动。项目管理机构应具有与承包工程的规模、技术复杂程度相适应的技术、经济管理人员。其中，项目负责人、技术负责人、项目核算负责人、质量管理人员、安全管理人员必须是本单位人员。

具体要求由省、自治区、直辖市人民政府建设行政主管部门规定。

(8)分包工程发包人可以就分包合同的履行，要求分包工程承包人提供分包工程履约担保；分包工程承包人在提供担保后，要求分包工程发包人提供分包工程付款担保的，分包工程发包人应提供。

(9)分包工程发包人对施工现场安全负责，并对分包工程承包人的安全生产进行管理。专业分包工程承包人应将其分包工程的施工组织设计和施工安全方案报分包工程发包人备案。专业分包工程发包人发现事故隐患，应及时做出处理。

分包工程承包人就施工现场安全向分包工程发包人负责，并应当服从分包工程发包人对施工现场的安全生产管理。

(10)建筑工程总承包单位按照总承包合同的约定对建设单位负责，分包单位按照分包合同的约定对总承包单位负责。

(11)分包工程发包人和分包工程承包人就分包工程对建设单位承担连带责任。

3. 联合承包

联合承包是指发包人将一项工程任务发包给两个以上承包人，由其联合进行共同承包。

《建筑法》第二十七条规定："大型建筑工程或者结构复杂的建筑工程，可以由两个以上承包单位联合共同承包。共同承包的各方对承包合同的履行承担连带责任。"联合各方通常采用成立工程项目合营公司、合资公司、联合集团等联营体形式，推选承包人代表，协调承包人之间的关系，统一与发包人签订合同，联营体各方仍为各自独立经营的企业，只是就共同承包的工程项目必须事先达成联合协议，以明确各自的权利与义务。联合承包各方对承包合同的履行承担连带责任。连带责任是对他方而言，对于联合体内部各方来讲，应根据各自过错来承担责任。联合承包各方应共同承包、共同施工、共担风险、共负盈亏。

两个以上不同资质等级的单位实行联合共同承包的，应当按较低资质等级的业务许可范围承揽工程。联合承包具有以下优点：

(1)可有效减弱多家承包商之间的竞争，化解和防范承包风险。

(2)可促进承包商在信息、资金、人员、技术和管理上相互取长补短，有助于充分发挥各自优势。

(3)提高承包大型或结构复杂工程的能力，增加中大标、好标及获取丰厚利润的机会。

3.1.4 承包单位的资质管理

建筑工程的承包单位包括建筑施工企业、监理单位、勘察设计单位。《建筑法》第二十六条规定："承包建筑工程的单位应持有依法取得的资质证书，并在资质等级许可业务范围内承揽工程。"

3.2 建设工程发包与承包行为规范

3.2.1 建设工程发包的行为规范

建筑工程发包单位必须依照法律、法规规定发包建筑工程。

(1)发包单位应将建筑工程发包给合格的承包人。《建筑法》第二十二条规定："建筑工程实行招标发包的，发包单位应将建筑工程发包给依法中标的承包单位；建筑工程实行直接发包的，发包单位应将建筑工程发包给具有相应资质条件的承包单位。"

为保证建筑工程质量和安全，承包单位必须具备资质证书，所建工程的要求和承包单位资质证书的级别必须一致。

(2)发包单位应按照合同约定及时拨付工程款项。拖欠工程款是目前建筑市场普遍存在的问题，这不仅严重影响了企业的生产经营，制约了企业的发展，也影响了工程建设的顺利进行，降低了投资效益。《建筑法》第十八条规定："发包单位应当按照合同的约定，及时拨付工程款项。"这不仅规范了发包单位发放工程款的行为，同时也为施工企业追回拖欠工程款提供了法律依据。

(3)发包单位及其工作人员不得收受贿赂、回扣或索取其他好处。《建筑法》第十七条规定："发包单位及其工作人员在建筑工程发包中不得收受贿赂、回扣或者索取其他好处；承包单位及其工作人员不得利用向发包单位及其工作人员行贿、提供回扣或给予其他好处等不正当手段承揽工程。"收受贿赂、回扣或索取其他好处均属违法行为。

(4)发包单位应依法进行公开招标并接受行政监督。为确保发包活动符合法律规定，不危害社会公共利益和国家利益，《建筑法》第二十条规定："建筑工程实行公开招标的，发包单位应当依照法定程序和方式，发布招标公告，提供载有招标工程的主要技术要求、主要的合同条款、评标的标准和方法以及开标、评标、定标的程序等内容的招标文件。开标应当在招标文件规定的时间、地点公开进行。开标后应当按照招标文件规定的评标标准和程序对标书进行评价、比较，在具备相应资质条件的投标者中，择优选定中标者。"

(5)发包人不得将建筑工程肢解发包。肢解发包是指发包人将本应由一个承包人完成的建筑工程肢解成若干部分分别发包给几个承包人。肢解发包将导致建筑工程管理混乱，引发建筑工程质量与安全问题，容易造成建筑工期的延长，增加建设成本。因此，《建筑法》第二十四条规定："提倡对建筑工程实行总承包，禁止将建筑工程肢解发包。"禁止肢解发包不等于禁止分包。

(6)发包人不得指定购入建筑材料、构配件和设备或指定生产厂、供应商。建筑材料、构配件和设备的采购属于合同内容，应在合同中做出明确规定。其采购可由发包单位进行，也可由承包单位完成。但一经合同约定就必须依照执行。这里需要注意的是，建筑材料、构配件和设备应主要由承包单位负责采购，并明确责任，择优选购，加强检查验收，切实保证材料、设备的质量。

发包单位需要自己订货采购的，要在合同中明确其责任和要求。对可能影响工程质量和使用功能的劣质材料、建筑构配件和设备，承包单位有权拒绝使用。

如果合同约定由承包人包工包料，那么承包人按照合同要求有权自行安排和购买建筑材料、构配件和设备，自由选择生产厂家或供应商，发包人无权指定购买，否则就是违约。

3.2.2 建设工程承包的行为规范

(1)建设单位不得直接指定分包工程承包人。任何单位和个人不得对依法实施的分包活动进行干预。

(2)承包单位及其工作人员不得利用向发包单位及其工作人员行贿、提供回扣或给予其他好处等不正当手段承揽工程。

(3)禁止转让、出借企业资质证书或以其他方式允许他人以本企业名义承揽工程。分包工程发包人未将其承包的工程进行分包，施工现场项目管理机构项目负责人、技术负责人、项目核算负责人、质量管理人员、安全管理人员不是工程承包人本单位人员的，视同允许他人以本企业名义承揽工程。

(4)禁止将承包的工程进行违法分包。以下行为属于违法分包：

1)施工总承包合同中未约定，又未经建设单位认可，分包工程发包人将承包工程中的部分专业工程分包给他人的。

2)分包工程发包人将专业工程或劳务作业分包给不具备相应资质条件分包工程承包人的。

(5)禁止建筑工程转包。所谓转包，是指承包单位不行使承包者的管理职能，将所承包的工程完全转手给他人承包的行为。转包有以下两种形式：

1)承包单位将其承包的全部建筑工程转包给他人。

2)承包单位将其承包的全部工程肢解后以分包名义发包给他人，即变相转包。分包工程发包人将工程分包后，未在施工现场设立项目管理机构和派驻相应人员，且未对该工程的施工活动进行组织管理的，视同转包行为。

转包工程容易使建设单位失去对其承包人的控制和监督，造成投机行为，引起建筑工程质量与安全事故等，是一种违反双方合同的行为。因此，《建筑法》第二十八条明确规定禁止转包工程，禁止以分包名义将工程肢解后分别转包给他人。

3.3　建设工程招标

一次完整的招标投标活动，包括招标、投标、开标、评标和中标等环节。招标是整个招标投标活动的第一个环节，也是对投标、评标、定标有直接影响的环节。

3.3.1　招标人

《招标投标法》第八条规定："招标人是依照本法规定提出招标项目、进行招标的法人或者其他组织。"招标人可以是项目业主，也可以是建设项目代建方或建设项目的总承包方，即招标人不一定就是业主。《招标投标法》规定：

(1)招标人应有进行招标项目的相应资金或资金来源已经落实，并应在招标文件中如实载明。

(2)招标人有权自行选择招标代理机构，委托其办理招标事宜。任何单位和个人不得以任何方式为招标人指定招标代理机构。招标人具有编制招标文件和组织评标能力的，可以自行办理招标事宜。任何单位和个人不得强制其委托招标代理机构办理招标事宜。依法必须进行招标的项目，招标人自行办理招标事宜的，应当向有关行政监督部门备案。

(3)公开招标应发布招标公告。依法必须进行招标的项目的招标公告，应通过国家指定的报刊、信息网络或其他媒介发布，并载明招标人的名称和地址，招标项目的性质、数量、实施地点和时间以及获取招标文件的办法等事项。

(4)邀请招标应向三个以上具备承担招标项目能力、资信良好的特定法人或其他组织发出投标邀请书，并载明上述第(3)条中要求载明的有关事项。

(5)招标人可根据招标项目自身要求，在招标公告或投标邀请书中要求潜在投标人提供有关资质证明文件和业绩情况，并对其进行资格审查；国家对投标人资格条件有规定的，依其规定，招标人不得以不合理的条件限制或排斥潜在投标人，不得歧视潜在投标人。

(6)招标人应编制招标文件。招标文件包括招标项目的技术要求、对投标人资格审查的标准、投标报价要求、评标标准等所有实质性要求和条件，以及拟签订合同的主要条款。

国家对招标项目的技术、标准有规定的，招标人在招标文件中应依其规定提出相应要求。招标项目需要划分标段、确定工期的，招标人应合理划分和确定，并在招标文件中载明。

(7)招标人根据招标项目的具体情况，可以组织潜在投标人踏勘项目现场。

(8)招标人不得向他人透露已获取招标文件潜在投标人的名称、数量及其他可能影响公平竞争的招标投标情况。设有标底的，标底必须保密。

(9)招标人需对已发招标文件进行必要澄清或修改的，应在招标文件要求提交投标文件截止时间至少15日前，书面通知所有招标文件收受人。该澄清或修改内容为招标文件的组成部分。

(10)招标人确定的投标人编制投标文件所需时间应合理。依法必须进行招标的项目，自招标文件开始发出之日起至投标人提交投标文件截止之日止，最短不得少于20日。

3.3.2 招标工作机构

1. 招标工作机构的职能

招标工作机构就是业主负责招标工作的工作班子。其职能一是决策；二是处理日常事务。

(1)决策性工作。

1)确定工程项目发包范围。即决定建设项目是全过程统包，还是分阶段发包，或者单项工程发包、分部工程发包、专业工程发包等。

2)确定承包方式和承包内容。即决定采用总价合同、单价合同、成本加酬金合同或全部包工包料、部分包工包料、包工不包料等。

3)选择发包方式。即根据有关规定和具体情况，决定采用公开招标、邀请招标、两步招标、议标或比价等何种发包方式。

4)确定标底或无标底。

5)决标[①]并签订合同或协议。

(2)日常事务性工作。

1)发布招标及资格预审通告或邀请投标函。

2)编制和发送招标文件。

3)编制标底。

4)审查投标者资格。

小资料

①决标

以招标投标方式订立建设工程合同，一般包含招标、投标和决标三个阶段。其中，招标相当于要约邀请，投标相当于要约，决标相当于承诺。就决标而言，包括开标、评标和定标几个环节。

下面介绍定标、授标：

定标：确定中标人就是定标。即确定中标人后，招标人向中标人发出中标通知书就是定标了。

授标：即合同签约，是招标的最后一步。

5）组织现场踏勘和解答投标单位所提的问题。

6）接受并妥善保管投标单位的投标文件。

7）开标、审核标书并组织评标。

8）谈判签订合同或协议。

2. 招标工作机构的人员组成

（1）决策人员，即上级主管部门的代表或业主，或业主的授权代表。

（2）专业技术人员，包括建筑师，结构、设备、工艺等工程师，造价师等。

（3）助理人员，即负责日常事务处理的秘书、资料、绘图等工作的人员。

3. 招标工作机构的主要形式

（1）由业主自行筹建的工作班子。其工作人员由业主从各部门临时抽调或从外面临时聘请，因而具有临时性、非专业化特点，不利于提高招标工作水平。

（2）由政府主管部门设立"招标工作领导小组"之类的机构。在推行招标投标制的开始阶段，这种行政方式有利于打开工作局面，但政府部门干涉过多则会出现许多弊端。

（3）业主委托咨询机构代为承办招标工作的技术性、事务性工作，但最终决策归业主。

3.3.3　招标条件

根据《招标投标法》《工程建设项目施工招标投标办法》等相关规定，依法必须招标的工程建设项目，应具备下列条件才能进行施工招标：

（1）招标人已经依法成立。

（2）按照有关规定应履行的招标范围、招标方式、招标组织形式、初步设计及概算等审批手续已经批准。

（3）有相应资金或资金来源已落实。

（4）有满足招标所需设计图纸及其他技术资料。

（5）法律、法规、规章规定的其他条件。

需要注意的是，并非所有的招标项目都要进行审批，只有按工程建设项目审批管理规定应报项目审批部门审批的，才应先履行审批手续。国家未规定必须进行审批的项目，招标人可自定招标时间。项目审批前擅自招标，因项目未被批准而造成损失的，招标人应承担责任。

3.3.4　招标方式及其选择

1. 招标方式

招标方式有很多，如按其性质，可分为公开招标和邀请招标；按竞争范围，可分为国际竞争性招标和国内竞争性招标；按价格确定方式，可分为固定总价项目招标、成本加酬金项目招标和单价不变项目招标等。

目前世界各国和有关国际组织的招标方式大体有三种，即公开招标、邀请招标和议标。《招标投标法》只规定了公开招标和邀请招标为法定招标方式。

（1）公开招标。公开招标是指招标人在指定报刊、电子网络或其他媒体上发布招标公告，凡具备相应资质、符合招标条件的法人或其他组织不受地域或行业限制均可申请投标，招标人从中优选中标单位的招标方式。公开招标是一种无限性竞争方式，按竞争范围又可分为国际竞争性招标和国内竞争性招标。

这种招标方式可为所有的承包商提供一个平等竞争的机会，业主有较大的选择余地，有利于降低工程造价，提高工程质量和缩短工期。但因申请投标的人很多而使得资格预审和评标的工作量较大，所需招标时间长、费用高，还可能有投机承包商故意压低投标报价，以挤掉报价严肃且报价较高的承包商的可能。因此采用公开招标方式时，业主要加强资格预审。

(2)邀请招标。邀请招标也称选择性招标或有限竞争性招标，是指招标人向预先选择的若干具备承担招标项目能力、资信良好的特定法人或其他组织发出投标邀请函，将招标工程概况、工作范围和实施条件等做出简要说明，请他们参加投标竞争的招标方式。受邀对象一般以5～7家为宜，但不得少于3家。被邀请者同意参加投标后，从招标人处获取招标文件，按要求进行投标报价。邀请招标的优点在于：无须发布招标公告和设置资格预审程序，节省了招标时间和费用；经过选择的投标单位在施工经验、技术力量、经济和信誉上都比较可靠，因而减小了承包方违约的风险，提高了质量与安全的保障。但邀请招标的受邀范围较小，可能会丧失某些技术或报价有竞争实力的潜在投标人。为体现公平竞争和便于招标人优选中标人，应设资格后审程序，即要求在投标书内报送证明投标人资质能力的有关材料，作为评标时的评审内容之一。由于在价格、竞争的公平方面存在一定不足，因此《招标投标法》第十一条规定："国务院发展计划部门确定的国家重点项目和省、自治区、直辖市人民政府确定的地方重点项目不适宜公开招标的，经国务院发展计划部门或者省、自治区、直辖市人民政府批准，可以进行邀请招标。"

可见，公开招标与邀请招标在招标程序上存在以下区别：

(1)招标信息的发布方式不同。公开招标是利用招标公告发布招标信息；而邀请招标则是向3家或3家以上具备实施能力的投标人发出投标邀请书，邀请他们参与投标竞争。

(2)对投标人资格审查的时间不同。公开招标因投标响应者较多，为保证投标人具备相应的实施能力并缩短评标时间，通常设置资格预审程序；邀请招标则因竞争范围小，且招标人对邀请对象的能力有所了解，无须进行资格预审，但评标阶段要通过资格后审程序对投标人的资格和能力进行审查比较。

(3)邀请的对象不同。邀请招标邀请的是特定的法人或其他组织，而公开招标邀请的则是不特定的法人或其他组织。

2. 招标方式的选择

如前所述，公开招标与邀请招标相比，可在较大范围内优选中标人，有利于投标竞争，但招标所需的费用较高、时间较长。采用何种形式招标应在招标准备阶段认真研究，对投标人有吸引力的项目，应首先考虑采用打破地域和行业界限的公开招标。

为顺应市场经济的要求和规范招标人的行为，《建筑法》规定，依法必须进行施工招标的工程，全部使用国有资金投资或国有资金投资占控股或主导地位的，应公开招标。采用邀请招标的项目一般属于以下几种情况之一：

(1)涉及保密的工程项目。

(2)专业性要求较高的工程，一般施工企业缺少技术、设备和经验，采用公开招标响应者较少。

(3)工程量较小、合同额不高的施工项目，对实力较强的施工企业缺少吸引力。

(4)地点分散且属劳动密集型的施工项目，对外地的施工企业缺少吸引力。

(5)工期要求紧迫的施工项目，没有时间进行公开招标。

(6)采用公开招标所花时间和费用与招标人最终能获得的好处不相适应的施工项目。

3.3.5 工程项目招标的程序

(1)成立招标组织，决定建设单位自行招标或委托招标。

(2)建设单位进行项目报建，报送招标投标管理机构审查。

(3)项目报建后，建设单位(招标人)提出招标条件，编制招标文件和标底(如果有)，报送招标投标管理机构审查。

(4)招标人发布招标公告或发出投标邀请书，审查投标人资格，将审查结果通知申请投标者，并向招标投标管理机构备案。

(5)招标人发售招标文件，根据具体情况，可以安排投标人进行现场踏勘，并对招标文件答疑，踏勘时间应在招标文件中规定。

(6)根据《招标投标法》第二十三条规定："招标人对已发出的招标文件进行必要的澄清①或者修改②的，应当在招标文件要求提交投标文件截止时间至少 15 日前，以书面通知所有招标文件收受人，该澄清或修改的内容为招标文件的组成部分。"

> **小资料**
> ①澄清
> 澄清是指招标人对招标文件中遗漏、表述不清或比较复杂的事项进行说明，回答投标人所提的问题。
> ②修改
> 修改是指招标人对招标文件中出现的错误进行修订。

(7)投标人编制并递交投标文件。

(8)招标人主持开标。

(9)招标人组建评标委员会，进行评标。

(10)建设单位根据评标委员会的意见进行定标，发出中标通知书和中标结果，收回发给未中标单位的图纸和技术资料，退还其投标保证金或保函，并与中标单位签订承包合同。

(11)办理施工合同。

3.3.6 工程项目招标文件的编制原则、作用及组成

1. 招标文件的编制原则

编制招标文件是一项十分细致、复杂的工作，必须做到系统、完整、准确、明了，提出要求的目标要明确，使投标者一目了然。其编制原则有以下几项：

(1)建设单位和建设项目必须具备招标条件。

(2)必须遵守国家的法律、法规及有关贷款组织的要求。

(3)应公正、合理地处理业主和承包商的关系，保护双方的利益。

(4)正确、详尽地反映项目的客观、真实情况。

(5)招标文件各部分内容要力求统一，避免文件之间出现矛盾。

2. 招标文件的作用

(1)招标文件是投标人准备投标文件和参加投标的依据。

(2)招标文件是招标投标活动当事人的行为准则和重要的评标依据。

(3)招标文件是招标人和投标人签订合同的基础。

3. 招标文件的组成

(1)关于编写和提交投标文件的规定。载入这些内容是为了尽量减少承包商或供应商因不明确如何编写投标文件而处于不利地位或其投标遭到拒绝的可能。

(2)关于对投标人资格审查的标准及投标文件的评审标准和方法。载入这些内容是为了提高招标过程的透明度和公平性。

(3)关于合同条款①，其中主要是商务性条款，有利于投标人了解中标后签订合同的主要内容，明确双方的权利和义务。其中，技术要求、投标报价要求和主要合同条款等内容是招标文件的关键内容，统称为实质性要求。

3.3.7 工程项目招标文件的主要内容

1. 投标邀请书

在邀请招标中，投标邀请书主要包括招标人的名称，性质，工程概况，分标情况，主要工程量，工期要求，承包人的服务内容，招标文件发售的时间、地点和价格，投标文件送交的地点、份数和截止时间，投标保证金的数额和提交时间，开标时间和地点，现场考察和标前会的召开时间和地点等。

2. 投标须知

对于公开招标，投标须知是指导投标人进行投标报价的文件，主要告知投标人有关注意事项，一般包括资格要求、投标文件要求、投标语言、报价计算、货币、投标有效期、投标保证、错误修正及对本国投标者的优惠等。有的业主将投标须知作为正式签订的工程承包合同的一部分，有的又不作为正式合同内容，因此，在编制招标文件和签订合同时应注意说明。

3. 合同条件和合同协议条款

招标文件中的合同条件和合同协议条款是招标人单方面提出的关于招标人、投标人、监理工程师等各方权利和义务关系的设想和意愿，是对合同签订、履行过程中遇到的工程进度、质量、检验、支付、索赔、争议、仲裁等问题的示范性、定式性阐释。

招标人在招标文件中应说明本招标工程采用的合同条件和对合同条件的修改、补充或不予采用的意见。投标人对招标文件中的说明是否同意，对合同条件的修改、补充或不予采用的意见，也要在投标文件中一一列明。中标后，双方同意的合同条件和协商一致的合同条款是双方统一意愿的体现，应成为合同文件的组成部分。

> **小资料**
>
> **①合同条款**
>
> 合同条款根据各审查部门的侧重点不同，可分为以下三类：
>
> 法律性条款：用于明确合同当事人的权利和义务及确定发生纠纷时的解决方法，主要由法务部门审核。其主要包括当事人的权利和义务、违约责任、不可抗力、争议解决的方式、知识产权等。
>
> 商务性条款：用于确定商品的交付，服务的提供，工程施工的时间、地点和方式，合同价款及其支付事宜，主要由经办部门审核。其主要包括货物交付，服务提供，工程施工的时间、地点和方式，合同金额及其支付时间、地点和方式等。
>
> 技术性条款：用于说明商品、服务或工程属性及其延伸事宜，主要由需求部门审核。其主要包括货物名称、规格、型号、质量标准、技术标准、包装、验收和质保要求等。

4. 合同格式

合同格式是招标人在招标文件中拟定好的具体格式。合同在定标后由招标人与中标人达成一致协议后签署，投标人投标时不填写。

招标文件中的合同格式主要有合同协议书、质量保修书、承包人履约担保书、承包人预付款银行保函①、发包人支付担保书等。

5. 规范与图纸

(1)规范。规范是指技术规范，也可称作技术规格书。规范和图纸共同反映了招标单位对工程项目的技术要求，也是施工过程中承包商控制质量和工程师检查验收的主要依据。只有严格按规范施工及验收，才能保证工程合格。

在拟定技术规范时，既要满足设计要求，保证工程的施工质量，又不能太苛刻。因为太过苛刻的技术要求必然导致投标者提高投标价格，对国际工程而言，过于苛刻的技术要求往往会影响本国承包商参加投标的信心。

编写规范时，一般可引用国家有关部门正式颁布的规范，国际工程也可引用通用的外国规范，但应结合本工程的具体实际来选用，并常常需要由咨询工程师再编制一部分本工程所需的技术要求和规定。正式签订合同后，承包商必须遵循合同列入的规范要求。

规范一般包括：工程的全面描述、工程所用材料的要求、施工质量要求、工程计量方法、验收标准和规定、其他不可预见因素的规定。

> **小资料**
>
> **①银行保函**
>
> 银行保函是履约担保的一种形式，由中标人从银行开具，额度是合同价格的10%。工程发包人为防止承包人在合同执行过程中违约并在其违约时能弥补给发包人带来的经济损失，一般要求承包人提供履约担保，在承包人未按合同履行责任或义务时，由担保人代其履行一定金额、一定时限内某种支付或经济赔偿责任。
>
> 履约担保另外两种形式如下：
>
> 履约保证金：可用保兑支票、银行汇票或现金支票，额度为合同价格的10%。
>
> 履约担保书：是由保险公司、信托公司、证券公司、实体公司或担保公司出具的担保书，担保额是合同价格的30%。

(2)图纸。图纸是招标文件和合同的重要组成部分，是投标者在拟定施工方案、确定施工方法以及提出替代方案、计算投标报价时必不可少的依据资料。其详细程度取决于设计深度与合同类型。详细的设计图纸能使投标者比较准确地计算报价。在工程实施中，常常需要陆续补充和修改图纸，经工程师签字并正式下达后，才能作为施工及结算的依据。

图纸中所提供的地质钻孔柱状图、探坑展视图等均为投标者的参考资料，其提供的水文、气象资料也属于参考资料，业主和工程师应对这些资料的准确性负责。而业主和工程师不对投标者根据上述资料所做的分析与判断、拟定的施工方案、确定的施工方法负责。

6. 工程量表

采用工程量清单招标时，应提供工程量表。工程量表又称工程量清单，是对合同规定要实施工程的全部项目和内容，按工程部位、性质等列在一系列表内，每个表中既有工程部位需要实施的各个项目，又有每个项目的工程量和计价要求(单价或包干价)。

工程量表的作用：一是方便投标者报价，投标者可根据施工图纸和技术规范要求以及拟定的施工方法，通过单价分析并参照本公司以往的经验，对表中各栏目进行报价，并逐项汇总为各部位及整个工程的投标报价；二是方便工程实施中的工程结算，工程实施中，每月结算时可按表中已实施的项目、单价或价格来计算应付承包商的款项；三是当工程量变更或出现索赔纠纷时，可参照工程量表中的单价来确定新项目单价或索赔金额。

工程量表中的计价一般分两类：一类是按单价计价项目，如模板每平方米多少钱，土方开挖每立方米多少钱等，投标文件中此栏一般按实际单位计算；另一类是按项包干计价项目，如工程保险费、竣工时场地清理费等；也有将某类设备的安装作为一项计价的，如闸门采购与安装(包括闸门、预埋件、启闭设备、电气操作设备及仪表等的采购、安装和调试)，编写这类项目时要在括号内将有关项目写全，最好将所采用的图纸号也注明，以方便承包商报价。

编制工程量表时，要注意将等级要求不同的工程区分开，将同一性质但部位不同的工作区分开，将情况不同、可能要进行不同报价的项目区分开；项目划分要简单明了，使表中项目既具高度概括性，条目简明，又不会漏掉项目和应该计价的内容。

7. 投标书格式

招标人在招标文件中要对投标文件提出明确要求，并拟定参考格式供投标人投标时填写。投标文件的参考格式，主要有投标书及投标书附录、工程量清单与报价表、辅助资料表等。其中，工程量清单与报价表格式在采用综合单价和工料单价时有所不同，同时要注意对综合单价投标报价或工料单价投标报价进行说明。辅助资料表主要包括：项目经理简历表，主要施工人员表，主要施工机械设备表，项目拟分包情况表，劳动力计划表，施工方案或施工组织设计，计划开、竣工日期和施工进度表，临时设施布置及临时用地表等。

3.3.8 工程项目标底的编制与审定

标底是由业主组织专门人员为准备招标那部分工程或设备，或工程和设备都有而计算出的一个合理的基本价格。工程项目标底文件是对一系列反映招标人对招标工程交易预期控制要求的文字说明、数据、指标、图表的统称，是标底定性和定量要求的各种书面表达，其核心内容是一系列数据指标。实践中，工程项目标底文件主要指有关标底价格的文件。

标底的作用：一是使建设单位预先明确自己在招标工程上应承担的财务义务；二是作为衡量投标报价的主要尺度之一；三是可以作为上级主管部门核实投资规模的依据。

标底可由招标单位自行编制，也可委托招标代理机构或造价咨询机构编制。我国现行法规没有对招标项目是否需编制标底做统一规定。

1. 标底的编制原则

(1)标底的编制应按国家规定的工程项目划分，统一计量单位、计算规则、施工图纸及招标文件，根据批准的初步设计、投资概算及有关计价办法，参照有关工程定额，结合市场供求，综合考虑投资、工期和质量等因素而确定。

(2)标底的计价内容、计算依据应与招标文件的规定完全一致。

(3)标底价格作为建设单位的预期控制价格，应尽量与市场实际相吻合，要有利于开展竞争和保证工程质量，让承包商有利可图。市场价格可参考有关建设工程价格信息服务机构向社会发布的价格行情。为此需注意以下几点：

1)要根据设计图纸及有关资料、招标文件，参照政府或政府有关部门规定的技术、经济标准、定额及规范，确定工程量和编制标底。如使用新材料、新技术、新工艺的分项工程，没有定额和价格规定的，可参照相应定额或由招标人提供统一的暂定价或参考价，也可由甲乙双方按市场价格行情确定的价格计算。

2)标底价格应由成本、利润和税金等组成，一般应控制在批准的总概算或修正、调整概算及投资包干限额内。

3)标底价格应考虑人工、材料、设备、机械台班等价格变动因素，还应包括不可预见费、预算包干费、赶工措施费、施工技术措施费、现场因素费、保险及采用固定价格工程的风险金等，工程要求优良的还应增加优质优价费。工程工期应按国家和地方制定的工期定额和计划投资安排的工期合理确定，如招标人要求缩短工期，可适当计取加快进度措施费，例如，给定工期比国家工期定额缩短达一定比例(如20%以上)的，在标底中应计算赶工措施费。

(4)招标人不得因投资原因故意压低标底价格。

(5)一个工程只能编制一个标底，并在开标前保密。我国工程建设领域，标底的应用比较普遍，实践中投标价格是否接近标底价格是能否中标的重要条件。正是如此，一些投标人为了中标而想方设法打听标底，由此便屡屡产生违法事件。因此，经主管部门审核批准的标底应由主管部门封存，开标前严格保密。

(6)编审分离和回避。承接标底编制业务的单位及其标底编制人员，不得参与标底审定工作；负责审定标底的单位及其人员，也不得参与标底编制业务。受委托编制标底的单位，不得同时承接投标人的投标文件编制业务。

2. 标底的编制依据

工程项目标底受多方面因素影响，如项目划分、设计标准、材料价差、施工方案、定额、取费标准、工程量计算准确度等。为此，编制标底时应遵循以下主要依据：

(1)国家公布的统一工程项目划分、统一计量单位、统一计算规则。

(2)招标文件，包括招标交底纪要。

(3)招标人提供的由有相应资质的单位设计的施工图及相关说明。

(4)有关技术资料。

(5)工程基础定额和国家、行业、地方规定的技术标准规范。

(6)要素市场①价格和地区预算材料价格。

(7)经政府批准的取费标准和其他特殊要求。

实践中，上述依据要求遵循的程度并不一样。例如，对招标文件、设计图纸及有关资料等的遵循，各地一般规定必须作为标底编制的依据；有的则允许有出入，如对技术、经济标准定额和规范等，各地一般只规定作为标底编制的参照。

> **小资料**
>
> **①要素市场**
>
> 现在主要是生产要素市场，有金融市场、劳动力市场、房地产市场、技术市场、信息市场、产权市场等。市场经济要求生产要素以商品的形式在市场上通过市场交易实现流动和配置，从而形成各种生产要素市场。

3. 标底的编制条件和方法

(1)标底的编制条件。

1)招标文件的商务条款和其他相关条款。

2)工程施工图纸、编制工程量清单的基础资料、编制标底所依据的施工方案、工程建设地点的现场地质、水文及地上情况的有关资料。

3）编制标底价格前的施工图纸设计交底②。

4）基础定额、地方定额和有关技术标准规范。

5）人工、材料、设备、机械台班等要素价格，以及市场间接费、利润、价格水平。

（2）标底的编制方法。

1）以施工图预算为基础的标底。这是我国当前建筑工程施工招标采用较多的标底编制方法。其特点是根据施工详图和技术说明，按工程预算定额规定的分部分项工程③子目，逐项计算工程量，套用定额单价或单位估价表确定分部分项工程费，再按规定的取费标准确定临时设施费、环境保护费、文明施工费、安全施工费、夜间施工费等费用及利润，加上材料调价系数和适当的不可预见费，汇总后即工程预算，也是标底基础。

如果拆除旧建筑物，场地"三通一平"及某些特殊器材采购也在招标范围之内，则应在工程预算外再增加相应费用后，才能构成完整的标底。

2）以工程概算为基础的标底。其编制程序和以施工图预算为基础的标底大体相同，不同的是采用工程概算定额，分部分项工程子目做了适当归并与综合，使计算工作更简化。采用这种方法编制标底，通常适用于扩大初步设计或技术设计阶段。按概算定额和单价计算分部分项工程费，既可提高计算结果的准确性，又能减少计算工作量，节省时间和人力。

3）以扩大综合定额为基础的标底。它是由以工程概算为基础的标底发展而来的，其特点是在工程概算定额的基础上，将措施费及法定利润都纳入扩大的分部分项单价内，可使编制工作进一步简化。

4）以平方米造价包干为基础的标底。其主要适用于采用标准图大量建造的住宅工程，一般由地方主管部门对不同结构体系的住宅造价进行测算分析，制定每平方米造价包干标准，工程招标时，再根据装修、设备情况进行适当调整，确定标底单价。考虑到基础工程会因地基条件不同而有较大差别，因此，平方米造价多以工程±0.000以上为对象，基础和地下室工程仍以施工图预算为基础编制标底，两者之和即构成完整的标底。

4. 标底的审定

（1）标底审定的含义。建设工程标底的审定，是指政府有关主管部门对招标人已编制完成的标底进行的审查认定。标底审定是政府对招标投标活动进行监督管理的重要体现。能以自己名义行使标底审定职能的组织，即标底的审定主体。

（2）标底审定的程序。

1）标底送审。

①送审时间。标底送审的时间有两种：一种是正式招标前，招标人将自己编制完成的

标底和招标文件等一起报送招标投标管理机构，经其审查认定后方可组织招标；另一种是投标截止日期后至开标前，招标人将标底报送招标投标管理机构审查认定，未经审定的标底一律无效。

②送审材料。申报标底时招标人应提交的文件材料主要有工程施工图纸、施工方案或施工组织设计、工程量清单、标底价格计算书、标底价格汇总表、标底价格审定书（报审表）、采用固定价工程的风险系数测算明细，现场因素，施工措施测算明细、材料设备清单等。

2）标底审定。招标投标管理机构在收到标底后应及时审查认定。一般来说，对结构不太复杂的中小型工程，应在7天内审定完毕，对结构复杂的大型工程应在14天内审定完毕，并在上述时限内进行必要的标底审定交底。在实际工作中，应根据工程规模大小和难易程度合理确定标底审定时限，一般是划定几个时限档次，如3～5天、5～7天、7～10天、10～15天、20～25天等，最长不宜超过一个月（30天）。

3）标底封存。标底自编制之日起至公布之日止应严格保密。标底编制单位、审定机构需按规定密封、保存，开标前不得泄露。经审定的标底即工程招标的最终标底，未经招标投标管理机构同意，任何单位和个人无权变更标底。开标后对标底有异议的，可书面提出，由招标投标管理机构复审，并以复审的标底为准。标底允许调整的范围一般仅限于重大设计变更（结构、规模、标准的变更）、地基处理（基础垫层以下需要处理的部分），这时均按实际情况进行结算。

（3）标底审定原则和内容。审定标底是政府主管部门的一项重要行政职能。标底的编制原则就是标底的审定原则。需要特别强调的是编审分离原则，即实践中，标底编制和审定必须严格分开，不准以编代审、编审合一。招标投标管理机构审定标底时，主要审查以下内容：

1）工程范围是否符合招标文件规定的发承包范围。

2）工程量计算是否符合计算规则，有无错算、漏算和重复计算。

3）使用定额、选用单价是否准确，有无错选、错算和换算错误。

4）各项费用、费率使用及计算基础是否准确，有无使用错误，多算、漏算和计算错误。

5）标底总价计算程序是否准确，有无计算错误，是否突破概算或批准的投资计划。

6）主要设备、材料和特种材料数量是否准确，有无多算或少算。

标底价格有工料单价的标底价格和综合单价的标底价格两种。其中，工料单价是以分部分项工程量乘以单价后的合计作为人工费、材料费、施工机具使用费之和，即分别以人工、材料、机械的消耗量及其相应价格来确定，汇总后另加企业管理费、利润、规费、税金而生成标底价格；综合单价是指完成一个规定计量单位的分部分项工程量清单项目或措施清单项目所需人工费、材料费、施工机具使用费和企业管理费、利润以及一定范围内风险费用的总价，它包括人工费、材料费、施工机具使用费、利润、规费和税金，各分项工程量乘以综合单价的合价汇总后即标底价格。

3.3.9 自行招标与代理招标

从招标行为实施主体的自主性来划分，招标可分为自行招标和代理招标两种。

1. 自行招标

自行招标是招标人依靠自己的能力，依法自行办理和完成招标项目招标任务的招标活动。根据原国家计委于 2000 年 7 月 1 日颁布的《工程建设项目自行招标试行办法》第四条规定，招标人自行办理招标事宜，应当具有编制招标文件和组织评标的能力。具体包括以下几项：

(1)具有项目法人资格(或法人资格)。

(2)具有与招标项目规模和复杂程度相适应的工程技术、概预算、财务和工程管理等方面的专业技术力量。

(3)有从事同类工程建设项目招标的经验。

(4)设有专门的招标机构或拥有 3 名以上专职招标业务人员。

(5)熟悉和掌握《招标投标法》及有关法规、规章。

《招标投标法》第十二条第二款规定："招标人具有编制招标文件和组织评标能力的，可以自行办理招标事宜。任何单位和个人不得强制其委托招标代理机构办理招标事宜。"

2. 代理招标

招标人不具备自行招标条件时，必须采用代理招标方式开展招标活动。

(1)代理招标和招标代理机构。代理招标是指招标代理机构接受招标人委托，代为办理招标事宜。

《招标投标法》第十三条规定："招标代理机构是依法设立、从事招标代理业务并提供相关服务的社会中介组织。"

(2)招标代理机构的资格认定。根据《招标投标法》的有关规定，工程招标代理机构资格分为甲级、乙级和暂定级。其中，甲级工程招标代理机构资格由国务院建设主管部门认定；乙级、暂定级工程招标代理机构资格由工商注册所在地的省、自治区、直辖市人民政府住房城乡建设主管部门认定。

(3)招标代理机构的工作内容。招标代理机构应在资格等级许可及招标人委托范围内承担下列招标事宜：

①拟订招标方案，编制和出售招标文件、资格预审文件。

②审查投标人资格。

③编制标底。

④组织投标人踏勘现场。

⑤组织开标、评标，协助招标人定标。

⑥草拟合同。

⑦招标人委托的其他事项。

3.3.10 强制招标

强制招标是指法律规定的某些类型的采购项目，凡达到一定数额则必须通过招标进行，否则采购单位要负法律责任。我国是以公有制为基础的社会主义国家，建设资金主要来自国有资金，通过立法将使用国有资金的建设项目纳入强制招标范围，是保护国有资产的重要措施。

在我国，强制招标的范围着眼于工程建设项目全过程，包括从勘察、设计、施工、监理到设备和材料的采购。《招标投标法》第三条规定，下列项目应实行强制招标：

(1)大型基础设施、公用事业等关系社会公共利益、公众安全的项目。基础设施是指为国民经济生产过程提供基本条件的工程，可分为生产性基础设施和社会性基础设施。生产性基础设施是指直接为国民经济生产过程提供条件的设施；社会性基础设施是指间接为国民经济生产过程提供条件的设施。基础设施通常包括能源、交通运输、邮电通信、水利、城市设施、环境与资源保护设施等。公用事业是指为适应生产和生活需要而提供的具有公共用途的服务。

（2）全部或者部分使用国有资金投资或国家融资的项目。国有资金投资项目是指使用国家财政性资金(无论其在投资总额中所占比例大小)进行的建设项目。国家融资项目是指使用国家通过对内发行政府债券或向外国政府及国际金融机构举借主权外债所筹资金进行的建设项目。

（3）使用国际组织或外国政府贷款及援助资金的项目。这类项目必须招标是世界银行等国际金融组织和外国政府所普遍要求的，我国对此也认可。另外，这些贷款大多属政府统借统还的国家主权债务，性质上应为国有资金投资，因此，《招标投标法》将其列为强制招标范围。目前，为我国提供这类资金的国际组织或外国政府主要有世界银行、亚洲开发银行、日本海外经济协力基金、科威特阿拉伯经济发展基金四家。

（4）法律或国务院规定的其他必须招标的项目。随着招标投标制度的逐步建立和推行，我国实行招标投标的领域不断扩展，强制招标的范围应根据实际需要进行调整。因此，除《招标投标法》外，其他法律和国务院对必须招标的项目有规定的，也应纳入强制招标范围。

3.3.11 招标公告的发布或投标邀请书的发送

招标公告是招标人以公告方式邀请不特定潜在投标人就招标项目参加投标的意思表示。

公开招标必须通过公开广告的途径予以通告，使所有合格的投标者都有同等机会了解投标要求，以形成尽可能广泛的竞争局面。我国规定，依法应公开招标的工程，必须在主管部门指定的媒介上发布招标公告，任何单位和个人不得非法限制招标公告的发布地点和发布范围。根据原国家计委 2000 年 7 月 1 日发布的《招标公告发布暂行办法》规定，指定媒介发布依法必须招标项目的招标公告，不得收取费用，但发布国际招标公告的除外。招标公告的内容主要包括以下几项：

（1）招标人名称、地址、联系人姓名、电话，委托代理机构进行招标的，还应注明该机构的名称和地址。

（2）工程情况简介，包括项目名称、建筑规模、工程地点、结构类型、装修标准、质量要求、工期要求。

（3）承包方式，材料、设备供应方式。

（4）对投标人资质的要求及应提供的有关文件。

（5）招标日程安排。

（6）招标文件的获取办法，包括发售招标文件的地点、文件的售价及开始和截止出售时间。

（7）其他要说明的问题。

依法实行邀请招标的工程项目，应由招标人或其委托的招标代理机构向拟邀请的投标人发送投标邀请书。邀请书的内容与招标公告大致相同。

3.4 建设工程投标

投标又称报价，是指投标人根据招标人的招标条件，向招标人提交其依照招标文件要求编制的投标文件，即向招标人提出自己的报价，以期承包到该招标项目的行为。招标人以招标公告或投标邀请书发出投标邀请后，具备承担该招标项目能力的法人或其他组织即可在招标文件指定提交投标文件的截止时间之前，向招标人提交投标文件，参加投标竞争。

3.4.1 投标资格

《招标投标法》第二十六条规定："投标人应当具备承担招标项目的能力；国家有关规定或招标文件对投标人资格条件有规定的，投标人应当具备规定的资格条件。"

1. 投标人的资质等级

投标人承担招标项目的能力，主要体现在其资质等级上。资质等级证书是企业进入建筑市场唯一的合法凭证，禁止任何部门采取资质等级以外的任何资信、许可等建筑市场准入制。

(1)对于建筑施工企业。建筑施工企业是指从事土木工程、建筑工程、线路管道与设备安装工程、装修工程的新建、改建、扩建和拆除等活动的企业。

根据 2015 年 1 月 22 日住房和城乡建设部以部令第 22 号发布的《建筑业企业资质管理规定》，建筑施工企业资质(建筑业企业资质)分为施工总承包资质、专业承包资质、施工劳务资质三个序列。施工总承包资质、专业承包资质按照工程性质和技术特点分别划分为若干资质类别，各资质类别按照规定的条件划分为若干资质等级。施工劳务资质不分类别与等级。

(2)对于建设工程勘察设计企业。原建设部发布并于 2007 年 9 月 1 日起实施的《建设工程勘察设计资质管理规定》对工程勘察资质和工程设计资质做了相关规定，具体情况将在第 5 章介绍。

根据《建筑法》的有关规定，建筑工程承包单位应持依法取得的资质证书，在其资质等级许可范围内承揽工程。禁止建筑施工企业超越本企业资质等级许可的业务范围或以任何形式用其他施工企业的名义承揽工程。

2. 投标人的其他条件

招标文件对投标人的资格条件有规定的，投标人应符合该规定，但招标人不得以不合理条件限制、排斥或歧视潜在投标人。

3.4.2 投标工作机构

为了在投标竞争中获胜，建筑施工企业应设置投标工作机构，以便平时就能掌握市场动态信息，积累有关资料，遇到招标项目时，可尽快办理参加投标的手续，研究投标报价策略，编制和递送投标文件等，直至定标后签订合同协议。

对于业主来说，招标就是择优。因工程性质和业主评价标准的不同，择优可能有不同的侧重面，但一般包含以下四个主要方面：

（1）较低的价格。承包商投标报价的高低将直接影响业主的投资效益，在满足招标实质性要求的前提下，报价往往是决定承包商能否中标的关键。

（2）优良的质量。建筑产品质量直接关系到业主的生命财产安全及建筑产品使用价值的大小，因而，质量问题是业主在招标中关注的焦点。

（3）较短的工期。时间就是金钱，速度就是生命。施工工期必然影响建筑产品的投资回报。在同等报价、质量水平下，施工工期的长短往往会成为投标人能否中标的关键，特别是工期要求急的特殊工程。

（4）先进的技术。承包商技术与管理水平的高低，是其生产能力强弱的标志，也是实现较低价格、优良质量和较短工期的基础与前提。

业主在招标过程中，既要突出对侧重面的比较，又要综合考虑上述四个方面的因素，最后才能科学地确定中标者。

对于承包商来说，在激烈的市场竞争中，投标的成败意味着企业的兴衰。因此，投标人之间不仅要比报价高低，而且要比技术、经验、实力和信誉的强弱与好坏。特别是国际承包市场上很多工程都是技术密集型项目，要求承包商必须具有先进的科学技术，以便能完成高、新、尖、难的工程，而且要求承包商具有现代先进的组织管理水平，能够以较低价中标，靠管理和索赔获利。为此，承包商的投标班子应由以下人才组成：

（1）经营管理类人才。经营管理类人才是指制定和贯彻经营方针与规划，负责全面筹划和安排、具有决策能力的人。其包括经理、副经理和总工程师、总经济师等具有决策权及其他经营管理的人才。

（2）专业技术类人才。专业技术类人才是指建筑师、结构工程师、设备工程师等各类专业技术人员。他们具备熟练的专业技能、丰富的专业知识，能从本公司实际出发，制定投标的专业实施方案。

（3）商务金融类人才。商务金融类人才是指概预算、财务、合同、金融、保函、保险等方面的人才。在国际工程投标竞争中，这类人才的作用尤其重要。

由于项目经理是未来项目施工的执行者，为使其深入了解该项目的内在规律，把握工作要点，提高项目管理水平，应尽可能吸收项目经理人选进入投标班子。在国际工程（含境内涉外工程）投标时，还应配备懂得专业和合同管理的翻译人员。

3.4.3 投标程序

投标单位一般按以下程序开展投标工作：

(1)成立投标工作组织机构。

(2)获取招标项目信息。

(3)获取资格预审文件，按招标单位要求填写并递交资格预审申请书。

(4)资格预审合格后，按有关要求获取招标文件，搜集有关资料和信息，准备投标文件。

(5)进行现场踏勘，对有关问题向招标单位提出书面质疑，获取招标单位发送的书面解答以及对招标文件的澄清或修改文件。

(6)编制投标文件，办理投标担保。

(7)向招标单位递送投标文件及投标担保。

(8)投标人代表参加招标人组织并主持的开标会。

(9)就评标委员会在评标过程中对投标文件所做澄清要求进行书面答复或答辩。

(10)如果中标则接收中标通知，如果未中标则接受中标结果。

(11)中标后，与招标单位签订施工承包合同。

3.4.4　投标资格审查

为保证投标人具备实施招标项目的能力，根据《招标投标法》规定，招标人应对投标资格进行审查。

1. 投标资格审查的法律依据

除前述有关《招标投标法》对投标人资格的规定，2003年5月1日起施行的《工程建设项目施工招标投标办法》第十七条至十九条还规定：

(1)资格审查分为资格预审和资格后审。其中，资格预审是指在投标前对潜在投标人进行的资格审查；资格后审是指在开标后对投标人进行的资格审查。进行资格预审的，一般不再进行资格后审，但招标文件另有规定的除外。

采取资格预审的，招标人应按《工程建设项目施工招标投标办法》第十三条、第十四条有关规定发布资格预审公告，在资格预审文件中载明资格预审的条件、标准和方法；采取资格后审的，招标人应在招标文件中载明对投标人资格要求的条件、标准和方法。

(2)招标人不得改变载明的资格条件或以未载入的资格条件对潜在投标人或投标人进行资格审查。

(3)经资格预审后，招标人应向预审合格的潜在投标人发出资格预审合格通知书，告知获取招标文件的时间、地点和方法，并同时向资格预审不合格者告知资格预审结果。资格预审不合格的潜在投标人不得参加投标，经资格后审不合格的投标人的投标应作废标处理。

2. 资格审查的内容

《工程建设项目施工招标投标办法》第二十条规定，资格审查应当主要审查潜在投标人或投标人是否符合下列条件：

(1)具有独立订立合同的权利。

(2)具有履行合同的能力，包括专业、技术资格和能力，资金、设备和其他物质设施状况，管理能力，经验、信誉和相应的从业人员。

(3)没有处于被责令停业，投标资格被取消，财产被接管、冻结，破产状态。

(4)在最近三年内无骗取中标和严重违约及重大工程质量问题。

(5)法律、行政法规规定的其他资格条件。

资格审查时，招标人不得以不合理条件限制、排斥潜在投标人或投标人，不得对潜在投标人或投标人实行歧视待遇。任何单位和个人不得以行政手段或其他不合理方式限制投标人的数量。

3.4.5　投标准备

1. 研究招标文件

资格预审合格并取得招标文件后，即进入投标准备阶段。首先，要仔细研究招标文件，充分了解其内容和要求，以便安排投标工作，并发现应提请招标单位予以澄清的疑点。研究招标文件的着重点，通常应放在以下几个方面：

（1）研究工程综合说明，以获得对工程全貌的轮廓性了解。

（2）熟悉并详细研究设计图纸和规范（技术说明），弄清楚工程的技术细节和具体要求，以便制定施工方案和使报价有确切依据。为此，要详细了解设计规定的各部位做法和对材料品种、规格的要求；对整个建筑物及其各部件的尺寸，各种图纸之间的关系（建筑图与结构图，平面、立面与剖面图，设备图与建筑图、结构图的关系等）要弄清楚，发现不清楚或互相矛盾之处，要提请招标单位解释或订正。

（3）研究合同主要条款，明确中标后应承担的义务及应享有的权利，重点是承包方式，开、竣工时间及工期奖罚，材料供应及价款结算办法，预付款的支付和工程款结算办法，工程变更及停工、窝工[①]损失处理办法等。对于国际招标项目，还应研究支付工程款所用货币种类、不同货币所占比例及汇率。

小资料

①窝工

窝工是指承包商（包括合法分包商）在进入施工现场后，不能按合同约定或开工通知书指令或设计安排进行施工，导致人工、设备等资源剩余，使得施工进度慢于计划进度或合同约定进度的现象。

（4）熟悉投标须知，明确了解在投标过程中投标单位应在什么时间做和不能做的事，目的是提高效率，避免造成废标。

投标单位在全面研究招标文件对工程本身和招标单位的要求之后，方可制订投标计划，以争取中标为目标，有序地开展相关工作。

2. 收集并分析投标信息

在投标竞争中，正确、全面、可靠的投标信息对投标决策起着至关重要的作用。总体上说，投标信息包括影响投标决策的各种主、客观因素。其中，主观因素包括投标者的技术实力、经济实力、管理水平、社会信誉等；客观因素包括业主和监理工程师情况、项目所处自然条件、社会环境、社会经济条件、投标者的竞争环境、工程难易程度等。

3.4.6 投标决策

1. 投标决策的含义

决策是指为实现一定的目标，运用科学的方法，在若干可行方案中寻找满意行动方案的过程。投标决策即寻找满意的投标方案的过程。其内容主要包括以下三个方面：

（1）是否投标。在一定时期内，企业可能同时面临多个投标机会，受施工能力所限，企业不可能实践所有的投标机会，而应在多个项目中进行选择。就某一具体项目而言，从效益角度看有盈利标、保本标和亏损标，企业应根据项目特点和企业实际状况决定是否投标，采取何种投标方式，以实现企业的既定目标，如获取利润、占领市场、树立企业新形象等。

（2）投标性质。按投标性质分，投标有风险标和保险标。从经济学角度看，投资的收益与其投资风险成正比，企业如果投标，需要在高风险高收益与低风险低收益之间做出抉择。

（3）策略技巧。投标决策是投标活动的首要环节，科学的投标决策是承包商战胜竞争对手并取得较好经济效益与社会效益的前提。在投标过程中，应制定扬长避短的策略与技巧，达到战胜竞争对手的目的。

2. 投标决策阶段的划分

投标决策可分为投标决策的前期阶段和投标决策的后期阶段。

投标决策的前期阶段必须在购买投标人资格预审资料前后完成。决策的主要依据是招标公告及公司对招标工程、业主情况的调研和了解程度，对于国际工程，还包括对工程所在国和所在地的调研与了解程度。前期阶段必须对投标与否做出论证。通常情况下，下列招标项目应放弃投标：

(1)本施工企业主管和兼营能力之外的项目。

(2)工程规模、技术要求超过本施工企业技术等级的项目。

(3)本施工企业生产任务饱满，而招标工程的盈利水平较低或风险较大的项目。

(4)本施工企业技术等级、信誉、施工水平明显不如竞争对手的项目。

如果决定投标，即进入投标决策的后期阶段，它是指从申报资格预审至投标报价（封送投标书）前完成的决策研究阶段。主要研究投什么性质的标以及在投标中采取的策略问题。

3. 投标的类型

(1)按投标性质分。

1)风险标。风险标是指明知工程承包难度大、风险大，且技术、设备、资金上都有未解决的问题，但由于队伍窝工，或因工程盈利丰厚，或为开拓新技术领域而决定投标，同时设法解决存在的问题。投标后，如果问题解决得好，可以取得较好的经济效益，并可锻炼出一支好的施工队伍，使企业更上一层楼；否则，企业的信誉、效益就会因此受到损害，严重者将导致企业严重亏损甚至破产。因此，必须慎投风险标。

2)保险标。对可以预见的情况，从技术、设备到资金等重大问题都有了解决对策之后再投标，称为保险标。企业经济实力较弱，经不起失误打击，往往需投保险标。目前，我国施工企业多数都愿意投保险标，特别是在国际工程承包市场上投保险标。

(2)按投标效益分。

1)盈利标。如果招标工程既是本企业的强项，又是竞争对手的弱项，或建设单位意向明确，或本企业任务饱满、利润丰厚而考虑超负荷运转，此种情况下的投标，称为盈利标。

2)保本标。当企业无后继工程或已出现部分窝工，必须争取投标中标，但招标的工程项目对于本企业并无优势可言，竞争对手又强手如林，此时宜投保本标，至多投薄利标，这样的投标称为保本标。

3)亏损标。亏损标是一种非常手段，一般在下列情况下采用：本企业已大量窝工，严重亏损，若能中标，至少可使部分人工、机械运转，减少亏损；或者为在对手林立的竞争中夺得头标，不惜血本压低标价；或是为在本企业一统天下的地盘里，挤垮企图插足的竞争对手；或为打入新市场，取得拓展市场的立足点而压低标价。

4. 影响投标决策的主要因素

(1)企业内部因素。企业内部因素包括技术实力、经济实力、管理实力和信誉实力。

1)技术实力。技术实力主要体现在以下几个方面：

①是否具有精通本行业的估算师、建筑师、工程师、会计师和管理专家组成的组织机构。

②是否具有工程项目设计和施工专业特长，是否具有解决大难度技术问题和各类工程

施工技术难题的能力。

③是否有同类工程的施工经验。

④是否具有有一定技术实力的分包商、合营伙伴和代理人等合作伙伴。

技术实力是实现较低价格、较短工期、优良工程质量的保证，直接关系到企业投标中标的竞争能力。

2) 经济实力。经济实力主要体现在以下几个方面：

①是否具有一定垫付资金的能力。

②是否具有一定的固定资产和机具设备，是否能投入所需的资金。

③是否具有一定的周转资金用以支付施工用款。因为已完成的工程量需要监理工程师确认并经过一定手续、一定时间后，才能拨入工程款。

④是否具有承担国际工程尚需筹集的承包工程所需外汇。

⑤是否具有支付各种担保的能力。

⑥是否具有支付各种纳税和保险的能力。

⑦是否具有承担由于不可抗力带来的风险的能力。

⑧承担国际工程往往需要重金聘请有丰富经验或有较高地位的代理人，有时还需其他"佣金"，承包商是否具有这方面的支付能力。

3) 管理实力。管理实力是具有高素质的项目管理人员，特别是懂技术、会经营、善管理的项目经理人选。能够根据合同要求，高效率地完成项目管理的各项目标，通过项目管理活动为企业创造较好的经济效益和社会效益。

4) 信誉实力。承包商良好的信誉是投标中标的一条重要标准。要建立良好的信誉，就必须遵守法律和行政法规或按国际惯例办事，同时，要认真履约，保证工程的施工安全、工期和质量，而且各方面的实力要雄厚。

(2) 企业外部因素。企业外部因素包括以下几个方面：

1) 业主和监理工程师的情况。主要应考虑业主的合法地位、支付能力和履约信誉，监理工程师处理问题的公正性、合理性及与本企业之间的关系等。

2) 竞争对手和竞争形势。是否投标，应注意竞争对手的实力、优势及投标环境的优劣情况。另外，竞争对手的在建工程情况也十分重要。如果对手的在建工程即将完工，可能急于承包到新项目，其投标报价就不会很高；如果对手在建工程规模大、时间长，而其仍参加投标，则标价可能会很高。总体上看，大型工程的承包公司技术水平高，善于管理大型复杂工程，其适应性强，可以承包大型工程；中小型工程由中小型工程公司或当地工程公司承包的可能性较大，对于当地中小型公司，具有在当地有自己熟悉的材料、劳动力供应渠道，管理人员相对较少，有自己惯用的特殊施工方法等优势，因此竞争力较强。

3) 法律、法规的情况。我国的法律、法规具有统一或基本统一的特点，因此对于国内工程承包，其法制环境应基本相同。但对于国际工程承包，则需考虑法律适用问题。法律适用的原则有以下五条：

①强制适用工程所在地法的原则。

②意思自治原则[①]。

③最密切联系原则[②]。

④适用国际惯例原则[③]。

⑤国际法效力优于国内法效力的原则。

①意思自治原则

对于意思自治原则，目前有两种观点：一种观点认为意思自治原则是指民事主体在从事民事活动时，以自己的真实意思来充分表达自己的意愿，根据自己的意愿来设立、变更和终止民事法律关系；另一种观点认为意思自治原则是指参加民事活动的当事人在法律允许范围内享有完全的自由，按照自己的意思决定缔结合同关系，为自己设定权利或对他人承担义务，任何机关、组织和个人不得非法干涉。

意思自治原则的存在与实现要以平等原则的存在和实现为前提。

②最密切联系原则

最密切联系原则是指法院在审理涉外民商事案件时，不能只按照单一的、机械的联结点去决定法律适用，而是要从各种与当事人有联系的因素中找出最密切联系的因素，即找出确立与该法律关系或当事人最直接、最本质和最真实的国家或地方的法律为准据法。这些因素通常包括当事人的出生地、居住地、行使政治权利或从事业务活动的场所及个人意愿等。

③适用国际惯例原则

国际惯例的适用可以分为两种形式：一种是不经过冲突规范指引，不经过国内法而得以直接适用，主要有当事人适用和法官依据职权直接适用；另一种则经冲突规范指引或经国内法而间接得以适用，主要是依据最密切联系原则指向某一国际惯例或准据法是某国国内法，但国内法无相关规定而适用国际惯例。

例如，当事人选用中的明示同意原则，就是指当事人可以直接选择适用国际惯例。在实践中，是当事人根据意思自治原则，直接选择某一国内法调整彼此的法律关系，但也不排除其选择国际条约或国际惯例等非国内法体系作为准据法。

我国加入的《联合国国际货物买卖合同公约》规定，双方当事人业已同意的任何惯例和他们之间确立的任何习惯做法，对双方当事人均有约束力；除非另有协议，双方当事人应视为已默示同意对其合同或合同的订立适用双方当事人已经或理应知道的惯例，而这种惯例在国际贸易中，已被有关特定贸易所涉同类合同的当事人所广泛知道并为他们所经常遵守。

法官依据职权直接适用是指我国法律没有相关规定，当事人未选择准据法时，法官可以直接适用国际惯例审理案件。

《中华人民共和国民法通则》规定，适用国际惯例需满足以下条件：

一是调整某一国际贸易法律关系的法律或者解决国际贸易争议的准据法是我国法律；

二是我国法律没有调整该国际贸易法律关系或者解决该国际贸易争议的法律及规定；

三是我国缔结或参加的国际条约未对调整该国际贸易法律关系或者解决该国际贸易争议做出规定。

4）风险问题。工程承包，特别是国际工程承包，由于影响因素众多而存在很大风险性，从来源角度看，风险可分为政治风险、经济风险、技术风险、商务及公共关系风险和管理方面的风险等。在投标决策中，要对拟投标项目的各种风险进行深入研究和风险因素辨识，以便有效地规避各种风险，避免或减少经济损失。

5. 投标策略的确定

承包商参加投标竞争，能否战胜对手而获得施工合同，很大程度上取决于能否运用正确、灵活的投标策略来指导投标全过程的活动。正确的投标策略来自实践经验的积累、对客观规律不断深入的认识及对具体情况的了解。同时，决策者的能力和魄力也不可或缺。

概括来讲，投标策略可归纳为四大要素，即"把握形势，以长胜短，掌握主动，随机应变"。具体地讲，常见的投标策略有以下几种：

(1)加强管理。加强管理主要靠做好施工组织设计，采取合理的施工技术和施工机械，精心采购材料、设备，选择可靠的分包单位，安排紧凑的施工进度，力求节省管理费用等，从而有效地降低工程成本而获得较高的利润。

(2)改进设计。改进设计即仔细研究原设计图纸，针对不够合理之处提出降低造价的措施。

(3)缩短工期。缩短工期即采取有效措施，在招标文件要求的工期基础上提前一定时间，从而使工程早投产，早收益。

(4)降低利润。降低利润主要适用于承包商任务不足时，与其坐吃山空，不如以低利承包一些工程。另外，承包商初来乍到，为打入新地区的承包市场，建立信誉，往往也采用这种策略。

(5)寻求索赔。寻求索赔即利用图纸、技术说明书与合同条款中不明确之处寻找索赔机会，一般索赔金额可达标价的10%～20%。报价虽低，却可从索赔中得到高额利润。

(6)着眼发展。着眼发展是指为争取将来的优势而宁愿目前少赚钱。承包商为掌握某种有发展前途的工程施工技术(如建造核电站的反应堆或海洋工程等)，就可能采用这种有远见的策略。

以上各种策略并非互相独立、相互排斥，应按具体情况，综合、灵活地加以运用。

投标决策者不仅应在认真、科学、综合地分析各种投标信息(包括主客观因素)基础上，选择投标对象，确定投标策略，而且要选择与企业的装备条件和管理水平相适应，技术先进，业主的资信条件及合作条件较好，施工所需材料、劳动力、水电供应等有保障，盈利可能性大的工程项目去投标。

选择投标对象时，要注意避免两种得不偿失的情况：一种是工程项目不多时，为争夺工程任务而过分压低报价，结果即使得标盈利的可能性却很小，甚至要亏损；另一种是工程项目较多时，企业仍想多得标而到处投标，造成投标工作量增大而考虑不周，结果承包了一些盈利可能性甚微或本企业并不擅长的工程，从而失去可能盈利较多的工程。

3.4.7 投标技巧

研究投标技巧的目的，是在保证工程质量与工期条件下，寻求良好的报价策略，以期取得期望的效益。通常以开标为界，将投标技巧研究分为开标前和开标后两个阶段。

1. 开标前的投标技巧研究

开标前可以采用以下方法投标：

(1)不平衡报价法。不平衡报价法是指投标人在总价基本确定的前提下，通过合理调整内部各个子项的报价，以期既不影响总报价，又可在中标后尽早收回工程垫支资金并获取较好的经济效益，但要避免不正常的调高或压低现象，以免失去中标机会。一般采用下列不平衡报价技巧：

1)土方、基础等能早期结账项目的单价可报以较高价，以利于资金周转；而装饰、电气设备安装等后期项目的单价则可适当降低。

2)估计今后工程量会增加的项目，其单价可提高；反之可降低。

3)图纸内容不明确或有错误，估计修改后工程量要增加的，其单价可提高；而工程内容不明确的，其单价可降低。

4)暂定项目又称任意项目或选择项目，对此要做具体分析，因这类项目开工后要由发包人研究决定是否实施，由哪一家承包人实施。如果工程不分标，只由一家承包人施工，则其中肯定要做的单价可高些，不一定要做的则低些；如果要分标，该暂定项目也可能由其他承包人施工时，则不宜报高价，以免抬高总报价。

5)单价包干混合制合同中，可对发包人要求采用包干报价的项目报以高价。一则这类项目多半有风险；二则这类项目在完成后可全部按报价结账。而其余单价项目则可适当降低。

6)有的招标文件要求投标者对工程量大的项目报"单价分析表"，投标时可将其中的人工费及机械设备费报得较高，材料费算得较低，以利于今后对补充项目报价时可参考"单价分析表"中较高的人工和机械设备费，而材料则往往采用市场价，因而可获得较高的收益。

7)议标时，承包人一般要压低标价。这时应首先压低那些工程量小的单价，这样即使压低了很多个单价，总的标价也不会降低很多，而给发包人的感觉却是很多单价都有下降，承包人很有让利的诚意。

8)对于单纯报计日工或计台班机械的单价可报高些，以便日后发包人用工或使用机械时可多盈利。但计日工表中若有假定的"名义工程量"时，则需要具体分析是否报高价，以免抬高总报价。

不平衡报价一定要建立在对工程量表中工程量风险仔细核对的基础上，特别是对于报低单价的项目，一旦工程量增多，将给承包人造成重大损失；同时要控制在合理幅度内（一般可在10%左右），否则，发包人可能会挑选报价过高的项目，要求投标者进行单价分析并对其压价，甚至导致废标，以致承包人得不偿失。

（2）计日工报价法。计日工报价法即通过分析业主在开工后可能使用的计日工数量来确定报价方针。计日工数量较多时可适当提高报价；反之则下降。如上所述，对于单纯报计日工的，可适当报高价，而对关系总价水平的则不宜报高价。

（3）多方案报价法。当招标文件规定投标人可以提一个建议方案，或投标人发现招标文件中载明的工程范围不是很明确、条款不清楚、条款很不公正或技术规范要求过于苛刻时，投标人要在充分估计风险的基础上，按多方案报价法处理。即按原招标文件报一个价，然后再提出如果某些条款作某些变动，报价可降低多少额度等。这样可以降低总价，吸引发包人。

这时投标者应组织一批有经验的设计和施工工程师，对原招标文件的设计和施工方案仔细研究，提出更理想的方案来吸引发包人，从而使自己的方案中标。这种建议性方案应能降低总造价或提前竣工，或使工程运用更合理。但对原招标方案也要报价，以供发包人比较。

增加建议方案时，不要将方案写得太具体，保留方案技术关键，以防发包人将此方案交给其他承包人。需要强调的是，建议方案一定要比较成熟或过去有此实践经验。因为投标时间往往较短，如果仅为中标而匆忙提出一些无把握的建议方案，可能引起很多后患。

（4）低标价夺标法。这是非常情况下采用的非常手段。例如，企业大量窝工，为减少亏损或为打入某一建筑市场，或为挤走竞争对手保住自己的地盘，而制定严重亏损标以力争夺标。若企业无经济实力，信誉不佳，此法也不一定奏效。

(5)先亏后盈法。对大型分期建设工程，在一期工程投标时，可将部分间接费分摊到二期工程中，少计算利润以争取中标。这样在二期工程投标时，凭借一期工程的经验、临时设施及创立的信誉，比较容易拿到二期工程。但二期工程遥遥无期时不宜这样考虑。

2. 开标后的投标技巧研究

投标人通过公开开标可以知晓自己的报价在众多报价中的高低情况，但低报价并不一定中标，因招标人需要综合各方面因素反复考虑，并经过议标谈判，方能确定中标者。所以，开标只是选定中标候选人，而非确定中标者。因此，投标人可以利用议标谈判施展竞争手段，变自己原投标书中的不利因素为有利因素，以增加中标机会。

从招标原则看，投标人在投标有效期内不能修改其报价，但某些议标谈判可以例外。此时应灵活运用议标谈判中的投标技巧，主要有以下几项：

(1)降低投标价格。投标价格不是中标的唯一因素，但却是关键性因素。议标中，投标者适时提出降价要求是议标的主要手段。但要注意的是：其一，要摸清招标人的意图，在得到其希望降低标价的暗示后，再提出降价要求；另外，有些国家的招标法规中规定，已投出的投标书不得改动任何文字，若有改动，投标即告无效；其二，降低投标价要适当，不要因此而损害自己的利益。

(2)补充优惠条件。除价格因素外，议标谈判的技巧中，还可考虑其他重要因素，如缩短工期、提高工程质量、降低支付条件要求、提出新技术和新设计方案，以及提供补充物资和设备等，以此优惠条件争取得到招标人的赞许而争取中标。

3.4.8 投标文件的编制与递送

当研究并决策投标报价及战略战术后，就要编制投标文件。投标文件是投标者向业主发出的书面报价，是正式参加投标竞争的证明文件，也是承包商参加竞争的信心和实力体现。

投标文件应严格按招标文件的要求编制。一般不能带任何附加条件，否则将导致废标。

1. 编制投标文件的准备工作

(1)组织投标班子，确定人员分工。

(2)仔细阅读招标文件中的投标须知、投标书及附表、工程量清单、技术规范等。发现需业主解释澄清的问题，应组织讨论；需要提到业主组织的标前会上的问题，应书面寄交业主；标前会议后发现的问题应随时函告业主，切勿口头商讨；来往信函应编号存档备查。

(3)投标人应根据图纸审核工程量清单中分部、分项工程的内容和数量，发现错误后应在招标文件规定期限内向业主提出。

(4)收集现行定额和综合单价、取费标准、市场价格信息及各类标准图集，熟悉政策性调价文件。

(5)准备有关计算机软件系统，力争全部投标文件用计算机打印。

2. 投标文件的内容

(1)投标书。招标文件中通常有规定格式的投标书，投标者只需填写必要的数据和签字，即可表明自己对各项基本保证的确认。

1)确认投标者完全愿意按招标文件中的规定承担工程施工、建成、移交和维修等任务，并写明自己的总报价金额。

2）确认投标者接受的开工日期和施工期限。

3）确认投标被接受后，愿意提供履约保证金或银行保函，其金额符合招标文件规定等。

（2）有报价的工程量表。一般要求在招标文件所附的工程量表原件上填写单价和总价，每页均有小计，并有最后的汇总价。工程量表的每一数字均需认真校核，并签字确认。

（3）业主可能要求递交的文件。如施工方案、特殊材料的样本和技术说明等。

（4）银行出具的投标保函①。需按招标文件中所附格式由业主同意的银行开出。

（5）原招标文件的合同条件、技术规范和图纸。如果招标文件有要求，则应按要求在某些招标文件的每页上签字并交回业主。这些签字表明投标人已阅读并承认这些文件。

3. 投标文件的编制注意事项

（1）投标文件中必须采用招标文件规定的文件表格格式。填写表格时应按招标文件要求填写，否则在评标时将被认为放弃此项要求。若未填写质量等级、价格、工期等重要项目或数字，将被作为无效标或废标处理。

（2）所编制的投标文件"正本"只有一份，"副本"则按招标文件前附表要求的份数提供。正本与副本不一致时，以正本为准。

（3）投标文件应打印清楚、整洁、美观。所有投标文件均应由投标人的法定代表人签字，加盖印章及法人单位公章。

（4）应核对报价数据，消除计算错误。对各分部、分项工程的报价及报价的单方造价、全员劳动生产率，单位工程②一般用料和用工指标，人工费和材料费等的比例是否正常等，应根据现有指标和企业内部数据进行宏观审核，防止出现大的错误和漏项。

（5）全套投标文件应无涂改和行间插字。如投标人造成涂改或行间插字，则这些地方均应由投标文件签字人签字并加盖印章。

（6）如招标文件规定投标保证金为合同总价的某一百分比时，投标人不宜过早开具投标保函，以防泄露自己的报价。

（7）在编制投标文件过程中，要考虑开标后若进入评标对象，在评标过程中应采取的对策。

小资料

①投标保函

投标保函是指投标过程中，招标人为防止中标者不签订合同而使自己遭受损失，要求投标人递交投标书时向其提供的银行保函，以保证投标人履行招标文件所规定的义务。当投标人在投标有效期内撤销投标，或中标后不能与业主订立合同或不能提供履约保函时，担保银行将按投标保函约定履行担保责任。

小资料

②单位工程

单位工程是指具有独立设计文件，具备独立施工条件并能形成独立使用功能，但竣工后不能独立发挥生产能力或工程效益的工程。

这里再介绍一下单项工程。单项工程又称工程项目，是具有独立设计文件，竣工后能独立发挥生产能力或工程效益的工程。如工业建设项目中的生产车间、仓库等，学校建设项目中的教学楼、食堂等。

一个单项工程可由多个单位工程组成。如工业建设中一个车间是一个单项工程，车间的厂房建筑、车间的设备安装等都是单位工程。

完整的道路、桥梁应属一种设施，是单项工程。而道路或桥梁建设划分的各个标段则是单位工程。

4. 投标文件的递送

递送投标文件也称递标，是指投标商在规定的投标截止日期之前，将准备好的所有投标文件密封递送到招标单位的行为。

所有的投标文件必须经反复校核、审查并签字盖章，特别是投标授权书要由具有法人地位的公司总经理或董事长签署、盖章；投标保函在保证银行行长签字、盖章后，需由投标人签字确认。然后按投标须知要求，认真细致地分装密封并包装，在截标之前由投标人亲自送交或通过邮寄递交招标的收标单位，邮寄递交要考虑路途上的时间，并注意投标文件的完整性，做到一次性递交完毕，切不可因迟交或文件不完整而作废。

《招标投标法》第三十四条规定："开标应当在招标文件确定的提交投标文件截止时间的同一时间公开进行，开标地点应当为招标文件中预先确定的地点。"因此，无论采用什么方法送交标书，均要保证准时送达。对于已送出的标书，若有错误要修改，可致函、发紧急电报或电传通知招标单位，修改或撤销投标书的通知不得迟于规定的截标时间。总之，要避免因细节疏忽与技术缺陷而使投标文件失效或无利中标。

招标者在收到投标人的投标文件后，应签收或通知投标人已收到其投标文件，并记录收件日期和时间；同时，在收到投标文件至开标之前，所有投标文件均不得启封，并应采取措施确保投标文件的安全。

3.4.9 共同投标

共同投标是由两个或两个以上法人或其他组织自发组成的联合体，以一个投标人的身份参与投标的投标方式。通常是由两家或两家以上的法人或其他组织根据投标项目组成单项合营，注册成立合伙企业或结成松散的联合集团共同投标。

1. 联合体各方应具备的条件

根据《招标投标法》第三十一条规定，共同投标联合体应具备以下条件：

(1)联合体各方均应当具备承担招标项目的相应能力，包括技术、资金、设备、管理能力。

(2)国家有关规定或招标文件对投标人资格条件有规定的，联合体各方均应当具备规定的相应资格条件。

(3)由同一专业单位组成的联合体，应按资质等级较低施工企业的业务范围承揽工程。

2. 联合体各方的权利和义务

《招标投标法》第三十一条规定："联合体各方应当签订共同投标协议，明确约定各方拟承担的工作和责任，并将共同投标协议连同投标文件一并提交招标人。联合体中标的，联合体各方应当共同与招标人签订合同，就中标项目向招标人承担连带责任。"

3. 投标人的意思自治

《招标投标法》第三十一条规定："招标人不得强制投标人组成联合体共同投标，不得限制投标人之间的竞争。"即投标人是否组成联合体、与谁组成联合体，完全出其自愿。

3.4.10 投标人的法律禁止性规定

1. 禁止串通投标

国家工商总局1998年1月6日公布实施的《关于禁止串通招标投标行为的暂行规定》中

规定："串通招标投标是指招标者与投标者之间或者投标者与投标者之间采用不正当手段，对招标投标事项进行串通，以排挤竞争对手或者损害招标者利益的行为。"

（1）投标人之间串通投标。《关于禁止串通招标投标行为的暂行规定》第三条规定，投标者不得违反《反不正当竞争法》有关规定而实施下列串通投标行为：

1）投标者之间相互约定，一致抬高或者压低投标价。

2）投标者之间相互约定，在招标项目中轮流以高价位或低价位中标。

3）投标者之间进行内部竞价，内定中标人，然后再参加投标。

4）投标者之间其他串通投标行为。

（2）投标人与招标人之间串通投标。《关于禁止串通招标投标行为的暂行规定》第四条规定，投标者和招标者不得违反《反不正当竞争法》有关规定，进行相互勾结，实施下列排挤竞争对手的不公平竞争行为：

1）招标者在公开开标前，开启标书，并将投标情况告知其他投标者，或者协助投标者撤换标书，更改报价。

2）招标者向投标者泄露标底。

3）投标者与招标者商定，在招标投标时压低或者抬高标价，中标后再给投标者或者招标者额外补偿。

4）招标者预先内定中标者，在确定中标者时以此决定取舍。

5）招标者和投标者之间其他串通招标投标行为。

2. 禁止以行贿手段谋取中标

《招标投标法》第三十二条规定："禁止投标人以向招标人或者评标委员会成员行贿的手段谋取中标。"投标人以行贿手段谋取中标的法律后果是中标无效，有关责任人和单位应承担相应的行政责任或刑事责任，给他人造成损失的，还应承担民事赔偿责任。

3. 禁止以低于成本的报价竞标

投标人以低于成本的报价竞标，其目的主要是满足招标人最低价招标的愿望以争取中标，从而达到占领市场、扩大市场份额和排挤其他对手的目的。

这里的成本应指每个投标人的自身成本（通常依据企业内部定额测算得出）。投标人的报价一般由成本、税金和利润三部分组成。如果投标人以低于成本的报价竞标，就很难保证工程质量，偷工减料、以次充好等现象随之产生。

4. 禁止以非法手段骗取中标

《招标投标法》第三十三条规定："投标人不得以低于成本的报价竞标，也不得以他人名义投标或者以其他方式弄虚作假，骗取中标。"在工程实践中，这类不法行为主要有以下几种：

（1）非法挂靠或借用其他企业的资质证书参加投标。

（2）投标文件中故意在商务上和技术上采用模糊语言骗取中标，中标后提供低档劣质货物、工程或服务。

（3）投标时递交假业绩证明、资格文件。

（4）假冒法定代表人签名，私刻公章，递交假的委托书等。

上述不正当竞争行为对招标投标市场的秩序构成严重危害，为《招标投标法》所严格禁止，同时也为《反不正当竞争法》所不允许。

3.5 建设工程开标、评标与中标

投标截止日期以后，业主应在投标有效期内开标、评标和授予合同。

3.5.1 开标

开标，是在投标截止之后，招标人在招标文件规定的时间和地点，将投标人提交的投标文件启封揭晓，公开宣布投标人的活动。

1. 开标时间、地点和参加者

《招标投标法》第三十四条规定："开标应当在招标文件确定的提交投标文件截止时间的同一时间公开进行；开标地点应当为招标文件中预先确定的地点。"开标由招标人主持，邀请所有投标人参加。

需要说明的是，开标主持人既可是招标人，也可为招标人委托的招标代理机构；开标时，除邀请所有投标人参加外，还可邀请招标监督部门、监察部门、公证部门等有关人员参加。开标时，要当众宣读投标人名称、投标价格、有无撤标情况以及招标单位认为合适的其他内容。

案例 3.1

背景：

某投资公司建设一幢办公楼，采用公开招标方式招标，投标保证金有效时间同投标有效期。提交投标文件截止时间为 2013 年 5 月 30 日。该公司于 2013 年 3 月 6 日发出招标公告，之后有 A、B、C、D、E 五家建筑单位参加了投标，E 单位由于工作人员疏忽于 6 月 2 日提交投标保证金。开标会于 6 月 3 日由该省住建厅主持，D 单位在开标时撤回投标文件。经综合评选，最终确定 B 单位中标。双方按规定签订了施工承包合同。

试分析：

(1)E 单位的投标文件应如何处理？为什么？

(2)对 D 单位撤回投标文件的要求应如何处理？为什么？

(3)上述招标投标过程中，有哪些不妥之处？为什么？

分析要点：

问题(1)：E 单位的投标文件应被认为无效投标而被拒绝。因为投标保证金是投标文件的组成部分，因此，未能按招标文件要求提交投标保证金(包括超过投标期限)的投标，招标单位应视为未响应招标而予以拒绝。

问题(2)：D 单位在投标截止时间后的投标有效期内撤回投标文件，属于违约，应没收其投标保证金。

问题(3)：①根据《招标投标法》规定，开标应在投标文件确定的提交投标文件截止时间的同一时间公开进行，而本案例开标会议的时间晚于截标时间；②开标应由招标人或招标人代理人主持，省住建厅作为行政管理机关只能监督招标投标活动，不能作为开标会的主持人。

2. 开标应遵守的法定程序

(1)开标的法定程序。

1)主持人宣布开标会议开始，介绍参加开标会议的单位、人员名单及工程项目的有关情况。宣布公证、唱标、记录人员名单和招标文件规定的评标原则、定标办法。

2)由投标人或其推荐的代表检查投标文件的密封性，也可由招标单位委托的公证机构检查并公证。投标文件未密封或有被开启痕迹的应被认为无效。

3)经确认无误后，若有标底文件则应首先公布标底，再由工作人员当众拆封并宣读投标单位的名称、投标报价以及工期、质量目标、主要材料用量等投标文件的其他主要内容。

4)开标过程应记录并存档备查。招标主持人应按开标先后顺序对公开开标所宣读的每一页做当场记录。开标记录经主持人和其他工作人员签字确认后，保存于开标机构存档备案。

开标记录的主要内容包括：项目名称、投标号、刊登招标公告的日期、发售招标文件的日期、购买招标文件的单位名称、投标人的名称、投标价格及收到投标文件后的处理情况等。

开标后，任何投标人不得更改投标书的内容和报价，也不允许再增加优惠条件。同时，招标文件中若未说明评标、定标原则和方法的，应在开标会议上说明，投标书启封后不得再更改评标、定标办法。

5)与会的投标单位法定代表人或者其代理人在记录上签字，确认开标结果。

(2)无效投标的情况。投标单位法定代表人或授权代表未参加开标会议的视为自动弃权。投标文件有下列情形之一的将视为无效投标：

1)投标文件未按照招标文件要求予以密封的。

2)投标文件中的投标函未加盖投标人的企业及企业法定代表人印章的，或者企业法定代表人委托代理人没有合法、有效的委托书(原件)及委托代理人印章的。

3)投标文件的关键内容字迹模糊、无法辨认的。

4)投标人未按招标文件要求提供投标保函或者投标保证金的。

5)组成联合体投标的投标文件未附联合体各方共同投标协议的。

6)逾期送达或未送达指定地点。对未按规定送达的投标书，应视为废标，原封退回。但对于因非投标者的过失(邮政、战争、罢工等原因)而在开标之前未送达的，招标单位可以考虑接受该迟到的投标书。

3.5.2 评标

1. 评标的概念

评标是指根据招标文件的要求和规定，对各投标人的投标文件进行审查和分析比较，从中优选中标人的过程。评标由招标人组建的评标委员会负责。

2. 评标委员会的组成、权利和义务

(1)评标委员会的组成。根据《招标投标法》第三十七条和 2001 年 7 月 5 日实施的《评标委员会和评标方法暂行规定》第九条规定，评标委员会由招标人或其委托的招标代理机构熟悉相关业务的代表，以及有关技术、经济等方面的专家组成，成员人数为 5 人以上单数，其中，技术、经济等方面的专家不得少于成员总数的 2/3。

上述专家应从事相关领域工作满 8 年并具有高级职称或具有同等专业水平，由招标人从国务院有关部门或省、自治区、直辖市人民政府有关部门提供的专家名册或招标代理机

构的专家库内的相关专业的专家名单中确定;一般招标项目可以采取随机抽取方式,特殊招标项目可由招标人直接确定。与投标人有利害关系的人不得进入相关项目的评标委员会,已经进入的应更换。评标委员会成员的名单在中标结果确定前应保密。

(2)评标委员会的权利。根据《招标投标法》规定,评标委员会有以下权利:

1)独立权。评标委员会的评审活动应在不受外界非法干预和影响下独立进行。即评标必须在封闭状态下独立进行,评标委员会在评标过程中有关检查、评审和授标的建议等情况均不得向投标人或与该程序无关的人员透露。

2)澄清权。评标委员会可以要求投标人对投标文件中含义不明确的内容作必要的澄清或说明。如有投标文件有关内容前后不一、明显打字(书写)错误或单纯的计算错误等,评标委员会应通知投标人澄清或说明,以确认其正确的内容。澄清要求和投标人的答复均应采用书面形式,且投标人的答复必须经法定代表人或授权代表人签字,作为投标文件的组成部分。

但投标人的澄清或说明不得超出投标文件的范围(澄清时补充投标文件中没有规定的内容),也不得改变投标文件的实质性内容。所谓改变实质性内容,是指改变投标文件中的报价、技术规格或参数、主要合同条款等内容。实质性内容的改变,将使不符合要求的或竞争力较差的投标变成竞争力较强的投标,从而引起不公平竞争,因此不被允许。

3)推荐权和决定权。评标委员会有推荐中标候选人的权利;在招标人授权情况下,评标委员会有直接确定中标人的权利。

4)否决权。评标委员会经评审,认为所有投标都不符合招标文件要求的,可以否决所有投标。依法必须招标的项目其所有投标均被否决的,招标人应重新招标。

(3)评标委员会的义务。

1)向招标人提出书面评标报告。

2)严格按招标文件确定的评标标准和方法评标,不得有任何的背离。

3)评标委员会成员应客观、公正地履行职务,遵守职业道德,对所提出的评审意见承担个人责任。

4)评标委员会成员不得私下接触投标人,不得收受投标人的财物或其他好处。

5)不得透露对投标文件的评审和比较、中标候选人的推荐情况以及与评标有关的其他情况。

3. 评标的原则、程序和方法

为保证评标的公正、公平性,评标必须按照招标文件确定的评标标准、步骤和方法进行,不得采用招标文件中未列明的任何评标标准和方法。设有标底的,应参考标底。评标委员会完成评标后,应当向招标人提交书面评标报告,并推荐合格的中标候选人,招标人根据评标委员会提出的书面评标报告和推荐的中标候选人确定中标人。招标人也可授权评标委员会直接确定中标人。

(1)评标原则。评标只对有效投标进行评审。在建设工程中,评标应遵循以下原则:

1)平等竞争,机会均等。制定评标定标办法要对各投标人一视同仁,在评标定标的实际操作和决策过程中,要用一个标准衡量,保证投标人能平等竞争。不允许针对某一特定投标人在某一方面的优势或弱势而在评标定标具体条款中带有倾向性。

2)客观公正,科学合理。对投标文件的评价、比较和分析,要客观公正,不以主观好恶为标准,不带成见,真正在投标文件的响应性、技术性、经济性等方面评出客观的差别和优劣。采用的评标定标方法，对评审指标的设置和评分标准的具体划分，都要在充分考虑招标项目具体特点和招标人合理意愿的基础上，尽量避免和减少人为因素，做到科学合理。

3)实事求是，择优定标。对投标文件的评审，要从实际出发，实事求是。评标定标活动既要全面，也要有重点，不能泛泛进行。任何一个招标项目都有自己的具体内容和特点，招标人作为合同的一方主体，对合同的签订和履行负有其他任何单位和个人都无法替代的责任，所以，在其他条件同等的情况下，应允许招标人选择更符合招标工程特点和自己招标意愿的投标人中标。

因此，招标评标办法可根据具体情况，侧重于工期或价格、质量、信誉等一两个招标工程客观上需要照顾的重点，在全面评审的基础上做出合理取舍。这是招标人的一项权利，招标投标管理机构应予以尊重。但招标的根本目的在于择优，这就决定了只有在同等条件下，才能被允许针对实际存在的客观因素进行适当"照顾"，要防止影响和损害招标的择优宗旨。

(2)评标程序。评标程序一般分为初步评审和详细评审两个阶段。

1)初步评审。初步评审包括对投标文件的符合性评审、技术性评审和商务性评审。

①符合性评审：包括商务符合性评审和技术符合性鉴定。投标文件应实质性响应招标文件的所有条款、条件，无显著差异和保留。

所谓显著差异和保留，包括对工程的范围、质量以及使用性能产生实质性影响，对合同中规定的招标单位的权利及投标单位的责任造成实质性限制，而且纠正这种差异或保留将对其他实质性响应的投标单位的竞争地位产生不公正的影响。

②技术性评审：主要包括对投标人所报的方案或组织设计、关键工序、进度计划，人员和机械设备的配备，技术能力，质量控制措施，临时设施的布置和临时用地情况，施工现场周围的环境保护措施等进行评估。

③商务性评审：商务性评审是指对确定为实质上响应招标文件要求的投标文件进行投标报价评估。其包括对投标报价进行校核，审查全部报价数据是否有计算或累计上的算术错误，分析报价构成的合理性。发现报价数据有算术错误时，修改的原则是：如果用数字表示的数额与用文字表示的数额不一致时，以文字数额为准；当单价与工程量的乘积与合价不一致时，通常以单价为准，除非评标组织认为有明显的小数点错位，此时应以标出的合价为准，并修改单价。按上述原则调整投标书中的投标报价，经投标人确认同意后，对投标人起约束作用。如果投标人不接受修正后的投标报价，则其投标将被拒绝。

在初步评审中，评标委员会应根据招标文件审查并逐项列出投标文件的全部投标偏差。根据《评标委员会和评标方法暂行规定》第二十四条至二十六条规定，投标偏差分重大偏差和细微偏差。出现重大偏差的将被视为未能实质性响应招标文件而作废标处理。细微偏差是指实质上响应招标文件要求，但个别地方存在漏项或提供了不完整的技术信息和资料等，且对其补正不会对其他投标人造成不公正的结果。细微偏差不影响投标有效性。

2)详细评审。经过初步评审合格的投标文件，评标委员会应根据招标文件确定的评标标准和方法，对其技术和商务部分作进一步的评审和比较。

(3)评标方法。自《招标投标法》施行以来，我国建设工程招标工作已逐渐走向成熟，目前建设市场招标工作中应用最广的两种评标办法就是综合评议法和单项评议法。

1)综合评议法。综合评议法是对投标价格、施工方案、质量、工期、投标人信誉和项目经理的资历与业绩等进行综合评价，从而确定中标人的评标定标方法。其应用面最广。

2)单项评议法。单项评议法又称单因素评议法、最低价评标法，是一种只对投标人的投标报价进行评议，不考虑报价以外的因素，报价最低者即中标人的评标定标方法。主要适用于有通用技术、性能标准的一般建设工程项目。

3.5.3 中标

1. 推荐中标候选人

（1）中标条件。

1)符合单项评议法的投标应推荐为中标候选人，即在满足招标文件的实质性要求的前提下，若其投标价格在经过评审的投标中最低，则该投标应推荐为中标候选人。但投标价低于成本的除外。

2)符合综合评议法的投标应推荐为中标候选人，即能最大限度满足招标文件中所规定的各项综合评价标准的投标应推荐为中标候选人。

（2）中标候选人的推荐原则。评标委员会推荐的中标候选人应限定在1～3人，并标明排列顺序。招标人应接受评标委员会推荐的中标候选人，不得在评标委员会推荐的中标候选人之外确定中标人。

在确定中标人之前，招标人不得与投标人就投标价格、投标方案等实质性内容进行谈判。

2. 确定中标人

使用国有资金投资或国家融资的项目，招标人应确定排名第一的中标候选人为中标人。

排名第一的中标候选人放弃中标，因不可抗力提出不能履行合同，或招标文件规定应当提交履约保证金而在规定的期限内未能提交的，招标人可以确定排名第二的中标候选人为中标人；排名第二的中标候选人因上述相同原因不能签订合同的，招标人可以确定排名第三的中标候选人为中标人。如前所述，招标人也可授权评标委员会直接确定中标人。

3. 中标通知书

中标人确定后，招标人应向中标人发出中标通知书，并同时将中标结果通知所有未中标的投标人。

（1）中标通知书。中标通知书是招标人在确定中标人后向中标人发出的通知其中标的书面凭证。中标人确定后，招标人应尽快向中标人发出中标通知，包括以电话、电报或电传等快捷方式。中标通知书的内容应简明扼要，一般只需告知进一步签订合同的时间和地点。

（2）中标通知书的法律效力。招标投标是以订立合同为目的的民事活动。从合同法的意义上讲，招标人发出的招标公告或投标邀请书，是吸引法人或其他组织向自己投标的意思表示，属于要约邀请；投标人向招标人送达的投标文件，是投标人希望与招标人就招标项目订立合同的意思表示，属于要约；而招标人向中标的投标人发出的中标通知书，则是招标人同意接受中标的投标人的投标条件，即同意接受该投标人的要约的意思表示，属于承诺。

因此，中标通知书发出后产生承诺的法律效力。此法律效力主要是指民事上的法律约束力。根据《合同法》规定，当事人在订立合同的过程中，因违背诚实信用原则而给对方造成损失的，应承担赔偿责任。中标通知书对招标人和中标人都具有法律效力，即中标通知书发出后，招标人不得改变中标结果，否则要承担法律责任；中标人也不得放弃中标项目，否则，招标人将对其投标保证金予以没收。

3.5.4 订立合同

《招标投标法》第四十六条规定："招标人与中标人应自中标通知书发出之日起三十日内，按照招标文件和中标人的投标文件订立书面合同，招标人和中标人不得再行订立背离合同实质性内容的其他协议。"这里所说的实质性内容，主要是指投标价格、投标方案等涉及招标人和投标人权利、义务关系的内容。

招标文件要求中标人提交履约保证金或者其他形式履约担保的，中标人应提交；拒绝提交的，视为放弃中标项目。招标人要求中标人提供履约保证金或其他形式履约担保的，招标人应同时向中标人提供工程款支付担保。招标人不得擅自提高履约保证金，不得强制要求中标人垫付中标项目建设资金。招标人与中标人签订合同后5个工作日内，应向未中标的投标人退还投标保证金。

中标人应按合同约定履行义务，完成中标项目。中标人不得向他人转让中标项目，也不得将中标项目肢解后分别向他人转让。中标人按照合同约定或经招标人同意，可将中标项目的部分非主体、非关键性工作分包给他人完成。接受分包的人应具备相应的资格条件，且不得再次分包。中标人应就分包项目向招标人负责，接受分包的人就分包项目承担连带责任。

3.5.5 重新招标

评标委员会按招标文件中规定的评标标准，对每一份投标文件进行评审后，如果认为所有的投标都不符合招标文件要求，或者投标人少于3人时，招标人不能再从落选的投标中进行挑选，也不能找他人进行一对一的谈判而自己确定中标人，而应按《招标投标法》规定的招标程序，重新进行招标。需要强调的是，如果所有投标成为废标是因原招标条件规定不当所致，招标人还应重新修改招标文件，然后进行新的招标。

案例 3.2

背景：

某省重点工程项目拟于 2013 年 10 月 28 日开工，因技术难度高，一般施工队伍难以胜任，所以业主直接采用邀请招标方式招标，并于同年 7 月 8 日向已通过资格预审的 A、B、C、D、E 五家施工承包企业发出了投标邀请书，这些企业均收到了邀请，并于规定时间购买了招标文件。招标文件规定，8 月 19 日上午 10 时为投标截止时间，9 月 8 日发出中标通知书。

投标截止时间前，A、B、C、D 四家企业提交了投标文件，E 因工作人员路上堵车于 8 月 19 日上午 11 时才送达。8 月 21 日下午由当地招标投标监督管理办公室主持进行了公开开标。评标委员会成员由招标人 1 人、当地招投标办 1 人、公证处 1 人、技术与经济专家 4 人组成。评标时发现 C 企业投标文件虽无法定代表签字和委托人授权书，但投标文件均有项目经理签字并加盖了公章。评标委员会于 8 月 28 日提出了评标报告，报告显示 A、B 企业分别综合得分第一、第二名。由于 A 企业投标报价高于 B 企业，9 月 8 日招标人向 B 企业发出了中标通知书，并于 10 月 10 日签订了书面合同。

试分析：

(1)业主直接采用邀请招标方式的做法是否妥当？说明理由。

(2)C企业和E企业的投标文件是否有效？说明理由。

(3)请指出开标工作的不妥之处，并说明理由。

(4)请指出评标委员会成员组成的不妥之处，并说明理由。

分析要点：

问题(1)：根据《招标投标法》第十一条规定，省、自治区、直辖市人民政府确定的地方重点项目不宜公开招标的，应经省、自治区、直辖市人民政府批准后方可进行邀请招标。因此，本案例业主直接采用邀请招标的做法不对。

问题(2)：根据2001年7月5日实施的《评标委员会和评标方法暂行规定》相关规定，投标文件没有投标人授权代表签字和加盖公章的为重大偏差。本案例C企业项目经理因无委托人授权，虽有项目经理签字并加盖公章，仍属重大偏差，故应作废标处理。

根据《招标投标法》第二十八条规定，投标文件在招标文件要求提交投标文件的截止时间后送达的，招标人应拒收。本案例E企业的投标文件送达时间比规定的时间晚了1小时，因此其投标文件应被拒收。

问题(3)：①根据《招标投标法》第三十四条规定，开标应在招标文件确定的提交投标文件截止时间的同一时间公开进行。本案例招标文件规定的投标截止时间是8月19日上午10时，但迟至8月21日下午才开标。②根据《招标投标法》第三十五条规定，开标应由招标人主持，本案例则是当地招投标办主持。

问题(4)：根据《招标投标法》和《评标委员会和评标方法暂行规定》相关规定，评标委员会由招标人或其委托的招标代理机构熟悉相关业务的代表及有关技术、经济等方面的专家组成，成员人数为5人以上单数，其中技术、经济等方面的专家不得少于成员总数的2/3。因通常公证处人员对工程项目相关业务并不熟悉，当地招投标办又属行政监督部门，显然这两个单位的人员担任评标委员会成员是不妥的；此外，本案例技术、经济等方面的专家只占4/7，少于2/3的规定，因此也不符合要求。

根据《招标投标法》第四十六条规定，招标人和中标人应自中标通知书发出之日起30日内，按招标文件和中标人的投标文件订立书面合同。而本案例9月8日就已发出中标通知书，但迟至10月10日才签订书面合同，两者相隔时间超过了该期限，违反了《招标投标法》的规定。

3.6 建设工程招标投标的管理机构及其职责

3.6.1 招标投标的管理机构

为保证工程项目的招标投标活动符合国家有关法律、法规，维护国家和社会的利益，保证招标与投标的公平、合理，需要对招标投标工作进行领导与管理，这是我国政府建设管理的职能之一。

建设工程的招标与投标，由各级政府的建设行政管理部门进行领导，在国务院为住房和城乡建设部，在地方政府为建设厅或建委。

省、自治区、直辖市人民政府的建设工程招标投标办事机构为招标投标管理办公室（简称招投标办），负责具体的组织实施工作；区、县一级可根据实际情况设置区、县招投标办，也可指定有关部门代为负责。

3.6.2 招标投标管理机构的职责

（1）贯彻实施国家和省、市有关建设工程招标投标的法律、法规、方针、政策，制定施工招标实施办法。

（2）审批招标申请书，进行招标项目的登记。

（3）负责招标投标信息的发布。

（4）核准招标文件（不包括施工图）及标底。

（5）核查投标企业资格。

（6）审核招标投标咨询服务单位、招标工作小组和评标工作小组的资格。

（7）仲裁评标中的分歧。

（8）会同有关部门处理招标投标中的违法行为。

3.7 工程招标投标中的行政监督

3.7.1 招标投标监督的机构

《招标投标法》第七条规定："招标投标活动及其当事人应当接受依法实施的监督。有关行政监督部门依法对招标投标活动实施监督，依法查处招标投标活动中的违法行为。对招标投标活动的行政监督及有关部门的具体职权划分，由国务院规定。"

3.7.2 招标投标监督的内容

1. 招标备案

《招标投标法》第十二条规定："依法必须进行招标的项目，招标人自行办理招标事宜的，应当向有关行政监督部门备案。"另外，原建设部于2001年5月31日发布的《房屋建筑和市政基础设施工程施工招标投标管理办法》第十二条规定，招标人自行办理施工招标事宜的，应在发布招标公告或发出投标邀请书的5日前，向工程所在地县级以上地方人民政府住房城乡建设主管部门备案，并报送下列材料：

1）按照国家有关规定办理审批手续的各项批准文件。

2）该办法第十一条所列条件的证明材料，包括专业技术人员的名单、职称证书或执业资格证书及其工作经历的证明材料。

3）法律、法规、规章规定的其他材料。

招标人不具备自行办理施工招标事宜条件的，住房城乡建设主管部门应自收到备案材料之日起5日内责令招标人停止自行办理施工招标事宜。

2. 提交招标投标情况书面报告

《招标投标法》第四十七条规定："依法必须进行招标的项目，招标人应自确定中标人之日起 15 日内，向有关行政监督部门提交招标投标情况的书面报告。"

只有依法必须进行招标的项目，《招标投标法》才要求招标人向有关部门提交书面报告。提交书面报告是为了通过审查备案，及时发现问题、解决问题，追究其中的违法行为。

《房屋建筑和市政基础设施工程施工招标投标管理办法》规定：

(1)依法必须进行施工招标的工程，招标人应自确定中标人之日起 15 日内，向工程所在地县级以上地方人民政府住房城乡建设主管部门提交施工招标投标情况的书面报告。书面报告应包括下列内容：

1)施工招标投标的基本情况，包括施工招标范围、招标方式、资格审查、开评标过程和确定中标人的方式及理由等。

2)相关的文件资料，包括招标公告或投标邀请书、投标报名表、资格预审文件、招标文件、评标委员会的评标报告(设有标底的，应附标底)、中标人的投标文件。委托工程招标代理的，还应附工程施工招标代理委托合同。

上述第 2)项中已按该办法规定办理了备案的文件资料，不再重复提交。

(2)住房城乡建设主管部门自收到书面报告之日起 5 日内未通知招标人在招标投标活动中有违法行为的，招标人可以向中标人发出中标通知书，并将中标结果通知所有未中标的投标人。

3. 合同备案

《房屋建筑和市政基础设施工程施工招标投标管理办法》第四十七条规定："订立书面合同后 7 日内，中标人应当将合同送工程所在地的县级以上地方人民政府住房城乡建设主管部门备案。"

4. 查处招标投标违法行为

为规范房屋建筑和市政基础设施工程施工招标投标活动，维护招标投标当事人的合法权益，《房屋建筑和市政基础设施工程施工招标投标管理办法》第四十九条至五十四条对查处招标投标活动的违法行为做了以下规定：

(1)有违反《招标投标法》行为的，县级以上地方人民政府住房城乡建设主管部门应按《招标投标法》的规定予以处罚。

(2)招标投标活动中有《招标投标法》规定中标无效情形的，由县级以上地方人民政府住房城乡建设主管部门宣布中标无效，责令重新组织招标，并依法追究有关责任人责任。

(3)应当招标而未招标的，应公开招标而未公开招标的，县级以上地方人民政府住房城乡建设主管部门应责令改正，拒不改正的，不得颁发施工许可证。

(4)招标人不具备自行办理施工招标事宜条件而自行招标的，县级以上地方人民政府住房城乡建设主管部门应责令改正，处 1 万元以下罚款。

(5)评标委员会的组成不符合法律、法规规定的，县级以上地方人民政府住房城乡建设主管部门应责令招标人重新组织评标委员会。招标人拒不改正的，不得颁发施工许可证。

(6)招标人未向建设主管部门提交施工招标投标情况书面报告的，县级以上地方人民政府住房城乡建设主管部门应责令改正；在未提交施工招标投标情况书面报告前，住房城乡建设主管部门不予颁发施工许可证。

　　建设工程发包与承包是指在经济活动中，作为交易一方的建设单位将需要完成的建筑工程勘察、设计、施工等全部或部分工作交给勘察、设计、施工等另一方交易单位去完成，并按照双方约定支付报酬的行为。其中，建设单位是以建筑工程所有者身份委托他人完成勘察、设计、施工、安装等工作并支付报酬的公民、法人或其他组织，是发包人，又称甲方；以建筑工程勘察、设计、施工、安装者身份向建设单位承包，有义务完成发包人交给的建筑工程勘察、设计、施工、安装等工作，有权获得报酬的企业是承包人，又称乙方。

　　建设工程发包有不同的分类方式，若按任务获取途径可分为招标发包和直接发包。《建筑法》规定，建筑工程依法实行招标发包，对不适于招标发包的可以直接发包。即建筑工程应以招标发包为主，直接发包为辅。招标投标活动应遵循公开、公平、公正和诚实信用的原则，择优选择承包单位。

　　投标又称报价，是指投标人根据招标人的招标条件，向招标人提交其依照招标文件要求编制的投标文件，即向招标人提出自己的报价，以期承包到该招标项目的行为。按照不同标准，招标有不同方式，但无论采用哪种招标方式，都离不开公开性、竞争性与公平性的基本特征。《招标投标法》规定，依法必须进行招标的项目，招标人自行办理招标事宜的，应向有关行政监督部门备案，以便及时发现和解决招标投标中存在的问题，依法追究违法行为。

参考答案

一、名词解释

建设工程发包与承包　　总承包　　转包　　招标人　　投标保证金　　资格预审　　不平衡报价法

二、单项选择题

1. 发包人将建设项目建设全过程或其中某个或某几个阶段的全部工作，发包给一个承包人的承发包方式是（　　）。

　　A. 分包　　　　　B. 总包　　　　　C. 联合承包　　　D. 独立承包

2. 从合同法的意义上讲，招标人发出的招标公告或投标邀请书，是吸引法人或其他组织向自己投标的意思表示，属于（　　）。

　　A. 要约　　　　　B. 邀请　　　　　C. 要约邀请　　　D. 承诺

3. 以下不属于招标工作机构人员组成的是（　　）。

　　A. 决策人员　　　B. 销售人员　　　C. 专业技术人员　D. 助理人员

4. 根据《招标投标法》规定，在招标文件要求提交投标文件截止时间至少（　　）日前，招标人可对已发出的招标文件予以澄清或修改。

　　A. 5　　　　　　　B. 15　　　　　　C. 20　　　　　　D. 25

5. 招标人不具备自行招标条件时，必须采用的招标方式是（　　）。

　　A. 公开招标　　　B. 邀请招标　　　C. 自行招标　　　D. 代理招标

6. 施工总承包企业有 12 个大类，每类分为（　　）。

    A. 甲级、乙级、丙级　　　　　　　　B. 一级、二级、三级、四级

    C. 特级、一级、二级、三级　　　　　D. 特级、甲级、乙级、丙级

7. 按原招标文件报一个价，然后再提出如果某些条款作某些变动，报价可降低多少额度等报一个价。这样的报价方法是（　　）。

    A. 不平衡报价法　　　　　　　　　　B. 先亏后盈法

    C. 低标价夺标法　　　　　　　　　　D. 多方案报价法

8. 评标委员会的组成成员人数应为（　　）。

    A. 5 人以上单数　　　B. 6 人以上双数　　　C. 7 人以上单数　　　D. 8 人以上双数

9. 招标人与中标人签订合同后（　　）个工作日内，应向未中标的投标人退还投标保证金。

    A. 4　　　　　　　B. 5　　　　　　　C. 6　　　　　　　D. 7

10. 以下活动，无须书面进行的是（　　）。

    A. 技术交底　　　　　　　　　　　　B. 工程承包合同的签订

    C. 截标前的投标文件修改　　　　　　D. 修改招标文件

三、多项选择题

1. 下列必须实行强制招标的项目有（　　）。

    A. 大型基础设施　　　　　　　　　　B. 鱼塘整治项目

    C. 部分使用国有资金投资的项目　　　D. 世界银行贷款项目

2. 下面是按投标效益分类的投标类别有（　　）。

    A. 保险标　　　　　B. 保本标　　　　　C. 亏损标　　　　　D. 风险标

3. 以下属于评标委员会所具权利的有（　　）。

    A. 否决权　　　　　B. 推荐权　　　　　C. 承包权　　　　　D. 澄清权

4. 除价格因素外，议标谈判的技巧中，还可考虑（　　）重要因素。

    A. 缩短工期　　　　B. 降低报价　　　　C. 提高工程质量　　　D. 降低支付条件要求

5. 下列做法中正确的有（　　）。

    A. 发包单位将建设工程的勘察、设计一并发包给一个单位总承包

    B. 发包单位将建设工程的勘察、设计、施工一并发包给一个单位总承包

    C. 发包单位将建设工程的勘察、设计、施工、设备采购分别发包给不同单位承包

    D. 发包单位将应该由一个承包单位完成的建筑工程肢解成若干部分发包给几个单位

6. 亏损标是一种非常情况下采用的非常手段，下面可采用投亏损标的有（　　）。

    A. 本企业已大量窝工，严重亏损时

    B. 为在对手林立的竞争中夺得头标时

    C. 企业在建项目较多，想再承包项目时

    D. 为打入新市场，取得拓展市场的立足点时

7. 联合承包是将一项工程发包给两个以上承包人联合共同承包。主要适用于（　　）。

    A. 大中型建筑工程　　　　　　　　　B. 中小型建筑工程

    C. 结构复杂工程　　　　　　　　　　D. 大型结构复杂的工程

8. 下面属于招标投标活动中，择优选择承包单位应遵循的原则有（　　）。

    A. 公开　　　　　　B. 公正　　　　　　C. 公平　　　　　　D. 互惠互利

9. 以下属于无效投标的有(　　　)。

　A. 投标单位项目经理未参加开标会议的

　B. 投标文件未按招标文件要求密封的

　C. 投标文件关键内容字迹模糊、无法辨认的

　D. 投标人未按招标文件要求提供投标保函或者投标保证金的

10. 以下属于影响企业投标决策的内部因素的有(　　　)。

　A. 技术实力　　　B. 风险问题　　　C. 经济实力　　　D. 信誉实力

四、判断题

1. 资格预审不合格的潜在投标人不得参加投标，经资格后审不合格的投标人的投标应作废标处理。　　　　　　　　　　　　　　　　　　　　　　　　　　　(　　)

2. 中标人确定后，招标人应向中标人发出中标结果。　　　　　　　　(　　)

3. 招标人要求中标人提供履约保证金或其他形式履约担保的，招标人应同时向中标人提供工程款支付担保。　　　　　　　　　　　　　　　　　　　　　　　(　　)

4. 只有依法必须进行招标的项目，《招标投标法》才要求招标人向有关部门提交书面报告。　　　　　　　　　　　　　　　　　　　　　　　　　　　　　　(　　)

5. 业主在签订合同前有权宣布投标程序无效或拒绝所有投标，但应说明原因。(　　)

6. 根据项目实际情况，一个工程可以编制多个标底，并在开标前保密。　(　　)

7. 若投标文件被投标人行间插字，则这些地方均应由项目经理签字并加盖印章。　　　　　　　　　　　　　　　　　　　　　　　　　　　　　　　　(　　)

8. 中标人按合同约定或经招标人同意，可将中标项目部分主体、关键性工作分包。　　　　　　　　　　　　　　　　　　　　　　　　　　　　　　　　(　　)

9. 依法必须招标的项目，招标人应自确定中标人之日起 15 日内，向有关行政监督部门提交招标投标情况的书面报告。　　　　　　　　　　　　　　　　　　(　　)

10. 开标应当在招标文件确定的提交投标文件截止时间的同一时间公开进行。(　　)

五、简答题

1. 简述建设工程联合承包制度的优点。

2. 工程项目招标程序是什么？

3. 公开招标与邀请招标在招标程序上的主要区别是什么？

4. 承包商的投标班子应由哪几类人才组成？

5. 常见的投标策略有哪几种？

6. 如何查处招投标违法行为？

六、案例分析

案例 1

背景：

解放军某部，根据国防要求，需在某地建设一雷达生产厂，军方原拟定在与其合作过的施工单位中通过招标公告选择一家，但鉴于合作过的单位多达 20 家，为了保密，经有关部门同意，再次决定在这 20 家单位内选择 3 家军队施工单位投标。

试分析：

(1)上述招标人的做法是否符合《招标投标法》规定？为什么？

(2)在何种情况下，经批准可以进行邀请招标？

案例 2

背景：

某国家大型水利工程，因工程建设工艺先进，技术难度大，对施工单位的施工设备和同类工程施工经验要求高，而且对工期要求也较紧迫。根据工程情况，业主决定仅邀请 3 家一级施工企业参加投标。

招标工作内容确定为：成立招标工作组→发出投标邀请书→编制招标文件→编制标底→发放招标文件→招标答疑→组织现场踏勘→接收投标文件→开标→确定中标单位→评标→签订承发包合同→发出中标通知书。

试分析：

(1)如果按上述招标工作内容的顺序作为招标工作顺序是否妥当？若有不妥，请依此确定合理顺序。

(2)工程建设项目施工招标文件一般包括哪些内容？

第 4 章　建设工程合同法规

合同法的基础知识；建设工程合同法律规范。

建设工程合同法规

学习目标

了解合同的基本要素及种类；熟悉要约、承诺等基本概念；掌握建设工程合同的订立、履行、变更、转让及索赔等相关知识。

4.1　建设工程合同概述

4.1.1　合同的概念

合同又称契约，是平等主体的自然人、法人、其他组织之间设立、变更、终止民事权利和义务关系的协议[①]。1999 年 10 月 1 日起施行的《中华人民共和国合同法》(以下简称《合同法》)，对合同的种类、订立、合同效力、变更和转让、违约责任等内容做了明确规定，是规范我国社会主义市场交易的基本法律。

建设工程合同是指由承包人进行工程建设，发包人支付价款的合同，通常包括建设工程勘察、设计、施工合同。

4.1.2　合同的要素

任何合同均应具备三大要素，即主体、标的和内容。

1. 主体

合同主体即签约双方当事人。合同当事人可以是自然人、法人和其他组织，且合同当事人的法律地位平等，一方不得将自己的意志强加给另一方。依法成立的合同具有法律约束力。当事人应按合同约定履行各自的义务，不得擅自变更或解除合同。

> **小资料**
>
> **①协议与合同的区别**
>
> 协议是机关、企事业单位、社会团体或个人，相互为了某个经济问题或合作办理某项事情，经共同协商订立的共同遵守和执行的条文。国际协议通常也称谅解备忘录。
>
> 合同也是协议。但根据逻辑学，协议是合同的总概念，即所有合同都是协议，但并非所有协议都是合同，合同是具有特定内容的协议。
>
> 协议与合同的具体区别是：合同有违约责任的规定，协议则没有；经济合同有《中华人民共和国合同法》作依据，协议则暂时没有具体法规规定；协议比合同应用范围广，对应项目往往比合同项目要大，内容也不如合同具体，因此，协议签订后，往往还要分项签订一些专门的合同。

2. 标的

合同标的又称客体，是当事人的权利和义务共同
指向的对象，如建设工程项目、货物、劳务、知识产权等。标的应规定明确，切忌含糊不清。

3. 内容

合同内容是指合同当事人之间的具体权利与义务。合同作为一种协议，其本质是一种合意，必须是两个以上的主体意思表示一致的民事法律行为。因此，合同的缔结必须由双方当事人协商一致才能成立。合同当事人做出的意思表示必须合法，这样才具有法律约束力。

4.1.3　合同法的原则及其调整范围

1. 合同法的原则

合同法的基本原则就是适用于合同行为、合同关系以及合同司法等活动的基本准则，它是制定、解释、执行和研究合同法的出发点。合同法的基本原则贯穿于整个合同法制度和规范之中，它直接受到统治阶级立法思想的影响，反映着统治阶级对交易活动所持的政策与观念。合同法的基本原则是从事交易活动的当事人所必须遵循的行为模式。

(1)平等原则。合同法调整的是平等主体自然人、法人、其他组织之间的商品交换关系。在这种经济关系中，无论当事人"身份"、经济力量、所有制有何差别，在合同关系中的地位都是对等的，任何一方不得强迫或采用其他非法手段使对方服从自己的意志。平等是自由的基础，没有平等就不可能真正实现合同自由。因此，合同自由要求双方的意思表示真实并一致，真正达成合意，对因不自由或不真实的意思表示而成立的合同，法律予以干涉。平等原则主要表现在以下几个方面：

1)订立合同时法律地位平等。在市场经济条件下，各市场主体之间，无论其性质如何、规模大小，也无论是自然人还是法人或其他组织，无论是国家机关法人还是企业法人，都必须受合同法的约束，必须作为完全平等的主体在自愿的基础上协商确定双方的权利和义务，任何一方都不能强迫他方，将自己提出的条款强加于对方。

2)履行合同时法律地位平等。合同经双方平等协商，依法成立，当事人双方必须严格按照合同规定履行。除法律另有规定或当事人另有约定外，任何一方不得单方面变更和解除合同，否则要对所造成的损失承担责任；变更或解除合同，必须平等协商，达成一致意见。

3)承担违约责任平等。合同任何一方违约，都必须根据合同约定或法律规定承担违约责任；任何一方都不得因某种特殊地位而拒不承担违约责任。

4)处理合同纠纷平等。当事人因订立合同、履行合同等发生纠纷时，双方应平等地协商处理，任何一方不得把自己解决合同纠纷的意志强加给对方。双方不能协商解决或不愿协商解决的，都有权按照合同约定或法律规定申请仲裁或向法院起诉。仲裁机构或人民法院在处理合同纠纷时，也应维护争议双方当事人法律地位的平等。

(2)自愿原则。自愿原则即只要不违反法律、国家利益和社会公共利益，当事人可自主决定是否订立、与谁订立合同，自主决定合同内容，自主决定解决争议的途径，采用自己的方法追求自己的利益等。

当然，合同自由并不是无限的，不能将合同自由理解为自由放任。当事人虽然有合同的自由，但其签订、履行合同必须符合法律、行政法规的规定，要尊重社会公德，不能违反公共秩序，不得损害国家利益或社会公共利益。国家为保障整体利益，实现交易安全、公平等价值目标，可以通过立法限制合同的内容、形式以及当事人对合同对象的选择权。

(3)公平原则。公平原则是指合同确定的权利与义务关系必须体现公正、平等或者对等的要求，不偏袒任何一方当事人。公平原则应贯穿整个合同行为全过程。主要表现在以下几个方面：

1)在订立合同时，双方当事人应公平确定合同的每一个条款，使之充分反映等价交换的要求，履行条件也应公平，不允许签订对一方有利而对对方不利的合同。

2)对于有失公平的合同，合同成立、生效后，完全履行之前，法律允许利益受到损害的一方当事人请求人民法院、仲裁机构变更或撤销，从而保护该当事人的利益。

3)在合同履行中，若发生情势变更，使合同内容显失公平的，法律允许当事人依法变更或解除合同。也就是说，由于客观情势发生巨大变化致使履行合同将对一方当事人没有意义或者造成重大损害，而这种变化是当事人在订立合同时不能预见并且不能克服的，该当事人可以要求对方就合同的内容重新协商；协商不成的，可以请求人民法院或仲裁机构变更或解除合同。

4)一方违约应当承担违约责任，以弥补守约方所遭受的损失。

5)发生合同纠纷时，法院或仲裁机构也应按照公平原则正确确定当事人的权利、义务与责任，处理双方争议。公平原则明确了法院或者仲裁机构在维护当事人对等或等价给付方面所具有的职责和权限，它们有权在合同违背公平原则的情况下，通过变更、撤销或确认合同无效等方式维护合同的公平性。

合同自由赋予交易当事人享有广泛的行为自由，而维护合同公平则赋予法院或者仲裁机构以一定的自由裁量权，以便根据合同关系的具体情况，平衡当事人之间的利益，保护经济上的弱者，维护当事人的平等地位和合同内容的公平。可见维护合同公平在一定程度上限制了合同自由，但它是合同自由能发挥正常作用的基础，是维护当事人合法权益之必需。

(4)诚信原则。诚信即诚实信用，是指合同从订立到履行的全过程中，各方当事人都应诚实守信，以善意的方式履行其义务，不得滥用权力及规避法律或合同规定的义务。诚信原则是社会道德伦理规范在法律上的表现，它维持了当事人之间以及当事人与社会之间利益的平衡。诚信原则主要有以下内容：

1)订立合同应诚实坦白，不允许有任何欺诈行为。它要求当事人必须具有诚实、守信、善意的心理状况，即当事人主观上应是诚实的、善意的。采取欺诈手段签订的合同属无效或可撤销合同。因此，当事人签订合同应实事求是地介绍有关情况，不得弄虚作假、欺骗对方。

2)履行合同要诚实守信，以善意方式行使权利和履行义务。

①当事人从事交易活动，应基于事实真相，不得欺骗他人，损人利己。当事人订立合同后应恪守诺言，任何违反合同义务及其附随义务的行为，都是对诚实信用原则的违背。

②当事人应采用善意方式行使权利和履行义务，不得规避法律和合同规定。

③当事人不得故意曲解合同条款，钻其中不完善的空子，损害对方当事人的权益。在一些合同中，由于一方当事人的疏忽或缺乏经验，可能使签订的合同条款欠明确。此种情况下，当事人应本着诚实善意的原则理解和履行合同，不得借此做出损害对方当事人利益

的行为。

3)诚信原则要求平衡当事人之间的各种利益冲突和矛盾。实践中,平等主体间的利益通常会发生各种冲突或矛盾,这就需要借助诚信原则来加以平衡。例如,一方交货存在数量上的轻微不足且未致对方明显损害,则可要求出卖人承担支付违约金等责任,但不应导致合同的解除,否则对出卖人有失公平。

诚信原则不仅要求平衡当事人之间的利益,而且要求平衡当事人利益与社会利益之间的冲突与矛盾,即要求当事人在从事民事活动中,要充分尊重他人和社会的利益,不得滥用权力,损害国家、集体和第三人的利益。

4)解释法律和合同应诚信、公平。诚信原则要求在法律与合同缺乏规定或规定不明确时,司法审判人员或仲裁人员应依据诚信、公平的观念,准确解释法律和合同内容。在实践中,当事人在订立合同时有可能使用文字或词句不当,未能将其真实意思表达清楚,或合同未能明确各自的权利、义务关系,使合同不能得以正确履行而发生纠纷,此时,法院或仲裁机关应依据诚信原则,考虑各种因素(如合同的性质和目的、交易习惯等)以探求出当事人的真实意志,并正确解释合同,从而判明是非,确定责任。

2. 合同法的调整范围

(1)平等主体之间的民事关系。

(2)法人、其他组织之间的经济合同关系,同时,还包括自然人之间的买卖、租赁、借贷、赠与等合同关系。

(3)在政府机关参与的合同中,政府机关作为平等的主体与对方签订合同时适用《合同法》的规定。国家根据需要下达指令性任务或者国家订货任务的,有关法人、其他组织之间应依照有关法律、行政法规规定的权利和义务订立合同。

(4)其他法律对合同另有规定的,依照其规定;其他法律没有明文规定的合同,适用《合同法》总则的规定。但涉及婚姻、收养、监护等有关身份关系的协议,不属于《合同法》调整的范围。中华人民共和国境内的企业、个体经济组织、民办非企业单位等组织与劳动者之间,以及国家机关、事业单位、社会团体和与其建立劳动关系的劳动者之间建立劳动关系,订立、履行、变更、解除或终止劳动合同,适用《劳动合同法》。

4.1.4 合同分类

1. 合同基本分类

《合同法》将合同分为以下几种基本类型:

(1)买卖合同。买卖合同是出卖人转移标的物的所有权于买受人,买受人支付价款的合同。在建筑工程中,材料和设备的采购合同就属于这一类。

(2)供电(水、气、热力)合同。其适用于电(水、气、热力)的供应活动。按合同规定,供电(水、气、热力)人向用电(水、气、热力)人供电(水、气、热力),用电(水、气、热力)人支付相应费用。

(3)赠与合同。赠与合同是赠与人将自己的财产无偿给予受赠人,受赠人表示接受赠与的合同。

(4)借款合同。借款合同是借款人向贷款人借款,到期返还借款并支付利息的合同。

(5)租赁合同。租赁合同是出租人将租赁物交付承租人使用、收益,承租人支付租金的合同。

(6)融资租赁合同。融资租赁合同是出租人根据承租人对出卖人、租赁物的选择，向出卖人购买租赁物，提供给承租人使用，承租人支付租金的合同。

(7)承揽合同。承揽合同是承揽人按定做人的要求完成工作，交付工作成果，定做人给付报酬的合同。承揽工作包括加工、定做、修理、复制、测试、检验等。

(8)建设工程合同。建设工程合同是承包人进行工程建设，发包人支付价款的合同。其包括工程勘察、设计、施工合同。

(9)运输合同。运输合同是承运人将旅客或货物从起运地点运输到约定地点，旅客、托运人或收货人支付票款或运输费用的合同。其种类很多，按运输对象不同，可分为旅客运输合同和货物运输合同；按运输方式不同，可分为公路运输合同、水上运输合同、铁路运输合同、航空运输合同；按同一合同中承运人的数目，可分为单一运输合同和联合运输合同等。

(10)技术合同。技术合同是当事人就技术开发、转让、咨询或者服务订立的确立相互之间权利和义务的合同。它又可分为技术开发合同、技术转让合同和技术服务合同。

(11)保管合同。保管合同是保管人保管寄存人交付的保管物，到期返还该保管物的合同。保管行为可能是有偿的，也可能是无偿的。

(12)仓储合同。仓储合同是一种特殊的保管合同，保管人储存存货人交付的仓储物，存货人支付仓储费。

(13)委托合同。委托合同是委托人和受托人约定，由受托人处理委托人事务的合同。

(14)行纪合同。行纪合同是行纪人[①]以自己名义为委托人从事贸易活动(一般为购销、寄售等)，委托人支付报酬的合同。

(15)居间合同。居间合同是居间人[②]向委托人报告订立合同的机会或者提供订立合同的媒介服务，委托人支付报酬的合同。

2. 合同其他分类

(1)按义务的承担主体可分为双务合同和单务合同。双务合同是指当事人双方相互享有权利和相互负有义务的合同。大多数合同都是双务合同，如买卖、租赁、建筑工程、保险等合同。单务合同是指当事人一方只享有权利，另一方只承担义务的合同。如赠与、借用合同就是单务合同。

小资料

①行纪人

行纪人是指经营行纪业务的当事人，即行纪业务的营业人。行纪业务是指为他人进行商业交易的业务，如财产买卖、代为出版、代收债权、代为租赁、代登广告等。行纪人的义务是以自己名义代委托人进行交易；遵照委托人指定的价格进行交易；妥善保管将被出售或已购入的货物等。

②居间人

居间人是居于交易双方当事人之间起介绍、协助作用的中间人。

如：甲知道某物在 A 地有卖，而急需购买此物的乙却不知道，甲向乙报告了该信息并为乙订立合同提供了媒介服务，使乙在 A 地购买了此物，甲就是居间人，乙应按合同约定向甲支付佣金。

(2)按合同是否有偿可分为有偿合同与无偿合同。有偿合同是指合同当事人双方任何一方均需给予另一方相应权益方能取得自己利益的合同。无偿合同的当事人一方无须给予另一方相应权益即可从另一方取得利益。有些合同只能是有偿的，如买卖、租赁等合同；有些合同只能是无偿的，如赠与合同；有些合同既可以是有偿的也可以是无偿的，由当事人协商确定，如委托、保管等合同。双务合同都是有偿合同，单务合同原则上是无偿合同，但有的单务合同也可以是有偿合同，如有息贷款合同。

（3）按合同的成立方式分为诺成合同与实践合同。诺成合同又称不要物合同，是指当事人意思表示一致即可成立的合同；实践合同又称要物合同，是指除当事人意思表示一致外，还需交付标的物方能成立的合同。

例如，甲与乙达成运输合同，只有当甲将要运输的货物交付给乙时，该运输合同方能生效，这就是实践合同。其与诺成合同最大的区别是要交付标的物，否则合同不能生效。

（4）按合同是否有法定形式可分为要式合同与不要式合同。要式合同是指法律要求必须具备一定形式和手续的合同；不要式合同是指法律不要求必须具备一定形式和手续的合同。

例如，中外合资经营企业合同是要式合同，必须由审批机关批准方能成立。

除法律有特别规定外，合同均为不要式合同。

（5）按合同是否有自身的独立性分为主合同与从合同。主合同是指不依赖其他合同而能独立存在的合同；从合同是指必须以其他合同的存在为前提方可存在的合同。

（6）按合同是否与国家计划有关可分为计划合同与非计划合同。计划合同是依据国家有关计划签订的合同；非计划合同则是当事人根据市场需求和自己意愿订立的合同。

4.2　建设工程合同法律规范

4.2.1　建设工程合同的订立

建设工程合同是发包人与承包人之间签订的合同，包括建设工程勘察设计合同、施工合同。因其计划性较强，一般需经相应机关批准。承揽合同则市场性较强，一般由市场进行调节。国家对承揽合同的管理，常以宏观调控方式进行，个别影响国计民生的承揽合同则以国家下达指令性任务或国家订货任务方式订立。

1. 合同订立的概念

（1）合同订立与合同成立。合同订立是指当事人按照一定的程序达成协议的行为和过程。合同成立是指订立合同的当事人经过协商一致而达成合意的法律事实，即合同已经产生或存在，是回答有没有合同的问题。

（2）合同成立的条件。

1）应有有权订立合同的双方或多方当事人。合同当事人是合同权利、义务的承受者，没有当事人，合同就没有存在的价值；同时，合同反映的是双方或多方当事人的意志，仅有一方当事人，合同也无从成立。

2）订约当事人对主要条款达成合意。当事人订立合同的意思表示要一致。这是合同成立最重要的要件。只要当事人意思表示不一致，就不能达成合意，合同便无法成立。

3）合同的订立应具备要约和承诺形式。要约和承诺是订立合同不可缺少的两个阶段。

另外，依照法律规定或交易习惯以及当事人的特别约定，有些合同的成立还应具备其他要件，如实践合同，交付标的物就是合同成立的必要条件。

2. 合同订立的方式

《合同法》第十三条规定，当事人订立合同，采取要约、承诺方式。

（1）要约。

1)要约的概念。要约又称发盘、出盘、发价或报价等。要约是一方当事人以缔结合同为目的，向对方当事人所做的意思表示。

在合同签订中，一般以首先提出意思表示的一方为要约人，接受要约的一方为被要约人，即承诺人。以买卖合同为例，要约人既可以是买方，也可以是卖方。要约人向谁发出要约，就说明其希望与谁订立合同。

要约原则上应向特定人(可以是一人或多人)发出。向不特定人发出要约，必须明确表示其做出的建议是一项要约而非要约邀请①；必须明确承担向多人发出要约的责任，同时具有向不特定的相对人做出承诺后履行合同的能力。

小资料

①要约与要约邀请

要约邀请是一方邀请对方向自己发出要约，即只是引诱他人向自己发出要约，一般没有法律约束力。

要约则是一方向他方发出订立合同为目的的具有法律意义的意思表示，一经发出就产生一定的法律效果。

寄送的价目表、拍卖公告、招标公告、招股说明书、商业广告等为要约邀请。商业广告内容符合要约规定的，视为要约。

2)要约条件。根据《合同法》，要约的条件如下：

①要约的内容必须具体、明确。所谓具体，是指要约的内容必须具有足以使合同成立的主要条款。如果没有合同的主要条款，受要约人就难以做出承诺，即使做出了承诺，也会因为双方的合意不具备合同的主要条款而使合同不能成立。所谓明确，是指要约的内容不能含糊不清，否则无法承诺。

②要约必须具有订立合同的意图，表明一经受要约人承诺，要约人即受该意思表示的拘束。

3)要约生效。要约到达受要约人时生效。采用数据电文形式订立合同，收件人指定特定系统接收数据电文的，该数据电文进入该特定系统的时间，视为到达时间；未指定特定系统的，该数据电文进入收件人的任何系统的首次时间，视为到达时间。

4)要约撤回与撤销。要约既可撤回也可撤销，但二者在时间上存在不同：要约的撤回是在要约生效之前为之，即撤回要约的通知应在要约到达受要约人之前或与要约同时到达受要约人；而要约的撤销是在要约生效之后承诺做出之前而为之，即撤销要约的通知应在受要约人发出承诺通知之前到达受要约人。有下列情形之一的，要约不得撤销：

①要约人确定了承诺期限或以其他形式明示要约不可撤销。

②受要约人有理由认为要约是不可撤销的，并已经为履行合同做了准备工作。

5)要约的失效。有下列情形之一的，要约失效：

①拒绝要约的通知到达受要约人。

②要约人依法撤销要约。

③承诺期限届满，受要约人未做出承诺。

④受要约人对要约的内容做出实质性变更。

(2)承诺。承诺是受要约人同意要约的意思表示。除根据交易习惯或要约表明可以通过行为做出承诺外，承诺应以通知的方式做出。

1)承诺期限。承诺应在要约确定的期限内到达要约人。要约没有确定承诺期限的，承诺应按下列规定到达：

①要约以对话方式做出的，应即时做出承诺，但当事人另有约定的除外。

②要约以非对话方式做出的，承诺应在合理期限内到达。

以信件或电报做出的要约，承诺期限自信件载明的日期或电报交发之日起计算。信件未载明日期的，自投寄该信件的邮戳日期开始计算。要约以电话、传真等快速通信方式做出的，承诺期限自要约到达受要约人时开始计算。

2）承诺生效。承诺通知到达要约人时生效。承诺不需要通知的，根据交易习惯或者要约的要求做出承诺的行为时生效。采用数据电文形式订立合同的，承诺到达的时间适用于要约到达受要约人时间的规定。

受要约人在承诺期限内发出承诺，通常都能及时到达要约人。但因其他原因承诺到达要约人时超过承诺期限的，除要约人及时通知受要约人因承诺超过期限不接受该承诺的外，该承诺有效。

3）承诺撤回。承诺可以撤回，撤回承诺的通知应在承诺通知到达要约人之前或与承诺通知同时到达要约人。

4）逾期承诺。受要约人超过承诺期限发出承诺的，除要约人及时通知受要约人该承诺有效的外，为新要约。

5）承诺变更。承诺内容应与要约内容一致，有关合同标的、数量、质量、价款或报酬、履行期限、履行地点和方式、违约责任和解决争议方法等的变更，是对要约内容的实质性变更。承诺对要约的内容做出实质性变更的，为新要约。

承诺对要约的内容做出非实质性变更的，除要约人及时表示反对或者要约表明承诺不得对要约的内容做出任何变更的外，该承诺有效，合同的内容以承诺内容为准。

3. 建设工程施工合同订立

建设工程施工合同是发包方和承包方为完成特定的建筑安装工程任务，明确相互权利和义务关系的协议。依照施工合同，承包方应完成一定的建筑、安装工程任务，发包方应提供必要的施工条件并支付工程价款。

（1）订立施工合同应具备的条件。

1）初步设计已经批准。

2）工程项目已经列入年度建设计划。

3）有能够满足施工需要的设计文件和有关技术资料。

4）建设资金和主要建筑材料、设备来源已经落实。

5）招投标工程，中标通知书已经下达。

（2）订立施工合同应遵守的原则。

1）遵守国家法律、行政法规和国家计划的原则。

2）平等、自愿、公平的原则。

3）诚实信用原则。

（3）订立施工合同的程序。在招投标活动中，发包方经过开标、评标过程，最后发出中标通知书，确立承包方的行为就是承诺。中标通知书发出30天内，中标单位应与发包方依据招标文件、投标书等签订建设工程施工书面合同。签订合同的承包方必须是中标的施工企业，投标书中已确定的合同条款在签订时不得更改，合同价应与中标价一致。订立书面合同后7日内，中标单位应将合同送县级以上工程所在地住房城乡建设主管部门备案。

4.2.2 建设工程合同的效力

合同当事人依据法律规定经协商一致，取得合意，双方订立的合同即发生法律效力。

1. 合同生效时间

根据《合同法》第四十四条规定，依法成立的合同，自成立时生效。法律、行政法规规定应当办理批准、登记等手续生效的，依照其规定。

2. 合同生效要件

(1)合同的一般和特殊生效要件。

1)合同的一般生效要件。其包括以下几个方面：

①当事人在缔约时具有缔结相应合同的行为能力。

②意思表示真实。

③目的和内容不违反法律、行政法规中强制性规范及社会公共利益。

④具备法律、行政法规所要求的形式。

2)合同的特殊生效要件。对附有生效条件和生效期限的合同而言，必须自条件成立时或期限届至时方为生效。

(2)合同有效与生效的关系。合同有效不一定为合同生效，对附有生效条件和生效期限的合同而言，满足生效条件和生效期限前的合同为有效合同，满足生效条件和生效期限后的合同才为生效合同。

3. 可撤销合同

可撤销合同又称可变更合同，是指当事人在订立合同时，因意思表示不真实，法律规定享有撤销权的人通过行使撤销权而使已经生效的合同归于无效的合同。

(1)可撤销合同的特点。

1)可撤销合同主要是因为意思表示不真实而产生的，但并未故意违反法律、行政法规强制性规定及公序良俗。

2)需由撤销权人主动行使撤销权来实现，其他任何单位或个人都无权主张撤销，人民法院或仲裁机关也不得以职权主动撤销。

3)可撤销合同在未被撤销前仍然有效，一旦被撤销即告无效。

4)撤销权人可以撤销或变更可撤销合同，合同变更或撤销与否，撤销权人享有选择权，撤销权人要求变更的，仲裁机构或人民法院不得撤销。

(2)可撤销合同构成要件。《合同法》规定，下列合同中，当事人一方有权请求人民法院或仲裁机构变更或撤销：

1)因重大误解订立的。

2)在订立合同时显失公平的。一方以欺诈、胁迫手段或乘人之危，使对方在违背真实意思的情况下订立的合同，受损害方有权请求人民法院或仲裁机构变更或撤销。

当事人请求变更的，人民法院或仲裁机构不得撤销。

(3)撤销权的消灭。《合同法》第五十五条规定，有下列情形之一的，撤销权消灭：

1)具有撤销权的当事人自知道或应当知道撤销事由之日起一年内未行使撤销权。

2)具有撤销权的当事人知道撤销事由后明确表示或以自己的行为放弃撤销权。

4. 无效合同

无效合同是指合同虽然成立，但因欠缺合同生效要件，在内容和形式上违反了法律、行政法规的强制性规定和社会公共利益而无法律效力的合同。

(1)无效合同的特点。

1)无效合同的违法性是指违反了法律和行政法规的强制性规定以及社会公共利益。

2)无效合同具有不得履行性，是指当事人在订立无效合同以后不得依据合同实际履行，也不承担不履行合同的违约责任。

3)无效合同自始无效，即自合同成立时起就不具有法律约束力。

(2)无效合同的构成要件。《合同法》第五十二条规定，有下列情形之一的，合同无效：

1)一方以欺诈、胁迫手段订立合同，损害国家利益。

2)恶意串通，损害国家、集体或第三人利益。

3)以合法形式掩盖非法目的。

4)损害社会公共利益。

5)违反法律、行政法规的强制性规定。

合同的无效与不成立的根本区别在于：合同不成立是当事人未就合同主要条款达成合意；而合同无效则是合同在内容上违反了法律、行政法规的强制性规定和公序良俗。

5. 合同无效和被撤销的后果

《合同法》第五十六条至五十九条规定：

(1)无效的合同或者被撤销的合同自始没有法律约束力。合同部分无效，不影响其他部分效力的，其他部分仍然有效。

(2)合同无效、被撤销或终止的，不影响合同中独立存在的有关解决争议方法的条款的效力。

(3)合同无效或者被撤销后，因该合同取得的财产应予返还；不能返还或没有必要返还的，应折价补偿。有过错一方应赔偿对方因此受到的损失，双方都有过错的，应各自承担相应责任。

(4)当事人恶意串通，损害国家、集体或第三人利益的，因此取得的财产收归国家所有或返还集体、第三人。

4.2.3　建设工程合同的履行

1. 合同履行的原则

合同履行是指合同各方当事人按照合同的规定，全面履行各自的义务，实现各自的权利，使各方目的得以实现的行为。合同的履行必须坚持以下原则：

(1)全面履行原则。全面履行是指当事人应当按照合同约定的标的、价款、数量、质量、地点、期限、方式等全面履行各自义务。在合同履行中，当事人应当遵循诚实信用原则，根据合同的性质、目的和交易习惯履行通知、协助、保密等义务。

(2)履行不明条款原则。合同生效后，当事人就质量、价款或者报酬、履行地点等内容没有约定或约定不明确的，可以协议补充；不能达成补充协议的，按照合同有关条款或交易习惯确定。

按照上述办法仍不能确定合同如何履行的，适用下列规定：

1)质量要求不明确的，按照国家标准、行业标准履行；没有国家标准、行业标准的，按照通常标准或符合合同目的的特定标准履行。

2)价款或报酬不明确的，按订立合同时履行地的市场价格履行；依法应当执行政府定价或政府指导价的，按规定履行。

3）履行地点不明确，给付货币的，在接受货币一方所在地履行；交付不动产的，在不动产所在地履行；其他标的在履行义务一方所在地履行。

4）履行期限不明确的，债务人可随时履行，债权人也可随时要求履行，但应给对方必要的准备时间。

5）履行方式不明确的，按照有利于实现合同目的的方式履行。

6）履行费用的负担不明确的，由履行义务一方负担。

（3）协作履行原则。协作履行原则是指在合同履行过程中，双方当事人应互助合作共同完成合同义务的原则。合同的履行不仅仅是债务人的事，债务人实施给付，需要债权人积极配合受领给付才能达到合同目的。由于在合同履行过程中，债务人应比债权人更多地受诚实信用、适当履行等原则的约束，协作履行往往是对债权人的要求。协作履行原则也是诚实信用原则在合同履行方面的具体体现。协作履行原则具体有以下几个方面的要求：

1）债务人履行合同债务时，债权人应适当受领给付。

2）债务人履行合同债务时，债权人应创造必要条件、提供方便。

3）债务人因故不能履行或不能完全履行合同义务时，债权人应积极采取措施防止损失扩大，否则应就扩大的损失自负其责。

4）发生合同纠纷时，各自应主动承担责任，不得推诿。

（4）经济合理原则。经济合理原则是指在合同履行过程中，应讲求经济效益，以最少成本取得最佳的合同效益。在市场经济条件下，交易主体都是理性追求自身利益最大化的主体。因此，如何以最小的履约成本完成交易过程，一直都是合同当事人所追求的目标。由此，交易主体在合同履行过程中应遵守经济合理原则是必然的要求。

（5）情势变更原则。情势变更原则是指在合同有效成立之后、履行之前，因某种不可归责于各方当事人原因的客观变化会直接影响合同履行的结果时，若仍然要求当事人按原来约定履行合同，往往会给一方当事人造成显失公平的结果，因此，法律允许当事人变更或解除合同而免除违约责任的原则。

2. 合同履行中的抗辩权

根据《合同法》，抗辩权是指双务合同中，当事人一方有依法对抗对方要求或否决对方权利主张的权利。合同履行中的抗辩权分以下几种情况：

（1）同时履行抗辩权。同时履行抗辩权是指双务合同中，当事人履行义务没有先后顺序的，应同时履行，当一方当事人未履行合同义务时，另一方当事人可以拒绝履行合同义务。同时履行抗辩权的适用条件如下：

1）必须是双务合同。

2）合同中未约定履行顺序，即当事人应当同时履行债务。

3）对方当事人没有履行债务或履行债务不符合合同约定。

4）对方当事人有全面履行合同债务的能力。

（2）后履行抗辩权。后履行抗辩权是指双务合同中，当事人约定了履行义务先后顺序的，当先履行方未按约定履行债务时，后履行一方可以拒绝履行其合同债务的权利。《合同法》第六十七条规定，当事人互负债务，有先后履行顺序，先履行一方未履行的，后履行一方有权拒绝其履行要求；先履行一方履行债务不符合约定的，后履行一方有权拒绝其相应的履行要求。后履行抗辩权的适用条件如下：

1）必须是双务合同。

2)合同中约定了履行的顺序。

3)应当先履行一方没有履行债务或者履行债务不符合合同约定。

4)应当先履行一方当事人有全面履行合同债务的能力。

（3）不安抗辩权。

1)不安抗辩权是指双务合同中，先履行义务的当事人有证据证明对方当事人不能或可能不能履行合同义务时，在对方当事人未履行合同或就合同履行提供担保之前，有暂时中止履行合同的权利。《合同法》第六十八条规定，应当先履行债务的当事人，有确切证据证明对方有下列情形之一的，可以中止履行：

①经营状况严重恶化。

②转移财产、抽逃资金以逃避债务。

③丧失商业信誉。

④有丧失或可能丧失履行债务能力的其他情形。

当事人依照上述规定中止履行的，应及时通知对方。对方提供适当担保时，应恢复履行。中止履行后，对方在合理期限内未恢复履行能力且未提供适当担保的，中止履行一方可解除合同。

2)不安抗辩权应满足以下条件：

①必须是双务合同，且合同中约定了履行的顺序。

②先履行一方的债务履行期限已届满，而后履行一方的履行期限未届满。

③后履行一方丧失或可能丧失履行债务能力，证据确切。

④合同中未约定担保。

案例 4.1

背景：

甲公司与乙公司于 2010 年 5 月 1 日签订了关于某纺织品的购销合同，约定甲于 5 月 15 日先付 20% 预付款给乙，乙于 5 月 31 日交货给甲，甲同时付余款给乙。但 5 月 14 日甲得知，乙于 5 月 13 日晚发生火灾，纺织品原料仓库被烧毁，证据确凿。甲遂立即通知乙，自己因此而中止履行合同义务。5 月 15 日乙要求甲履行预付款给付义务时遭到甲拒绝。

试分析：

(1)甲公司是否可以中止对乙公司预付款给付义务的履行？为什么？

(2)甲公司在何种情况下应恢复其预付款给付义务？

分析要点：

问题(1)：甲公司可以中止对乙公司预付款给付义务的履行。这是甲公司的不安履行抗辩权，即双务合同中，先履行义务的当事人有证据证明对方当事人不能或可能不能履行合同义务时，在对方当事人未履行合同或就合同履行提供担保之前，有暂时中止履行合同的权利。本案例中，乙公司因纺织品原料仓库被烧毁的证据确凿，其有可能不能按时交付规定的纺织品给甲公司，根据《合同法》第六十八条相关规定，在乙公司未履行合同或就合同履行提供担保之前，甲公司在及时通知乙公司的情况下，可以中止履行其预付款给付义务。

问题(2)：当乙公司向甲公司提供适当担保或及时恢复履约能力时，甲应恢复其预付款给付义务。

3. 合同履行不当的处理

根据《合同法》规定，合同履行不当的处理方式包括以下几种情况：

(1)因债权人原因致使债务人履行困难。债权人分立、合并或变更住所没有通知债务人，致使履行债务发生困难的，债务人可中止履行或将标的物提存①。

(2)提前履行或部分履行的处理。债务人提前履行债务或部分履行债务，债权人可以拒绝，由此给债权人增加的费用由债务人承担。但提前履行债务或部分履行债务不损害债权人利益的除外。

(3)合同不当履行中的保全措施。保全措施是指为防止因债务人的财产不当减少而给债权人带来危害，允许债权人为确保其债权的实现而采取的法律措施。这些措施包括代位权和撤销权两种。

> **小资料**
>
> **①提存**
>
> 提存是指由于债权人的原因，债务人无法向其支付合同标的物时，债务人将该标的物交给提存机关而消灭合同的制度。
>
> 目前，我国的提存机关主要是公证处，公证处依据《提存公证规则》办理提存事宜。

1)代位权是指因债务人怠于行使其到期债权，对债权人造成损害的，债权人可以向人民法院请求以自己名义代位行使债务人的债权。但该债权专属于债务人自身的除外。

例如，建设单位拖欠施工单位工程款，施工单位拖欠施工人员工资，而施工单位不向建设单位追讨，同时也不给施工人员发放工资，则施工人员有权向人民法院请求以自己的名义直接向建设单位追讨相应款额。

代位权的行使范围以债权人的债权为限。行使代位权的必要费用由债务人负担。

2)撤销权是指因债务人放弃其到期债权或无偿转让财产，对债权人造成损害的，债权人可以请求人民法院撤销债务人的行为。

债务人以明显不合理的低价转让财产，对债权人造成损害，并且受让人知道该情形的，债权人可以请求人民法院撤销债务人的行为。

撤销权的行使范围以债权人的债权为限。行使撤销权的必要费用由债务人负担。

撤销权自债权人知道或应当知道撤销事由之日起1年内行使。自债务人的行为发生之日起5年内没有行使撤销权的，该撤销权消灭。

另外，《合同法》第七十六条规定，合同生效后，当事人不得因姓名、名称的变更或者法定代表人、负责人、承办人的变动而不履行合同义务。

4.2.4 建设工程合同的变更、转让与终止

1. 合同变更

(1)合同变更的概念。合同变更，通常意义上是指对合同内容的变更，即合同依法成立后，在尚未履行或尚未完全履行时，当事人依法经过协商，对合同的内容进行修订或调整并达成协议的过程。

(2)合同变更的规定。《合同法》第七十七条规定："当事人协商一致，可以变更合同。"

另据《合同法》第五十四条规定，因重大误解以及订立合同时显失公平，一方以欺诈、胁迫的手段或者乘人之危，使对方在违背真实意思的情况下订立的合同，受损害方有权请求人民法院或者仲裁机构变更或者撤销。当事人请求变更的，人民法院或者仲裁机构不得撤销。

（3）合同变更的程序。承发包双方协商同意变更合同的，实质上就是订立一个新合同来取代原合同，因此其变更程序适用订立合同的程序，应由要求变更合同的一方当事人提出变更合同的建议，经双方平等协商一致，变更合同的协议即告成立。协商变更合同，应当采用书面形式。

另据《合同法》第七十七条规定，法律、行政法规规定变更合同应当办理批准、登记等手续的，依照其规定。

（4）约定不明确变更。《合同法》规定，当事人对合同变更的内容约定不明确的，推定为未变更，即合同变更内容含义不清或难以判断新合同与原合同在内容上有本质区别的，视为未变更。

合同的变更，应是合同内容局部的、非实质性的变更，即不会导致原合同关系的消灭和新合同关系的产生，变更后的新合同应包括原合同的实质性条款。

2. 合同转让

合同转让是指合同成立后，当事人依法可以将合同中的全部权利、部分权利或者合同中的全部义务、部分义务转让或转移给第三人的法律行为。合同转让分为权利转让和义务转移。《合同法》还规定了当事人将权利和义务一并转让所适用的法律条款。

（1）债权转让。债权转让又称债权让与或合同权利的转让，是指合同债权人通过协议将其债权全部或者部分转让给第三人的行为。《合同法》对债权转让做了以下规定：

1）债权人可将合同权利的全部或部分转让给第三人，但有下列情形之一的除外：

①根据合同性质不得转让。

②按照当事人约定不得转让。

③依照法律规定不得转让。

2）债权人转让权利的，应通知债务人，未经通知，该转让对债务人不发生效力。债权人转让权利的通知不得撤销，但经受让人同意的除外。

3）债权人转让权利的，受让人取得与债权有关的从权利，但该从权利专属于债权人自身的除外。

4）债务人接到债权转让通知后，债务人对让与人的抗辩，可以向受让人主张。

5）债务人接到债权转让通知时，债务人对让与人享有债权，并且债务人的债权先于转让的债权到期或者同时到期的，债务人可以向受让人主张抵销。

（2）义务转移。《合同法》对合同义务的转移做了以下规定：

1）债务人将合同义务全部或部分转移给第三人的，应当经债权人同意。

2）债务人转移义务的，新债务人可以主张原债务人对债权人的抗辩。

3）债务人转移义务的，新债务人应承担与主债务有关的从债务，但该从债务专属于原债务人自身的除外。

（3）概括转让。合同权利、义务的概括转让，是指原合同一方当事人将其合同权利和合同义务统一转让给第三人，由第三人行使权力和承担义务。

《合同法》第八十七条规定，法律、行政法规规定转让权利或者转移义务应当办理批准、登记等手续的，依照其规定。

合同权利和义务概括转让发生的原因有两个方面：一方面是基于当事人的合意；另一方面是基于法律的直接规定。

1）基于当事人的合意而发生的转让，指一方当事人经对方当事人同意，与第三人约定由该第三人行使其全部合同权利和承担全部合同义务。

《合同法》第八十八条规定，当事人一方经对方同意，可以将自己在合同中的权利和义务一并转让给第三人。

2) 基于法律直接规定而发生的转让，是指受让人概括承受合同一方当事人的权利和义务是根据法律的直接规定，而不是有关当事人同意的结果。最常见的是企业的合并和分立。

《合同法》第九十条规定，当事人订立合同后合并的，由合并后的法人或其他组织行使合同权利，履行合同义务；当事人订立合同后分立的，除债权人和债务人另有约定外，由分立的法人或其他组织对合同的权利和义务享有连带债权，承担连带债务。

合同权利和义务概括转让的特点在于，第三人完全取代让与人的地位而成为合同的一方当事人，而让与人则完全退出原合同法律关系，不再享有债权和承担债务。

3. 合同终止与合同解除

(1) 合同终止。

1) 合同终止的概念。合同终止又称合同权利和义务终止，是指因发生法律规定或当事人约定的某种情况，引起当事人合同权利和义务客观上的消灭而使合同终止法律效力。

2) 合同终止的原因。《合同法》规定，有下列情形之一的，合同的权利和义务终止：

①债务已经按照约定履行。

②合同解除。

③债务相互抵销。

④债务人依法将标的物提存。

⑤债权人免除债务。

⑥债权、债务同归于一人。

⑦法律规定或者当事人约定终止的其他情形。

合同的权利和义务终止后，当事人应遵循诚实信用原则，根据交易习惯履行通知、协助、保密等义务。

(2) 合同解除。

1) 合同解除的概念。合同解除是指合同当事人依法行使解除权或者双方协商决定，提前解除合同效力的行为。合同解除是合同终止的原因之一。合同解除包括约定解除与法定解除。

2) 合同解除的依据。《合同法》第九十三条规定，当事人可以约定一方解除合同的条件，解除合同的条件成立时，解除权人可以解除合同。有下列情形之一的，当事人可以解除合同：

①因不可抗力致使不能实现合同目的。

②在履行期限届满之前，当事人一方明确表示或以自己的行为表明不履行主要债务。

③当事人一方迟延履行主要债务，经催告后在合理期限内仍未履行。

④当事人一方迟延履行债务或有其他违约行为致使不能实现合同目的。

⑤法律规定的其他情形。

3) 其他法律规定。《合同法》对合同解除的期限、法律后果等还做了以下规定：

①法律规定或当事人约定解除权行使期限的，期限届满当事人不行使的，该权利消灭；法律没有规定或事人没有约定解除权行使期限的，经对方催告后在合理期限内不行使的，该权利消灭。

②当事人依照本法相关规定主张解除合同的，应通知对方。合同自通知到达对方时解除。对方有异议的，可请求人民法院或仲裁机构确认解除合同的效力。法律、行政法规规定解除合同应当办理批准、登记等手续的，依照其规定。

③当事人互负到期债务，该债务的标的物种类、品质相同的，任何一方可以将自己的债务与对方的债务抵消，但依照法律规定或者按照合同性质不得抵消的除外；当事人互负债务，标的物种类、品质不相同的，经双方协商一致，也可以抵消。

当事人主张抵消的应通知对方。通知自到达对方时生效。抵消不得附条件或附期限。

④债权和债务同归于一人的，合同的权利和义务终止，但涉及第三人利益的除外。

⑤合同解除后，尚未履行的，终止履行；已经履行的，根据履行情况和合同性质，当事人可以要求恢复原状、采取其他补救措施，并有权要求赔偿损失。

⑥合同的权利和义务终止，不影响合同中结算和清理条款的效力。

4.2.5 建设工程施工合同的违约责任

违约责任是指当事人任何一方不履行合同义务或履行合同义务不符合约定而应当承担的法律责任。违约行为的表现形式包括不履行和不适当履行。

1. 违约责任形式

《合同法》规定，承担违约责任的形式包括继续履行合同、采取补救措施和赔偿损失等。

(1)继续履行合同。当事人一方不履行非金钱债务或履行非金钱债务不符合约定的，对方可以要求履行。但有下列情形之一的除外：

1)法律上或者事实上不能履行。

2)债务的标的不适于强制履行或者履行费用过高。

3)债权人在合理期限内未要求履行。

(2)采取补救措施。采取补救措施是指当事人违约事实发生后，为防止出现损失或损失扩大而依照法律规定或合同约定，由违约方采取的修理、更换、重作、退货、减少价款或报酬等措施，以避免、弥补或挽回给受损害方造成的损失。补救措施主要用于质量不符合约定的情况。

(3)赔偿损失。《合同法》关于赔偿损失有以下规定：

1)当事人一方不履行合同义务或履行合同义务不符合约定，给对方造成损失的，损失赔偿额应相当于因违约所造成的损失，包括合同履行后可以获得的利益，但不得超过违反合同一方订立合同时预见到或应当预见到的因违反合同可能造成的损失。经营者对消费者提供商品或服务有欺诈行为的，依照《中华人民共和国消费者权益保护法》规定承担损害赔偿责任。

2)当事人可以约定一方违约时应当根据违约情况向对方支付一定数额的违约金，也可约定因违约产生的损失赔偿额的计算方法。约定的违约金低于造成的损失的，当事人可以请求人民法院或仲裁机构予以增加；约定的违约金过分高于造成的损失的，当事人可以请求人民法院或仲裁机构予以适当减少。

3)当事人可依照《中华人民共和国担保法》约定一方向对方给付定金作为债权的担保。债务人履行债务后，定金应抵作价款或收回。给付定金的一方不履行约定债务的，无权要求返还定金；收受定金一方不履行约定债务的，应双倍返还定金。

4)当事人一方违约后，对方应采取适当措施防止损失扩大；没有采取适当措施致使损失扩大的，不得就扩大的损失要求赔偿；当事人因防止损失扩大而支出的合理费用，由违约方承担。

5)当事人一方因第三人的原因造成违约的，应向对方承担违约责任。当事人一方和第三人之间的纠纷，依照法律规定或者按照约定解决。

2. 违约责任免除

免责事由是指免除违约方承担违约责任的原因和理由，包括法定免责事由和约定免责事由。《合同法》规定的法定免责事由仅限于不可抗力，其具有以下规定：

(1)因不可抗力不能履行合同的，根据不可抗力的影响，部分或全部免除责任，但法律另有规定的除外。此处所称不可抗力，指不能预见、不能避免并不能克服的客观情况。

(2)当事人一方因不可抗力不能履行合同的，应及时通知对方，以减轻可能给对方造成的损失，并在合理期限内提供证明。

(3)当事人迟延履行后发生不可抗力的，不能免除责任。

4.2.6 建设工程合同的索赔与争议解决

建设工程合同索赔是指在建设工程合同实施过程中，当事人一方根据建设工程合同或法律的规定，对并非因自身过错所造成的损失，向对方提出经济或时间赔偿的要求。

索赔是发包方、承包方和监理工程师之间一项经常发生而且普遍存在的合同管理业务，是受损害方以法律和合同为依据的一种正当的权利要求。

1. 合同索赔

(1)索赔的分类。

1)按索赔目的划分。按照索赔目的可将索赔分为费用索赔和工期索赔。

①费用索赔的目的是要求经济补偿。当施工的客观条件改变导致承包人增加开支，要求对超出计划成本的附加开支给予补偿，以挽回不应由他承担的经济损失。

费用索赔的费用一般可包括人工费、设备费、材料费、保函手续费、贷款利息费、保险费、利润及管理费等。

②工期索赔是指非承包人责任的原因而导致施工进程延误，要求批准顺延合同工期的索赔。

承包人通过工期索赔，可以避免在原定合同竣工日不能完工时，被发包人追究拖期违约责任。工期索赔一旦成功，承包人不仅免除了承担拖期违约赔偿费的严重风险，而且可能因提前工期而得到奖励，从而提高经济收益。

2)按索赔处理方式划分。按索赔处理方式可将索赔分为单项索赔和综合索赔。

①单项索赔是针对某一干扰事件提出的，在影响原合同正常运行的干扰事件发生时或发生后，由合同管理人员立即处理，并在合同规定的索赔有效期内向发包人或监理工程师提交索赔意向书和索赔报告。单项索赔一般原因单一，责任单一，易于分析，涉及金额也较小，双方容易达成协议，处理起来也比较简单，因此，合同双方应尽可能采用单项索赔方式来处理索赔事项。

②综合索赔又称一揽子索赔，一般在工程竣工前和工程移交前，承包商将工程实施过程中未能及时解决的单项索赔集中起来，提出一份综合索赔报告，由合同双方在工程交付前后进行最终谈判，以一揽子方案解决索赔问题。

在合同实施过程中，有些单项索赔问题比较复杂，不能立即解决，为不影响工程进度，经双方协商同意后留待以后解决；有的是发包人或监理工程师对索赔采用拖延办法迟不作答，使索赔谈判旷日持久；有的是承包商自身原因，未能及时采用单项索赔方式等。以上情况都有可能出现一揽子索赔。由于在一揽子索赔中许多干扰事件交织在一起，影响因素比较复杂而且相互交叉，责任分析和索赔值计算都很困难，索赔涉及的金额往往又很大，双方都不愿或不容易做出让步，使索赔的谈判和处理都很困难。因此，综合索赔的成功率比单项索赔要低得多。

（2）索赔的依据。索赔必须有确凿证据，证据是索赔报告的重要组成部分，证据不足或没有证据，索赔就不可能成立。提出索赔的依据主要有以下几个方面：

1）招标文件、施工合同文件及附件、补充协议，施工现场各类签认记录，经认可的工程施工进度计划、工程图纸（包括修改图）及技术规范等。

2）双方的往来信件及各种会议、会谈纪要。

3）施工进度计划和实际施工进度记录、施工现场的有关文件及工程照片。

4）气象资料、工程检查验收报告和各种技术鉴定报告，工程中送停电、送停水、管路开通和封闭的记录和证明。

5）所有人工、材料、机械设备使用台账，工程成本分析资料，会计报表，财务报表，货币汇率，现金流量，物价指数，收付款票据等计算索赔费用的依据资料。

6）工程试验报告、检查报告、施工报告、进度报告、特别事件报告等工程报告。

7）国家有关法律、法令、政策文件等。

8）其他资料。

索赔原因发生时，为使索赔取得成功，当事人一定要充分准备并保留好索赔证据，索赔证据应该具有真实性、及时性、全面性、关联性和有效性。

（3）索赔条件与索赔事件。

1）索赔条件。索赔成立必须同时具备以下三个条件：

①与合同对照，事件已造成承包人工程项目成本的额外支出，或直接工期损失。

②造成费用增加或工期损失的原因，按合同约定并非承包人的行为责任或风险责任。

③承包人按合同规定的程序和时间提交索赔意向通知和索赔报告。

2）索赔事件。索赔事件又称干扰事件，是指那些使实际情况与合同规定不符合，最终引起工期和费用变化的各类事件。通常，承包方可以提起索赔的事件如下：

①发包方违反合同给承包方造成的时间、费用损失。

②因工程变更造成的时间、费用损失。

③由于监理工程师对合同文件的歧义解释、技术资料不确切，或因不可抗力导致施工条件改变，因此造成时间、费用的增加。

④发包方提出提前完成项目或缩短工期而造成承包方的费用增加。

⑤发包方延误支付期限造成承包方的损失。

⑥合同规定以外的项目检验，且检验合格，或非承包人原因导致项目缺陷的修复所发生的损失或费用。

⑦非承包人的原因导致工程暂时停工。

⑧物价上涨、法规变化及其他。

（4）索赔的程序。索赔事件出现后，承包人可按下列程序以书面形式向发包人提出索赔：

1)索赔事件发生后 28 天内，向监理工程师发出索赔意向通知。

2)发出索赔意向通知后 28 天内，向监理工程师提出延长工期和(或)补偿经济损失的索赔报告及有关资料。

3)监理工程师在收到承包人送交的索赔报告和有关资料后，于 28 天内给予答复，或要求承包人进一步补充索赔理由和依据。

4)监理工程师在收到承包人送交的索赔报告和有关资料后，28 天内未给予答复或未对承包人做进一步要求的，视为该索赔已经认可。

5)当该索赔事件持续进行时，承包人应阶段性向监理工程师发出索赔意向通知，在索赔事件终了后 28 天内，向监理工程师送交索赔的有关资料和最终索赔报告。

承包人因未能按合同约定履行自己的各项义务或发生错误，发包人可按以上索赔程序和时限向承包人提出索赔，也称反索赔。

2. 合同争议的解决

合同争议是指合同当事人双方对合同规定的权利和义务产生了不同的理解。

《合同法》规定，当事人可以通过和解或调解解决合同争议。当事人不愿和解、调解或和解、调解不成的，可以根据仲裁协议向仲裁机构申请仲裁。涉外合同的当事人可根据仲裁协议向中国仲裁机构或其他仲裁机构申请仲裁。当事人没有订立仲裁协议或仲裁协议无效的，可向人民法院起诉。当事人应当履行发生法律效力的判决、仲裁裁决、调解书；拒不履行的，对方可以请求人民法院执行。

《合同法》还规定，因国际货物买卖合同和技术进出口合同争议提起诉讼或者申请仲裁的期限为四年，自当事人知道或应当知道其权利受到侵害之日起计算。因其他合同争议提起诉讼或者申请仲裁的期限，依照有关法律的规定。

> 任务总结

合同又称契约，是平等主体的自然人、法人、其他组织之间设立、变更、终止民事权利和义务关系的协议。1999 年 10 月 1 日起施行的《中华人民共和国合同法》是规范我国社会主义市场交易的基本法律。建设工程合同是指由承包人进行工程建设，发包人支付价款的合同，通常包括建设工程勘察、设计、施工合同。

合同履行是指合同各方当事人按照合同的规定，全面履行各自的义务，实现各自的权利，使各方的目的得以实现的行为；合同变更通常意义上是指对合同内容的变更，即合同依法成立后，在尚未履行或尚未完全履行时，当事人依法经过协商，对合同的内容进行修订或调整所达成的协议。合同转让是指合同成立后，当事人依法可以将合同中的全部权利、部分权利或者合同中的全部义务、部分义务转让或转移给第三人的法律行为。

建设工程合同索赔是指在建设工程合同实施过程中，当事人一方根据建设工程合同或法律的规定，对并非因自身过错所造成的损失向对方提出经济或时间赔偿的要求。

合同发生争议时，可通过和解、调解、仲裁和起诉方式加以解决。

一、名词解释

建设工程合同   公平原则   要约   全面履行   合同转让
合同终止

参考答案

二、单项选择题

1. 下列不是合同法基本原则的是(　　)。
    A. 服从原则   B. 平等原则   C. 自愿原则   D. 诚信原则
2. 加工、定作、修理、复制、测试、检验等都属于(　　)。
    A. 建设工程合同   B. 技术合同   C. 承揽合同   D. 委托合同
3. 订立合同不可缺少的两个阶段是(　　)。
    A. 要约和承诺   B. 要约和要约邀请
    C. 要约邀请和承诺   D. 要约和承诺生效
4. 双务合同中,当事人一方依法对抗对方要求或否决对方权利主张的权利是(　　)。
    A. 代位权   B. 抗辩权   C. 撤销权   D. 拒绝权
5. 按照索赔目的可将索赔分为费用索赔和(　　)。
    A. 单项索赔   B. 工期索赔   C. 施工加速   D. 综合索赔
6. 向监理工程师发出索赔意向通知的时间是索赔事件发生后(　　)。
    A. 24 小时内   B. 14 天内   C. 28 天内   D. 1 个月内

三、多项选择题

1. 下列属于双务合同的有(　　)。
    A. 买卖合同   B. 建筑工程合同   C. 赠与合同   D. 借用合同
2. 下列属于要约失效原因的有(　　)。
    A. 要约人依法撤销要约
    B. 承诺期限未届满,受要约人就作出承诺
    C. 受要约人对要约内容作出实质性变更
    D. 拒绝要约的通知未到达要约人
3. 甲因儿子发生车祸急需借钱,乙趁机表示愿意借给甲 10 000 元,但借款合同约定 1 年后甲需偿还乙 20 000 元,否则以甲的房子代偿,甲苦于钱不好借而同意。根据合同法规定,甲、乙之间的借款合同(　　)。
    A. 因显失公平无效   B. 因显失公平可撤销
    C. 因乘人之危无效   D. 因乘人之危可撤销
4. 下列是不安抗辩权应满足的条件的有(　　)。
    A. 约定了履行顺序的双务合同
    B. 后履行方丧失或可能丧失履行债务能力,证据确切
    C. 后履行一方的债务履行期已届满,而先履行一方履行期限未届满
    D. 合同中未约定担保
5. 因重大误解订立的合同,当事人一方有权请求人民法院或仲裁机构(　　)。

A. 终止　　　　　　　B. 中止　　　　　　C. 变更　　　　　　D. 撤销

6. 下列能体现诚信原则的有(　　　)。

A. 不故意钻合同条款不完善的空子　　　B. 承担违约责任

C. 自主决定合同内容　　　　　　　　　D. 诚实坦白订立合同

四、判断题

1. 任何合同均应具备三大要素，即主体、标的和内容。　　　　　　　(　　)

2. 一方当事人要么整体上接受合同条件，要么不订立的合同是要式合同。　(　　)

3. 合同当事人依法协商一致，取得合意，双方订立的合同即发生法律效力。　(　　)

4. 合同有效却不一定生效。　　　　　　　　　　　　　　　　　　　(　　)

5. 履行方式不明确的，按照有利于实现合同目的的方式履行。　　　　(　　)

6. 合同的权利、义务终止，不影响合同中结算和清理条款的效力。　　(　　)

7. 债务人转移义务的，新债务人不能主张原债务人对债权人的抗辩。　(　　)

五、简答题

1. 订立施工合同应遵守的原则是什么？

2. 订立施工合同的程序是什么？

3. 合同生效要件有哪些？

4. 合同的履行应坚持哪些原则？

5. 合同无效与不成立的根本区别是什么？

6. 如何解决合同争议？

六、案例分析

背景：

某市一所中学甲与当地一服装公司乙于2013年9月1日签订了学生上下装校服的购销合同，约定甲于9月25日先付20%预付款给乙，乙于10月10日交货给甲，甲同时付余款给乙。但甲于9月23日得知，乙于9月22日深夜发生重大火灾，其上衣生产车间被烧毁，证据确凿。甲遂立即通知乙，自己因此而中止履行合同义务。9月25日乙要求甲履行预付款给付义务时遭到甲拒绝。

试分析：

(1)甲中止对乙预付款给付义务的理由是什么？

(2)甲在何种情况下应恢复其预付款给付义务？

第5章 建设工程勘察设计法规

5.1 工程勘察设计概述

工程勘察是指根据建设工程和法律、法规的要求，查明、分析、评价建设场地的地质地理环境特征和岩土工程条件，编制建设工程勘察文件的活动。

工程设计是指根据建设工程和法律、法规的要求，对建设工程所需技术、经济、资源、环境等条件进行综合分析、论证，编制建设工程设计文件，提供相关服务的活动。

在工程建设过程中，勘察设计、施工安装与材料设备的生产供应是主要环节，而勘察设计又是关键环节。勘察是设计的基础依据，设计则是整个工程建设的灵魂。

5.1.1 工程勘察的概念与目的

1. 工程勘察的概念

勘察是指为建设项目立项、设计和施工服务，包括工程测量、水文地质勘察等工程地质勘察在内的工程勘探和考察，为查明拟建项目建设地点的地形地貌、地层地基的土性、岩性、地质构造、水文地质状况、各种自然地质现象和地质条件而进行的以测量、测绘、测试、地质调查、勘探、试验、分析、研究、鉴定和评价等为内容的各种工作。

2. 工程勘察的目的

勘察工作是项目建设的首要环节，其最终目的是为拟建项目厂（场）址选择、工程设计和施工提供科学、可靠的根据，所以，勘察工作的深度是否符合规定，勘察成果的质量和精度能否满足工作需要，不仅与厂（场）址的选择是否正确得当和工程建设成本的高低紧密相关，而且与项目建成投产后经济效益和社会效益的好坏关系也很密切。因此，负责工程勘察和项目建设的相关单位，务必将勘察工作彻底做好。

5.1.2　工程勘察设计法规的概念及其调整对象

1. 工程勘察设计法规的概念

工程勘察设计法规是指调整工程勘察设计活动中所产生的各种社会关系的法律规范的总称。它既包括《建设工程勘察设计管理条例》等工程勘察设计法规，又包括《建筑法》《城乡规划法》等其他法律法规中有关工程勘察设计方面的法律规定。这些法规对规范勘察设计活动，加强对勘察设计单位的管理起到了重要的作用。

2. 工程勘察设计法规的调整对象

(1)勘察设计行政主管部门对从事勘察设计活动的单位和个人的实施许可制度而发生的行政管理关系。

(2)勘察设计行政主管部门与建设单位和勘察设计单位之间，因编制、审批、执行勘察设计文件及资料等而发生的审批关系。

(3)因工程建设的实施，发生于建设单位与勘察设计单位之间的合同关系。

(4)因各种技术规定、制度和操作规程，发生于勘察设计单位内部的计划管理、技术管理、质量管理以及各种形式的经济责任制等内部管理关系。

5.1.3　工程勘察设计单位的资质管理

1. 工程勘察设计资质的类别和等级

从事建设工程勘察、工程设计活动的单位，应按其注册资本、专业技术人员、技术装备和勘察设计业绩等条件申请资质，经审查合格，取得建设工程勘察、工程设计资质证书后，方可在资质许可范围内从事建设工程勘察、设计活动。取得资质证书的建设工程勘察、设计企业，可以从事相应的建设工程勘察、设计咨询和技术服务。根据原建设部2007年9月1日起施行的《建设工程勘察设计资质管理规定》第五条至第七条规定：

(1)工程勘察资质分为工程勘察综合资质、工程勘察专业资质、工程勘察劳务资质。

(2)工程勘察综合资质只设甲级；工程勘察专业资质设甲级、乙级，根据工程性质和技术特点，部分专业可设丙级；工程勘察劳务资质不分等级。取得工程勘察综合资质的企业，可以承接各专业(海洋工程勘察除外)、各等级工程勘察业务；取得工程勘察专业资质的企业，可以承接相应等级相应专业的工程勘察业务；取得工程勘察劳务资质的企业，可以承接岩土工程治理、工程钻探、凿井等工程勘察劳务业务。

(3)工程设计资质分为工程设计综合资质、工程设计行业资质、工程设计专业资质和工程设计专项资质。

(4)工程设计综合资质只设甲级；工程设计行业资质、工程设计专业资质、工程设计专项资质设甲级、乙级，根据工程性质和技术特点，个别行业、专业、专项资质可设丙级，建筑工程专业资质可设丁级。取得工程设计综合资质的企业，可以承接各行业、各等级的建设工程设计业务；取得工程设计行业资质的企业，可以承接相应行业相应等级的工程设计业务及本行业范围内同级别的相应专业、专项(设计施工一体化资质除外)工程设计业务；取得工程设计专业资质的企业，可以承接本专业相应等级的专业工程设计业务及同级别的相应专项工程设计业务(设计施工一体化资质除外)；取得工程设计专项资质的企业，可以承接本专项相应等级的专项工程设计业务。

（5）建设工程勘察、设计资质标准和各资质类别、级别企业承担工程的具体范围由国务院住房城乡建设主管部门会同国务院有关部门制定。

2. 工程勘察设计资质的申请和审批

（1）申请甲级资质。申请工程勘察甲级资质、工程设计甲级资质，以及涉及铁路、交通、水利、信息产业、民航等方面工程设计乙级资质的，应向企业工商注册所在地省、自治区、直辖市人民政府建设主管部门提出申请。其中，国务院国资委管理的企业应向国务院建设主管部门提出申请；国务院国资委管理的企业下属一层级的企业申请资质，应由国务院国资委管理的企业向国务院建设主管部门提出申请。

省、自治区、直辖市人民政府建设主管部门应自受理申请之日起20日内初审完毕，并将初审意见和申请材料报国务院建设主管部门。

国务院建设主管部门应自省、自治区、直辖市人民政府建设主管部门受理申请材料之日起60日内完成审查，公示审查意见，公示时间为10日。其中，涉及铁路、交通、水利、信息产业、民航等方面的工程设计资质，由国务院建设主管部门送国务院有关部门审核，国务院有关部门在20日内审核完毕，并将审核意见送国务院建设主管部门。

（2）申请乙级及以下资质。工程勘察乙级及以下资质、劳务资质、工程设计乙级（涉及铁路、交通、水利、信息产业、民航等方面的工程设计乙级资质除外）及以下资质许可由省、自治区、直辖市人民政府建设主管部门实施。具体实施程序由省、自治区、直辖市人民政府建设主管部门依法确定。

省、自治区、直辖市人民政府建设主管部门应自做出决定之日起30日内，将准予资质许可的决定报国务院建设主管部门备案。

（3）资质证书。工程勘察、工程设计资质证书分为正本和副本，正本一份，副本六份，由国务院建设主管部门统一印制，正、副本具备同等法律效力。资质证书有效期为5年。

（4）资质申请应提供的材料。工程勘察资质、工程设计资质的申请分为企业首次申请、资质升级申请、增项申请和资质变更申请几种情况。根据《建设工程勘察设计资质管理规定》，申请工程勘察、工程设计资质时，均需提供相应材料，资质申请情况不同，所需提交的材料也不一样，例如该规定中第十一条规定，企业首次申请工程勘察、工程设计资质时，应提供以下材料：

①工程勘察、工程设计资质申请表。

②企业法人、合伙企业营业执照副本复印件。

③企业章程或合伙人协议。

④企业法定代表人、合伙人的身份证明。

⑤企业负责人、技术负责人的身份证明、任职文件、毕业证书、职称证书及相关资质标准要求提供的材料。

⑥工程勘察、工程设计资质申请表中所列注册执业人员的身份证明、注册执业证书。

⑦工程勘察、工程设计资质标准要求的非注册专业技术人员的职称证书、毕业证书、身份证明及个人业绩材料。

⑧工程勘察、工程设计资质标准要求的注册执业人员、其他专业技术人员与原聘用单位解除聘用劳动合同的证明及新单位的聘用劳动合同。

⑨资质标准要求的其他有关材料。

5.1.4 工程勘察设计的原则及执业人员的资格管理

1. 勘察设计工作原则及对勘察设计人员的要求

根据 1983 年原国家计委印发的《基本建设设计工作管理暂行办法》和《基本建设勘察工作管理暂行办法》有关规定，勘察设计工作应坚持以下原则：

(1)勘察工作应坚持的原则。

1)勘察工作必须遵守国家的法律、法规，贯彻国家有关经济建设的方针、政策和基本建设程序，要贯彻执行提高经济效益和促进技术进步的方针。

2)勘察成果要正确反映客观地形、地质情况，确保原始资料的准确性，结合工程具体特点和要求提出明确的评价、结论和建议。

3)勘察工作既要防止技术保守或片面追求产值，任意加大工作量，又要防止不适当地减少工作量而影响勘察成果的质量，给工程建设造成事故或浪费。

4)要积极合理地采用新理论、新技术、新方法、新手段。应结合工程和勘察地区的具体情况，因地制宜地采用先进可靠的勘察手段和评价方法，努力提高勘察水平。

5)勘察工作不仅要评价当前环境和地质条件对工程建设的适应性，而且要预测工程建设对地质和环境条件的影响。要从环境保护出发，做好环境地质评价工作。

6)勘察工作前期应全面搜集、综合分析、充分使用已有的勘察资料。

7)要加强对勘察职工安全生产教育，严格遵守安全规程，防止人身、机具和工程事故。

另外，勘察设计单位还应站在国家立场，认真贯彻执行党的方针政策，树立全局观念，维护国家利益，严格执行勘察设计程序；积极采用先进技术，加强质量管理，努力做出更多质量高、技术先进、经济效益好的优秀设计；努力提高工作效率，把完成国家计划任务放在首位，保证完成国家重点项目的勘察设计任务和上级核定的工作量指标。

(2)设计工作应坚持的原则。

1)遵守国家法律、法规，贯彻执行国家经济建设的方针、政策和基本建设程序，特别应贯彻执行提高经济效益和促进技术进步的方针。

2)要从全局出发，正确处理工业与农业、工业内部、沿海与内地、城市与乡村、远期与近期、平时与战时、技改与新建、生产与生活、安全质量与经济效益等方面的关系。

3)要根据国家有关规定和工程的不同性质、不同要求，从我国实际情况出发，合理确定设计标准。对生产工艺、主要设备和主体工程要做到先进、适用、可靠。对非生产性建设，应坚持适用、经济、在可能条件下注意美观的原则。

4)要实行资源的综合利用。根据国家需要、技术可能和经济合理的原则，充分考虑矿产、能源、水、农、林、牧、渔等资源的综合利用。

5)要节约能源。在工业建设项目设计中，要选用耗能少的生产工艺和设备；在民用建设项目中，也要采取节约能源的措施。要提倡区域性供热，重视余热利用。

6)要保护环境。在进行各类工程设计时，应积极改进工艺，采用行之有效的技术措施，防止粉尘、毒物、废水、废气、废渣、噪声、放射性物质及其他有害因素对环境的污染，并进行综合治理和利用，使设计符合国家规定的标准。

7)要注意专业化和协作。建设项目应根据专业化和协作的原则进行建设，其辅助生产设施、公用设施、运输设施及生活福利设施等应尽可能同邻近有关单位密切协作。

8)要节约用地。一切工程建设，都必须因地制宜，提高土地利用率。建设项目的厂址选择应尽量利用荒地、劣地，不占或少占耕地。总平面布置要紧凑合理。

9)要合理使用劳动力。在建设项目的设计中，要合理选择工艺流程、设备、线路，合理组织人流、物流，合理确定生产和非生产定员。

10)要立足于自力更生。引进国外先进技术必须符合我国国情，着眼于提高国内技术水平和制造能力。凡引进技术、进口关键设备能满足需要的，就不应引进成套项目；凡能自行设计或合作设计的，就不应委托或单独依靠国外设计。

(3)对勘察设计人员的要求。

1)热爱祖国，热爱勘察设计事业，树立大公无私的思想，全心全意为人民服务。

2)站在国家立场，贯彻执行党的方针政策，遵守职业道德，坚持勘察设计工作的科学性和公正性。

3)刻苦学习，勇于创新，不断提高勘察设计水平。

4)理论联系实际，深入调查研究，使勘察设计符合实际。

5)树立全局观念、质量第一思想，忠于职守，敢于同不良风气作斗争。

6)在工程设计中不得私自收取、私分设备制造厂家和建材生产厂家及业主的佣金、回扣，不得采用淘汰商品和伪劣产品。

2. 工程勘察从业人员的资格管理

(1)注册建筑师。

1)注册建筑师和建筑师制度。注册建筑师是指依法取得建筑师证书并从事房屋建筑设计及相关专业的人员。注册建筑师制度是指具备一定专业学历的设计人员，通过考试与注册确定其职业技术资格，从而获得建筑设计签字权的一种制度。

在我国，注册建筑师分为一级注册建筑师和二级注册建筑师。一级注册建筑师的条件严格执行国家标准；二级建筑师的条件适当有所放宽，既与国际接轨，又符合我国国情。

国务院建设行政主管部门、人事行政主管部门和各省、自治区、直辖市政府建设行政主管部门、人事行政主管部门依照《中华人民共和国注册建筑师条例》(以下简称《注册建筑师条例》)和《中华人民共和国注册建筑师条例实施细则》的规定，对注册建筑师的考试、注册和执业实施指导和监督。全国注册建筑师管理委员会和省、自治区、直辖市注册建筑师管理委员会负责注册建筑师的考试与注册工作。

2)注册建筑师的考试与注册。国家实行注册建筑师全国统一考试制度，分为一级、二级注册建筑师考试，原则上每年考试一次。

凡参加注册建筑师考试者，由本人提出申请，经所在建筑设计单位审查同意后，统一向省、自治区、直辖市注册建筑师管理委员会报名，经审查符合《注册建筑师条例》规定的一级或二级注册建筑师条件的，方可参加相应级别的注册建筑师考试。

注册建筑师考试合格，取得相应注册建筑师资格的，可以申请注册。一级注册建筑师的注册，由全国注册建筑师管理委员会负责；二级注册建筑师的注册，由省、自治区、直辖市注册建筑师管理委员会负责。

对不符合《注册建筑师条例》规定条件的，不予注册。对决定不予注册的，自决定之日起15日内书面通知申请人。申请人有异议的，可自收到通知之日起15日内向国务院建设行政主管部门或省、自治区、直辖市政府建设行政主管部门申请复议。

准予注册的申请人分别由全国注册建筑师管理委员会和省、自治区、直辖市注册建筑师管理委员会核发中华人民共和国一级注册建筑师证书和二级注册建筑师证书。

注册建筑师注册的有效期为 2 年，有效期届满需继续注册的，应在期满前 30 日内办理注册手续。

3）注册建筑师的执业。注册建筑师的执业范围包括以下几项：

①建筑设计。

②建筑设计技术咨询。

③建筑物调查与鉴定。

④对本人主持设计的项目进行施工指导和监督。

⑤国务院建设主管部门规定的其他业务。

一级注册建筑师的建筑设计范围不受工程项目规模和工程复杂程度的限制；二级注册建筑师的建筑设计范围只限于国家规定的民用建筑①等级分级标准三级及以下项目。

注册建筑师的执业范围不得超越其所在建筑设计单位资质等级许可的业务范围。注册建筑师的执业范围与其所在单位的业务范围不符时，个人执业范围服从单位的业务范围。

4）注册建筑师的主要权利。注册建筑师的主要权利包括以下几项：

①在其负责的设计图纸上的签字权。民用建筑特级、一级项目及国家重点工程项目实施一级注册建筑师签字制度。国家规定的一定跨度、跨径和高度的房屋建筑，应由注册建筑师进行设计。

②按国家规定执行注册建筑师业务，受国家法律保护，任何单位或个人不得无理阻挠其依法执行注册建筑师业务。

5）注册建筑师的主要义务。注册建筑师的主要义务包括以下几项：

①遵守法律、法规和职业道德，维护社会公共利益。

②保证建筑设计的质量，并在其负责的设计图纸上签字。

③保守在执业中知悉的单位和个人秘密。

④不得同时受聘于两个以上建筑设计单位执行业务。

⑤不得准许他人以本人名义执行业务。

(2)注册造价工程师。

1)注册造价工程师及注册造价工程师制度。注册造价工程师是指通过全国造价工程师执业资格统一考试或者资格认定、资格互认，取得中华人民共和国造价工程师执业资格（以下简称执业资格），并按照《注册造价工程师管理办法》注册，取得中华人民共和国造价工

> **小资料**
>
> ①民用建筑
>
> 建筑按使用功能分为民用建筑、工业建筑和农业建筑。
>
> 民用建筑：包括非生产性的居住建筑和公共建筑。其中居住建筑主要是指供人们日常居住生活的建筑物，如住宅、宿舍、公寓等。公共建筑则包括机关、企业单位的办公楼等行政办公建筑，学校、图书馆、文化宫等文教建筑，研究所、科学实验楼等科研建筑，医院、疗养院等医疗建筑，商店、商场、超市等商业建筑，影剧院、音乐厅、博物馆等观览建筑，体育场馆、健身房等体育建筑，旅馆、宾馆、度假村等旅馆建筑，航空港、车站、地铁站等交通建筑等共十余个小类。
>
> 工业建筑：是指为工业生产服务的各类建筑，如生产车间、辅助车间、动力用房等。
>
> 农业建筑：是指用于农牧业生产和加工的建筑，如温室、畜禽饲养场、粮食与饲料加工站、农机修理站等。

师注册执业证书(以下简称注册证书)和执业印章,从事工程造价活动的专业人员。

2)注册造价工程师的考试和注册。国家实行造价工程师执业资格统一考试制度,采取全国统一大纲、统一命题、统一组织的办法,原则上每年组织一次考试。

参加考试人员必须符合《注册造价工程师管理办法》规定的条件,由本人提出申请,并提供必要的证明文件,经批准后方可参加考试。

取得执业资格的人员申请注册的,应当向聘用单位工商注册所在地的省、自治区、直辖市人民政府建设主管部门(以下简称省级注册初审机关)或者国务院有关部门(以下简称部门注册初审机关)提出注册申请。

对申请初始注册的,注册初审机关应当自受理申请之日起20日内审查完毕,并将申请材料和初审意见报国务院建设主管部门(以下简称注册机关)。注册机关应当自受理之日起20日内作出决定。

对申请变更注册、延续注册的,注册初审机关应当自受理申请之日起5日内审查完毕,并将申请材料和初审意见报注册机关。注册机关应当自受理之日起10日内作出决定。

注册造价工程师的初始、变更、延续注册,逐步实行网上申报、受理和审批。

取得资格证书的人员,可自资格证书签发之日起1年内申请初始注册。逾期未申请者,需符合继续教育的要求后方可申请初始注册。初始注册的有效期为4年。

申请初始注册的,应当提交下列材料:

①初始注册申请表。

②执业资格证件和身份证件复印件。

③与聘用单位签订的劳动合同复印件。

④工程造价岗位工作证明。

⑤取得资格证书的人员,自资格证书签发之日起1年后申请初始注册的,应当提供继续教育合格证明。

⑥受聘于具有工程造价咨询资质的中介机构的,应当提供聘用单位为其交纳的社会基本养老保险凭证、人事代理合同复印件,或者劳动、人事部门颁发的离退休证复印件。

⑦外国人、台港澳人员应当提供外国人就业许可证书、台港澳人员就业证书复印件。

注册造价工程师注册有效期满需继续执业的,应当在注册有效期满30日前,按照上述规定的程序申请延续注册。延续注册的有效期为4年。

申请延续注册的,应当提交下列材料:

①延续注册申请表。

②注册证书。

③与聘用单位签订的劳动合同复印件。

④前一个注册期内的工作业绩证明。

⑤继续教育合格证明。

在注册有效期内,注册造价工程师变更执业单位的,应当与原聘用单位解除劳动合同,并按照上述规定的程序办理变更注册手续。变更注册后延续原注册有效期。

申请变更注册的,应当提交下列材料:

①变更注册申请表。

②注册证书。

③与新聘用单位签订的劳动合同复印件。

④与原聘用单位解除劳动合同的证明文件。

⑤受聘于具有工程造价咨询资质的中介机构的，应当提供聘用单位为其交纳的社会基本养老保险凭证、人事代理合同复印件，或者劳动、人事部门颁发的离退休证复印件。

⑥外国人、台港澳人员应当提供外国人就业许可证书、台港澳人员就业证书复印件。

3)注册造价工程师的权利。注册造价工程师享有下列权利：

①使用注册造价工程师名称。

②依法独立执行工程造价业。

③在本人执业活动中形成的工程造价成果文件上签字并加盖执业印章。

④发起设立工程造价咨询企业。

⑤保管和使用本人的注册证书和执业印章。

⑥参加继续教育。

4)注册造价工程师的义务。注册造价工程师应当履行下列义务：

①遵守法律、法规、有关管理规定，恪守职业道德。

②保证执业活动成果的质量。

③接受继续教育，提高执业水平。

④执行工程造价计价标准和计价方法。

⑤与当事人有利害关系的，应当主动回避。

⑥保守在执业中知悉的国家秘密和他人的商业、技术秘密。

5.1.5　工程勘察设计的发包与承包

2015 年 6 月 12 日起施行的《建设工程勘察设计管理条例》规定：

(1)建设工程勘察、设计发包，依法实行招标发包或直接发包。

(2)建设工程勘察、设计应依照《招标投标法》的规定，实行招标发包。

(3)建设工程勘察、设计方案评标，应当以投标人的业绩、信誉和勘察、设计人员的能力以及勘察、设计方案的优劣为依据，进行综合评定。

(4)建设工程勘察、设计的招标人应当在评标委员会推荐的候选方案中确定中标方案。但是，建设工程勘察、设计的招标人认为评标委员会推荐的候选方案不能最大限度满足招标文件规定的要求的，应当依法重新招标。

(5)下列建设工程的勘察、设计，经有关主管部门批准，可以直接发包：

1)采用特定的专利或者专有技术的。

2)建筑艺术造型有特殊要求的。

3)国务院规定的其他建设工程的勘察、设计。

(6)建设工程勘察、设计发包方与承包方，应执行国家规定的建设工程勘察、设计程序。

(7)建设工程勘察、设计发包方与承包方应签订建设工程勘察、设计合同。

(8)建设工程勘察、设计发包方与承包方应执行国家有关建设工程勘察费、设计费的管理规定。

5.2 工程勘察设计文件的编制与收费管理

5.2.1 工程勘察设计文件的编制

1. 工程勘察设计文件的编制依据

《建设工程勘察设计管理条例》规定，编制工程勘察设计文件应以下列规定为依据：

(1)项目批准文件。

(2)城市规划。

(3)工程建设强制性标准。

(4)国家规定的建设工程勘察设计深度要求。

2. 工程勘察设计文件的基本内容和要求

工程勘察的主要内容是工程测量、水文地质勘察和工程地质勘察。其任务是查明工程项目建设地点的地形地貌、地层土壤岩性、地质构造、水文条件等自然地质条件资料，做出鉴定和综合评价，为工程项目选址、设计和施工提供科学、可靠的依据。

工程勘察设计文件主要包括勘察报告和各种图表。勘察报告的内容一般包括：任务要求和勘察工作概况，厂址的地理位置，地形地貌，地质构造，不良地质现象，地层生长条件，岩石和土的物理力学性质，场地的稳定性和适宜性，岩石和土的均匀性及允许承载力，地下水的影响，土的最大冻结深度，地震基本烈度，以及工程建设可能引起的工程地质问题，供水水源地的水质水量评价，水源的污染及发展趋势，不良地质现象和特殊地质现象的处理和防治等方面的结论意见、建议和措施等。

工程勘察设计应由具有相应资质的勘察单位承担，编制的工程勘察文件，应真实、准确，满足建设工程规划、选址、设计、岩土治理和施工需要。

3. 工程设计文件的编制

设计是工程建设的重要环节，设计文件则是安排建设计划和组织施工的主要依据。按照我国现行规定，一般建设项目按初步设计和施工图设计两个阶段进行设计；技术复杂、要求较高而又缺乏经验的项目，经主管部门指定，需增加技术设计阶段；一些大型联合企业、矿区、油区和水利水电枢纽，为解决总体部署和开发问题，还需进行总体规划设计或总体设计。

(1)总体规划设计。总体规划设计的内容一般包括下列文字说明和必要的图纸：

1)建设规模、产品方案、原料来源、工艺流程等概况。

2)主要设备配置、主要建筑物和构筑物、公用及辅助工程。

3)"三废"治理和环境保护方案。

4)占地面积估计、总图布置、运输方案。

5)生产组织概况和劳动定员估计。

6)生活区规划设想。

7)施工基地的部署和材料的来源及存放。

8)施工总进度及相互配合要求。

9)总投资估算等。

总体规划设计需能满足初步设计的开展，主要大型、专用设备的生产安排，大宗、特种材料的预安排，土地征用及拆迁谈判等准备工作的要求。

(2)初步设计。需要进行总体设计的项目，初步设计及其内容应在总体设计的原则指导下进行和确定。初步设计的内容一般包括以下文字说明和必要的图纸：

1)建设规模。

2)设计的主要依据、指导思想和主要原则。

3)产品方案、原料、燃料、动力的用量和来源。

4)工艺流程、主要设备选型及配置。

5)总图布置、运输方案、主要建筑物和构筑物、公用及辅助设施。

6)综合利用、"三废"治理、环境评价及保护措施方案。

7)占地面积及土地利用情况。

8)各项技术经济指标分析及评价。

9)设计总概算。

10)其他。包括新技术采用情况、外部协作条件、生活区建设、抗震和人防、生产组织和劳动定员、建设顺序和年限等。

编制初步设计文件，应满足编制施工招标文件、主要设备材料订货和编制施工图设计文件的需要。

(3)技术设计。技术设计是重大项目和特殊项目为进一步解决某些具体技术问题，或确定某些技术方案所进行的设计。它是为解决某些重大或特殊项目在初步设计阶段无法解决的技术问题而设置的设计阶段。其设计任务主要是解决以下类似问题：

1)特殊工艺流程方面的试验、研究和确定。

2)新型设备、材料、部件的试验、试制及确定。

3)大型建筑物及构筑物某些关键部位的试验研究和确定。

4)某些技术复杂需谨慎对待的问题的研究和方案的确定等。

编制技术设计文件应满足确定设计方案中重大技术问题和有关试验、设备制造等要求。

(4)施工图设计。施工图设计的内容主要根据批准的初步设计和技术设计，绘制出正确、完整和尽可能详尽的土建和安装图纸。编制施工图设计文件，应满足以下需要：

1)设备、材料的采购、运输和安排。

2)各种非标准设备、工具的制作、采购和运输。

3)建筑、安装工程量的计算和材料用量估算。

4)施工图预算的编制。

5)土建、安装工程的进行。

6)施工组织设计的编制。

4. 设计工作的程序和步骤

由于行业和建设项目性质的不同，设计工作的程序和步骤也可能不一样。设计工作的程序和步骤一般分整个设计过程与各个设计阶段的设计程序和步骤两种情况。

(1)整个设计过程设计工作的程序和步骤。这种程序和步骤主要是指建设项目从项目的研究、形成开始，直至建成投产后的设计回访、总结等各大环节设计工作的程序和步骤。其大致情况如下：

1)进行或参与可行性研究报告的编制或研究。

2)搜集各种文件依据和资料依据等基础资料，并进行分析、研究。

3)依据可研报告、评估意见、审批意见和基础资料，编制总体规划设计(若需要)或初步设计。

4)以总体设计、初步设计及其审批意见为依据，编制技术设计(若需要)。

5)以技术设计为依据，编制施工图设计。

6)根据施工力量情况和计划进度要求，编制施工组织设计。

7)在施工现场进行设计交底和答疑，结合施工和进度需要，派人进驻施工现场，解决施工过程中出现的各种设计问题，做好现场服务。

8)参加竣工验收及试生产。

9)进行设计回访，广泛征求设计意见。

10)设计工作总结，提出改进意见和建议。

(2)各个设计阶段设计工作的程序和步骤。这里主要是指初步设计和施工图设计两个设计阶段的工作程序和步骤。

1)初步设计阶段的工作程序和步骤。该阶段的工作又分为准备、方案拟订、文件编制和出版与总结等小阶段。

①准备阶段。

a. 分析、研究文件依据。对可行性研究等设计的依据文件进行分析研究，弄清项目目标、设计范围、设计条件和工程特点等。

b. 分析、研究资料依据。对地质、水文及设备等设计依据的基础资料进行分析研究，并在研究的基础上进行核实和补充。

c. 编制初设指导性文件。初设指导性文件主要包括近期、远期规模，产品方案，工艺技术，主要设备，设计范围，统一原始数据，提出研究课题，质量保证措施及注意事项等。

②方案拟订阶段。

a. 拟订方案。列出各种可能的方案，如原料方案、工艺方案、设备方案和厂址方案等。

b. 绘制方案及关系框图。在调查研究基础上，计算各种方案的工程量、投资费用等，并对方案进行初步分析。

c. 方案评议。邀请建设、施工、设备制造及科研等有关各方代表参加，对各种方案进行广泛的评议。

d. 确定推荐方案。在评议和反复优化、筛选的基础上，确定最终推荐的方案。

③文件编制阶段。

a. 制订统一的综合进度计划，定出资料交换、设计综合归口会签和成品审查等具体日程。

b. 各专业科室编制专业设计时，设计内容、组成和深度均应按各专业科室的规定执行。

c. 各专业之间需要交换或相互提供的资料和设计，经领导审查后，均以正式书面形式进行，发现问题应及时协调或处理。

d. 设计的综合归口会签或联合会签。

e. 各专业设计文件经各主管领导审查、修正后定稿，等待出版。

④出版与总结阶段。

a. 出版。出版包括文件的印刷、装订与发行。在出版过程中，需指定专人严把质量关，保证各个环节和最终成品的质量完全合格。

b. 总结。这里是指设计的阶段性总结而并非全过程的总结。这种总结分为项目总结和专题总结两种，分别由项目的设计和各专业科室组织进行。总结内容包括设计工作的过程、计划、组织、管理、经费、质量和领导等各个方面，并对今后工作提出改进意见和建议。

c. 立档。设计工作完结后，必须将设计和与设计有关的一切资料分门别类进行整理并立卷归档。其内容包括各种依据文件和资料、计算书、方案优化资料、专题调查、各种试验报告、各种协议、设计成品及其审核记录和总结等。

2）施工图设计阶段的工作程序和步骤。施工图设计工作的程序和步骤与初步设计工作的程序和步骤大致相同，一般只分为准备、文件编制和设计后服务工作三个小阶段。

①准备阶段。其主要工作也是研究各种依据文件和资料，以便吃透精神，了解意图和要求。但其研究对象和重点是施工图设计本身的依据，即初步设计和有关基础资料；并需在研究基础上提出需要进行核实和补充的资料的任务书，报领导批准后执行。

②文件编制阶段。其主要工作除要实行限额设计，把预算投资控制在规定限额内外，还需重点解决以下问题：

a. 设计中的设备及技术参数是否与实际的设备技术资料相符。

b. 各种主、辅设备及部件的技术规范和数量是否准确，如何修正。

c. 各专业设计和图纸之间，能否完全衔接、配合，有无遗漏、矛盾和差错。

d. 各种计算是否准确无误，是否与图纸相符。

除此之外，其他工作的程序和步骤与初步设计阶段工作的程序和步骤基本相同。

③设计后服务工作。其程序和步骤包括以下几个方面：

a. 派人进驻现场，介绍设计内容和答疑。

b. 必要时提出设计修改通知单。

c. 监督施工质量，满足设计要求。

d. 签署材料代用洽商单。

e. 必要时派人进驻设备制造厂，解决设备制造问题和设备更改后施工图的修改问题。

f. 协助建设单位培训运行人员，编制操作运行规程。

g. 进行设计回访，广泛征求意见。

h. 进行设计工作总结。

5. 设计周期和质量

设计周期是指完成设计全过程所经历的时间。坚持必要的设计周期，是保证设计质量的前提。没有必要的、足够的设计周期，就没有条件进行多方案比选，就达不到设计和方案最优化的目的，也就难以保证设计质量。

设计周期的长短一般取决于建设项目的性质、规模、技术高低、难易程度等因素。因行业或情况不同，设计周期也不一样。一般小型项目的初步设计需要3~6个月，中型项目需要0.5~1年，大型项目需要1~2年，特大型项目则需要几年或更久。

若要考虑编制国民经济长远规划、五年计划的需要，要求尽可能在编制计划之前，事先做出一批建设项目的初步设计作为计划安排上的储蓄项目，则此类设计工作着手进行的时间还需大大提前才能满足要求。

6. 设计文件汇编和提供

设计单位作为设计任务和设计文件的主办单位，应对设计任务的完成、设计文件的汇编、设计质量和提供设计的时间负全责。设计编制完毕后，设计单位应按规定或合同要求向设计主管部门或招标、委托部门提供齐全、清楚、准确、完整的设计文件(包括说明书和图纸)。

当建设项目由两个及两个以上单位共同设计时，设计文件汇编和提供应由设计的主体投标承包单位或上级主管部门指定的主体设计单位负责。主体设计单位除完成本身设计任务外，还需负责组织全厂性总体方案的研究和制定，工艺、技术的衔接、配合和协调，所有公用设施的统一规划和利用，设计规范、标准和定额的统一，所有设计文件、资料和图纸的归口汇总、撰写和整理等工作。其他设计单位应主动与其协作、配合，按统一要求和进度完成设计任务，并提供所需资料、图纸和情况。

5.2.2 工程勘察设计的收费管理

(1)工程勘察设计的发包与承包应遵循公开、公平、公正、自愿和诚实信用的原则。依据《招标投标法》和《建设工程勘察设计管理条例》，发包人有权自主选择勘察人、设计人，勘察人、设计人可自主决定是否接受委托。

(2)发包人和勘察人、设计人应遵守国家有关价格法律、法规的规定，维护正常的价格秩序，接受政府价格主管部门的监督、管理。

(3)工程勘察和工程设计收费根据建设项目的投资额度，分别实行政府指导价和市场调节价。建设项目总投资估算额在500万元及以上的工程勘察和工程设计收费实行政府指导价，500万元以下的实行市场调节价。

(4)实行政府指导价的工程勘察和工程设计收费，其基准价根据《工程勘察收费标准》或《工程设计收费标准》计算，除另有规定，浮动幅度为上下20％。发包人和勘察人、设计人应根据建设项目的实际情况在规定浮动幅度内协商确定收费额。

实行市场调节价的工程勘察和工程设计收费额，由发包人和勘察人、设计人协商确定。

(5)工程勘察费和工程设计费，应当体现优质优价原则。其中实行政府指导价的，凡在工程勘察设计中采用新技术、新工艺、新设备、新材料，有利于提高建设项目经济效益、环境效益和社会效益的，发包人和勘察人、设计人可在上浮25％的幅度内协商确定收费额。

(6)勘察人和设计人应按《关于商品和服务实行明码标价的规定》，告知发包人有关服务项目、服务内容、服务质量、收费依据及收费标准。

(7)工程勘察费和工程设计费的金额及支付方式，由发包人和勘察人、设计人在《工程勘察合同》或《工程设计合同》中约定。

(8)勘察人或设计人提供的勘察文件或设计文件应符合国家规定的工程技术质量标准，满足合同约定的内容、质量等要求。

(9)由于发包人原因造成工程勘察、工程设计工作量增加，使工程勘察现场停工、窝工的，发包人应向勘察人、设计人支付相应的工程勘察费或工程设计费。

(10)工程勘察或工程设计质量达不到规定要求的，勘察人或设计人应返工。因返工增加工作量的，发包人不另付工程勘察费或工程设计费。因勘察人或设计人工作失误给发包人造成经济损失的，应按合同约定承担赔偿责任。

(11)勘察人、设计人不得欺骗发包人或与发包人互相串通，以增加工程勘察工作量或提高工程设计标准等方式，多收工程勘察费或工程设计费。

(12)违反国家有关价格法律、法规规定的，由政府价格主管部门依据《中华人民共和国价格法》《价格违法行为行政处罚规定》予以处罚。

5.3 建设工程勘察设计监督管理

5.3.1 建设工程勘察设计质量管理

为保证勘察设计文件的质量，勘察设计单位需按资格等级承担勘察设计任务，建立健全质量保证体系，加强设计质量控制，健全设计文件审核会签制度，严格按现行国家有关规定、技术标准及合同进行勘察设计。

1. 工程设计文件的编制依据和程序

工程设计是工程建设的主要环节，工程建设项目确定前，为建设项目科学决策提供依据；建设项目确定后，为工程建设提供设计文件。

项目建议书是编制设计文件的主要依据，工程设计单位需积极参加计划任务书的编制、建设地址的选择、建设规划和试验研究等设计前期工作。对于大型厂矿、大型水利枢纽、跨省区铁路干线等重点项目，计划任务书批准前可根据长远规划要求进行必要的资源补查、工程地质、水文地质勘察，经济调查和各方案的技术经济比较等，为编制设计文件做好准备。

基本建设程序是多年建设实践的经验总结，是基本建设顺利进行的重要保证，设计中必须严格执行。即没有批准的计划任务书、资源报告、厂址选择报告，就不能提供初步设计文件，更不能进行设计审批；没有批准的初步设计，就不能提供设备订货清单和施工图纸。

2. 设计文件的审批与修改

设计文件实行分级管理、分级审批的原则。

大型建设项目的初步设计和概算，按隶属关系，由国务院主管部门或省、市、自治区组织审查，提出审查意见，报国家发改委批准；其中特大、特殊项目由国务院批准。技术设计按隶属关系，由国务院主管部门或省、市、自治区审批。

中型建设项目的初步设计和总概算，在国务院主管部门备案，由省、市、自治区审批。

小型建设项目初步设计的审批权限，由主管部门或省、市、自治区自行规定。

总体设计（总体规划设计）的审批权限同初步设计。

各部委直管代管下放项目的初步设计，以国务院主管部门为主，会同有关省、市、自治区审查或批准。

施工图设计除主管部门指定要审查外，一般不再审批。设计单位要对施工图质量负责，并向生产、施工单位进行技术交底，听取意见。

设计文件经批准后不得任意修改；确需修改的，应报原审批机关批准。修改工作由原设计单位负责进行。施工图的修改需经原设计单位同意。

3. 工程勘察企业的质量责任和义务

（1）建设单位应为勘察工作提供必要的现场条件，确保合理的勘察工期，提供真实、可靠的原始资料；严格执行国家收费标准，不得迫使工程勘察企业以低于成本的价格承揽任务。

（2）工程勘察企业必须依法取得工程勘察资质证书，不得超越资质等级许可的业务范围或以其他勘察企业名义承揽勘察业务；不得允许其他企业或个人以本企业名义承揽勘察业务；不得转包或违法分包所承揽的勘察业务。

（3）工程勘察企业应健全勘察质量管理体系和质量责任制度。

（4）工程勘察企业应拒绝用户有违反国家规定的不合理要求，有权提出保证工程勘察质量所必需的现场工作条件及合理工期。

（5）工程勘察企业应参与施工验槽，及时解决工程设计和施工中与勘察工作有关的问题。

（6）工程勘察企业应参与工程质量事故的分析，对因勘察造成的质量事故提出相应的技术处理方案。

（7）工程勘察项目负责人、审核人、审定人及有关技术人员应具有相应技术职称或注册资格。

（8）项目负责人应组织做好现场踏勘、调查，编写《勘察纲要》，验收勘察过程中各项作业资料并签字。

（9）工程勘察企业法人代表、项目负责人、审核人、审定人等相关人员，应在勘察文件上签字或盖章，并对勘察质量负责。其中勘察企业法人代表对本企业勘察质量全面负责；项目负责人对项目的勘察文件负主要质量责任；项目审核人、审定人对其审核、审定项目的勘察文件负审核、审定责任。

（10）工程勘察工作的原始记录应在勘察过程中及时整理、核对，确保取样、记录的真实与准确，严禁离开现场后追记或补记。

（11）工程勘察企业应确保仪器、设备完好。钻探、取样的机具设备、原位测试、室内试验及测量仪器等应符合有关规范、规程要求。

（12）工程勘察企业应加强职工技术培训和职业道德教育，提高勘察人员的质量责任意识。观测员、试验员、记录员、机长等现场作业人员应接受专业培训方可上岗。

（13）工程勘察企业应加强技术档案管理。工程项目完成后，需将全部资料分类编目，装订成册，归档保存。

4. 工程勘察的监督管理

工程勘察文件应经县级以上人民政府住房城乡建设主管部门或其他有关部门（以下简称工程勘察质量监督部门）审查。工程勘察质量监督部门可以委托施工图设计文件审查机构（以下简称审查机构）对工程勘察文件进行审查。审查机构应履行下列职责：

（1）监督检查工程勘察企业有关质量管理文件、文字报告、计算书、图纸图表和原始资料等是否符合有关规定和标准。

（2）发现勘察质量问题，及时报告有关部门依法处理。

（3）工程勘察质量监督部门应对工程勘察企业质量管理程序的实施、试验室是否符合标准等进行检查，并将检查结果与企业资质年检管理挂钩，定期向社会公布检查和处理结果。

（4）工程勘察发生重大质量、安全事故时，有关单位应按规定向工程勘察质量监督部门报告。

（5）任何单位和个人有权向工程勘察质量监督部门检举、投诉工程勘察质量、安全问题。

5. 工程勘察企业的违规管理

工程勘察企业违反《建设工程勘察设计管理条例》《建设工程质量管理条例》的，由工程勘察质量监督部门按照下列规定给予处罚：

（1）建设单位未为勘察工作提供必要的现场工作条件或未提供真实、可靠原始资料的，由工程勘察质量监督部门责令改正；造成损失的，依法承担赔偿责任。

（2）工程勘察企业未按工程建设强制性标准进行勘察、弄虚作假、提供虚假成果资料的，由工程勘察质量监督部门责令改正，处 10 万元以上 30 万元以下罚款；造成工程质量事故的，责令停业整顿，降低资质等级；情节严重的吊销资质证书；造成损失的依法承担赔偿责任。

（3）工程勘察企业有下列行为之一的，由工程勘察质量监督部门责令改正，处 1 万元以上 3 万元以下罚款：

1）勘察文件没有责任人签字或签字不全的。

2）原始记录不按规定记录或记录不完整的。

3）不参加施工验槽的。

4）项目完成后，勘察文件不归档保存的。

（4）审查机构未按照规定审查，给建设单位造成损失的，依法承担赔偿责任；情节严重的，由工程勘察质量监督部门撤销委托。

（5）给予勘察企业罚款处罚的，由工程勘察质量监督部门对企业的法定代表人和其他直接责任人员处以企业罚款数额 5% 以上 10% 以下的罚款。

（6）国家机关工作人员在建设工程勘察质量监督管理工作中玩忽职守、滥用职权、徇私舞弊的，依法给予行政处分；构成犯罪的，依法追究刑事责任。

5.3.2 建设工程勘察设计市场管理

1. 勘察设计业务委托

国家建设工程设计资质分级标准规定范围内的建设工程项目，均应委托勘察设计业务。

（1）委托勘察设计业务的建设工程项目应具备的条件。

1）建设工程项目可行性研究报告或项目建议书已获批准。

2）已经办理了建设用地规划许可证等手续。

3）法律、法规规定的其他条件。

工程勘察设计业务可以根据工程进展情况和需要进行委托。工程勘察设计业务的委托可以通过竞选委托或直接委托的方式进行。竞选委托可以采取公开竞选或邀请竞选的形式。

委托方应将工程勘察设计业务委托给具有相应工程勘察设计资质证书且与其证书规定的业务范围相符的承接方。

委托方原则上应将整个建设工程项目的设计业务委托给一个承接方，也可在保证整个建设项目完整性和统一性的前提下，将设计业务按技术要求分别委托给几个承接方，但必须选定其中一个承接方作为主体承接方，由其负责整个建设工程项目设计的总体协调。实施工程项目总承包的建设工程项目按有关规定执行。

委托方应向承接方提供编制勘察设计文件所必需的基础资料和有关文件，并对提供的文件资料负责。

(2)委托方在委托业务中的禁止行为。

1)收受贿赂、索取回扣或者其他好处。

2)指使承接方不按法律、法规、工程建设强制性标准和设计程序进行勘察设计。

3)不执行国家勘察设计收费规定，以低于国家规定的最低收费标准支付勘察设计费或不按合同约定支付勘察设计费。

4)未经承接方许可，擅自修改勘察设计文件，或将承接方专有技术和设计文件用于本工程以外的工程。

5)法律、法规禁止的其他行为。

2. 勘察设计业务承接

(1)承接方必须持住房城乡建设主管部门颁发的工程勘察资质证书或工程设计资质证书，在证书规定的业务范围内承接勘察设计业务，并对提供的勘察设计文件质量负责。严禁无证或超越本单位资质等级的单位和个人承接勘察设计业务。

(2)从事勘察设计活动的专业技术人员只能在一个勘察设计单位从事勘察设计工作，不得私自挂靠承接勘察设计业务。严禁勘察设计专业技术人员和执业注册人员出借、转让、出卖执业资格证书、执业印章和职称证书。

(3)具有乙级及以上勘察设计资质的承接方可在全国范围内承接勘察设计业务；异地承接勘察设计业务时，需到项目所在地建设行政主管部门备案。

(4)承接方应自行完成承接的勘察设计业务，不得接受无证组织和个人的挂靠。经委托方同意，承接方也可将承接的部分勘察设计业务委托给其他具有相应资质条件的分承接方，但需签订分委托合同，并对分承接方所承担的业务负责。分承接方未经委托方同意，不得将所承接的业务再次分委托。

(5)承接方可以聘用技术劳务人员协助完成承接的勘察设计业务，但必须签订聘用合同。技术劳务管理办法由国务院住房城乡建设主管部门另行制定。

(6)外国勘察设计单位及其在中国境内的办事机构不得单独承接中国境内建设项目的勘察设计业务。承接中国境内建设项目的勘察设计业务，必须与中方勘察设计单位进行合作勘察或设计，也可成立合营单位，领取相应的勘察设计资质证书，按国家有关中外合作、合营勘察设计单位的管理规定和相关规定开展勘察设计业务活动。

港、澳、台地区的勘察设计单位承接内地工程建设项目的勘察设计业务，原则上参照上款规定执行。

(7)承接方在承接业务中不得有下列行为：

1)不执行国家勘察设计收费规定，以低于国家规定的最低收费标准进行不正当竞争。

2)采用行贿、提供回扣或给予其他好处等手段进行不正当竞争。

3)不按规定程序修改、变更勘察设计文件。

4)使用或推荐使用不符合质量标准的材料或设备。

5)未经委托方同意，擅自将勘察设计业务分委托给第三方，或者擅自向第三方扩散、转让委托方提交的产品图纸等技术经济资料。

6)法律、法规禁止的其他行为。

3. 中外合营工程设计机构审批管理

(1)合营双方应具备的设计资格。中外合营工程设计机构的中方合营者应是持有中华人民共和国甲、乙级工程设计证书的设计单位。中方个人或个体企业及其他任何无设计证书的单位，不得与外国设计机构成立中外合营工程设计机构。

中外合营工程设计机构的外方合营者应是其所在国或地区社会信誉较好、在国际设计市场上有较强竞争能力的注册设计机构或注册建筑师、注册工程师。

(2)成立申请与审批。中外合营工程设计机构的设立由商务部负责审批，其设计资格由建设部负责统一审定和管理。中外合营设计机构持批准证书、营业执照及《设计资格审定意见书》到住建部办理中外合营工程设计机构《工程设计证书》和《工程设计收费资格证书》后，方可开展经营活动。

4. 工程勘察设计监督管理

(1)住房城乡建设主管部门和有关管理部门应按各自职责分工，加强对设计市场活动的监督管理，依法查处设计市场活动中的违法行为，维护和保障设计市场秩序。

(2)住房城乡建设主管部门、有关管理部门及委托单位，应加强对勘察设计单位资质和执业注册人员、专业技术人员资格的动态管理，对勘察设计单位实行资质年度检查制度并公布检查结果。不得越权审批、颁发单位资质和个人资格证书，不得颁发其他与证书效力相同的证件，不得给不具备条件的单位和个人颁发资质证书或资格证书。

(3)住房城乡建设主管部门应对勘察设计合同履行情况进行监督。

(4)住房城乡建设主管部门应会同有关管理部门建立健全勘察设计文件审查制度、质量监督制度和工程勘察设计事故报告处理制度，定期公布有关结果。国家鼓励勘察设计单位参加勘察设计质量保险。

(5)住房城乡建设主管部门应加强对设计市场各方当事人执行国家法律、法规和工程建设强制性标准的监督和检查。

案例 5.1

背景：

某公司新建一宾馆，分别与省设计院和市建一公司签订了设计合同与施工合同。工程竣工后不久，宾馆墙体出现严重开裂现象。为此，公司向法院起诉市建一公司。经勘察，开裂是因地基不均匀沉降所致，结论是结构设计图纸所依据的地质资料不准确。于是该公司又起诉省设计院。设计院辩称，自己根据该公司提供的地质资料而设计，不应承担事故责任。后经法院查证：该公司提供的地质资料不是新建宾馆的地质资料，事故前设计院也一直不知道该情况。

试分析：

(1)事故责任应如何划分？

(2)诉讼费用应由谁承担？

分析要点：

问题(1)：本案例设计合同的主体是某公司和省设计院，施工合同的主体是某公司和市建一公司。根据背景资料，由于设计图纸所依据的地质资料不准确，使地基不均匀沉降而导致墙体开裂，因此，事故所涉及的是设计合同中的责权关系，与施工合同无关，所以市建一公司没有责任。在设计合同中，某公司作为委托方应向承接方省设计院提供准确的基础资料和有关文件，并对提供的文件资料负责。但本案例中，委托方某公司提供的不是新建宾馆准确的地质资料，此为事故根源，所以该公司是事故责任者之一；省设计院按委托方提供的资料设计似乎没有过错，但直到事故发生前设计院都一直不知道资料不准确，说明其在整个设计过程中未对地质资料进行认真审查，使不准确的资料被用作设计依据，将错就错，导致事故发生，所以设计院也有一定责任，是责任者之一。故在此事件中，某公司是事故直接责任人，应负主要责任；设计院是次要责任人，应负间接责任。

问题(2)：该案件所产生的诉讼费，主要应由某公司负担，设计院应承担小部分诉讼费。

任务总结

工程勘察设计法规是指调整工程勘察设计活动中所产生的各种社会关系的法律规范的总称。它既包括《建设工程勘察设计管理条例》等工程勘察设计法规，又包括《建筑法》《城乡规划法》等其他法律法规中有关工程勘察设计方面的法律规定。这些法规对规范勘察设计活动，加强对勘察设计单位的管理起到了重要的作用。

工程勘察资质分为工程勘察综合资质、工程勘察专业资质和工程勘察劳务资质。工程勘察综合资质只设甲级；工程勘察专业资质设甲级、乙级，根据工程性质和技术特点，部分专业可设丙级；工程勘察劳务资质不分等级。工程设计资质分为工程设计综合资质、工程设计行业资质、工程设计专业资质和工程设计专项资质。工程设计综合资质只设甲级；工程设计行业资质、工程设计专业资质、工程设计专项资质设甲级、乙级。根据工程性质和技术特点，个别行业、专业、专项资质可设丙级，建筑工程专业资质可设丁级。

在编制建设工程勘察文件时，应当真实、准确，应满足建设工程规划、选地、设计、岩土治理和施工的需要。

勘察设计监督管理是勘察设计的核心和重点。勘察设计单位须按资格等级承担勘察设计任务，建立健全质量保证体系，加强设计质量控制，健全设计文件审核会签制度，严格按国家现行有关规定、技术标准及合同进行勘察设计。

巩固训练

参考答案

一、名词解释

工程勘察设计　　注册建筑师　　注册造价工程师　　设计周期

二、单项选择题

1. 根据《建设工程勘察设计管理条例》规定，下列说法不正确的是(　　)。

　　A. 发包方可以将整个建设工程的勘察、设计发包给一个勘察、设计单位，也可以将建设工程的勘察、设计分别发包给几个勘察、设计单位

　　B. 建设工程勘察、设计单位不得将所承揽的建设工程勘察、设计转包。但经发包方书面同意，可将建设工程主体部分外的其他部分的勘察、设计分包给其他具有相应资质等级的建设工程勘察、设计单位

　　C. 县级以上人民政府建设行政主管部门或者交通、水利等有关部门应当对施工图设计文件中涉及公共利益、公众安全、工程建设强制性标准的内容进行审查

　　D. 建设工程勘察、设计的资质没有等级区别

2. 设计单位应当根据(　　)进行建设工程设计。设计文件应当符合国家规定的设计深度要求，注明工程合理使用年限。

　　A. 勘察大纲　　　B. 监理规划　　　C. 施工组织设计　　　D. 勘察成果文件

3. 工程勘察劳务资质等级(　　)。

    A. 不分等级　　　　　　　　　　B. 分为甲级

    C. 分为甲级和乙级　　　　　　　D. 分为甲级、乙级和丙级

4. 工程设计资质分工程设计综合资质、工程设计行业资质、工程设计专业资质和(　　)。

    A. 劳务资质　　　　　　　　　　B. 专项资质

    C. 事务所资质　　　　　　　　　D. 部门资质

5. 工程勘察、工程设计资质证书分为正本和副本，正本(　　)份，副本六份，由国务院建设主管部门统一印制，正、副本具备同等法律效力。

    A. 一　　　　　B. 二　　　　　C. 四　　　　　D. 六

6. 建设项目总投资估算额在(　　)万元及以上的工程勘察和工程设计收费实行政府指导价。

    A. 200　　　　　B. 300　　　　　C. 400　　　　　D. 500

7. 一般小型项目的初步设计需要的时间是(　　)。

    A. 3～6个月　　　B. 0.5～1年　　　C. 1～2年　　　　D. 3～4年

三、多项选择题

1. 工程勘察资质分为(　　)。

    A. 工程勘察综合资质　　　　　　B. 工程勘察专业资质

    C. 工程设计专业资质　　　　　　D. 工程勘察劳务资质

2. 下列各项中属于注册建筑师执业范围的有(　　)。

    A. 保证建设设计的质量，并在其负责的设计图纸上签字

    B. 建筑设计技术咨询

    C. 对本人主持设计的项目进行施工指导和监督

    D. 建筑物调查与鉴定

3. 下列建设工程的勘察、设计，经有关主管部门批准，可以直接发包的有(　　)。

    A. 采用特定的专利或者专有技术的

    B. 政府投资工程项目

    C. 建筑艺术造型有特殊要求的

    D. 国务院规定的其他建设工程的勘察、设计

4. 编制工程勘察设计文件应以(　　)规定为依据。

    A. 项目批准文件

    B. 城市规划

    C. 工程建设强制性标准

    D. 国家规定的建设工程勘察设计深度要求

5. 下列各个小阶段属于施工图设计阶段的有(　　)。

    A. 准备阶段　　　　　　　　　　B. 方案拟订阶段

    C. 文件编制阶段　　　　　　　　D. 设计后服务阶段

四、判断题

1. 本书所讲勘察是指地质和矿产资源等方面的勘察。　　　　　　　(　　)

2. 工程勘察综合资质设甲级和乙级。　　　　　　　　　　　　　　(　　)

3. 取得工程设计行业资质的企业，可以承接各行业、各等级的建设工程设计业务。

( )

4. 建设工程勘察、设计单位可以将所承揽的建设工程勘察、设计转包。 ( )

5. 建筑工程发包、承包实行以招标、投标为主，直接发包为辅的原则。 ( )

6. 建筑工程的发包方式可分为招标发包和直接发包两种方式。 ( )

7. 建筑工程的发包人不得将建筑工程肢解发包。 ( )

8. 分包工程发包人可以根据自己意愿决定是否将承包工程中的部分专业工程分包给他人。

( )

五、简答题

1. 什么是工程勘察设计？工程勘察设计的任务与原则是什么？

2. 什么是工程勘察设计法规？其调整对象是什么？

3. 工程勘察设计的资质等级和标准分别是什么？

4. 我国的注册建筑师制度是什么？

5. 工程勘察设计监督管理的内容有哪些？

六、案例分析

背景：

甲公司因新建办公楼与乙建筑承包公司签订了建筑工程总承包合同。之后，乙在与甲无合同约定的情况下分别与具有相应资质的丙建筑设计院和丁建筑工程公司签订了工程勘察设计合同和工程施工合同。不久甲公司得知此事，要求乙建筑承包公司立即终止其与丙建筑设计院和丁建筑工程公司的合同。但乙建筑承包公司以丙和丁具有相应资质为由拒绝了甲公司的要求，于是甲将乙起诉至人民法院。

试分析：

该事件中哪些单位存在违法行为？为什么？

第6章 建设工程施工管理法规

学习重点

建设工程施工的从业资格；建设工程施工企业及从业人员从业资格的管理。

学习目标

了解建设工程许可制度；熟悉建设工程施工的从业资格与程序；掌握建设工程施工许可的主要内容。

6.1 建设工程施工许可证制度

6.1.1 建设工程施工许可证制度概述

许可是指行政机关根据个人、组织的申请，依法准许个人、组织从事某种活动的行政行为。建筑许可是指住房城乡建设主管部门根据建设单位和从事建筑活动的单位、个人的申请，依法准许建设单位开工或确认单位、个人具备从事建筑活动资格的行政行为。

建筑许可法律制度是国家为了实现对建筑市场的规范管理，而对建筑工程实施的一种行政管理手段。

《建筑法》第七条规定，建筑工程开工前，建设单位应当按照国家有关规定向工程所在地县级以上人民政府住房城乡建设主管部门申请领取施工许可证；但是，国务院建设行政主管部门确定的限额以下的小型工程除外。按照国务院规定权限和程序批准开工报告的建筑工程不再领取施工许可证。

《建筑工程施工许可管理办法》第二条规定，建筑工程投资金额在 30 万元以下或者建筑面积在 300 m² 以下的工程，可以不申请办理施工许可证。省、自治区、直辖市人民政府住房城乡建设主管部门可以根据当地的实际情况，对限额进行调整，并报国务院住房城乡建设主管部门备案。

《建筑工程施工许可管理办法》还规定，必须申请领取施工许可证的建筑工程未取得施工许可证的，一律不得开工。任何单位和个人不得将应该申请领取施工许可证的工程项目分解为若干限额以下的工程项目，规避申请领取施工许可证。

6.1.2 建筑工程施工许可

《建筑工程施工许可管理办法》规定，建筑工程施工许可证由住房城乡建设主管部门统一管理、颁发；施工许可证分正本和副本，正、副本具有同等法律效力。复印的施工许可证无效。

1. 施工许可证的申领条件

《建筑法》第八条规定，申领施工许可证，应当具备下列条件：

(1)已经办理该建筑工程用地批准手续。

(2)在城市规划区的建筑工程，已经取得规划许可证。

(3)需要拆迁的，其拆迁进度符合施工要求。

(4)已经确定建筑施工企业。

(5)有满足施工需要的施工图纸及技术资料。

(6)有保证工程质量和安全的具体措施。

(7)建设资金已经落实。

(8)法律、行政法规规定的其他条件。

对需要领取施工许可证的建筑工程，应由建设单位填写有关申请，提供相关材料，向具有审批权的住房城乡建设主管部门提出申请。

2. 施工许可证时效

施工许可证的有效期为 3 个月。因故不能按期开工的，可向原颁证机关申请延期；延期最多两次，每次不超过 3 个月。建设单位申领施工许可证之日起 3 个月内若未开工，又未向原发证机关申请延期或建设单位在申请了两次延期后仍未开工的，施工许可证依法废止。

3. 中止施工和恢复施工

中止施工是指建筑工程开工后，因在施工过程中出现了非常规的问题或状况而中途停止施工的行为。《建筑工程施工许可管理办法》规定，建筑工程因故中止施工的，建设单位应自中止施工之日起一个月内向发证机关报告，报告内容包括中止施工的时间、原因、在施部位、维修管理措施等，并按照规定做好建筑工程的维护管理工作。

恢复施工是指建筑工程中止施工后，造成中止施工的问题或状况得以消除而继续施工的行为。建筑工程恢复施工时，中止施工不满一年的，建设单位应向施工许可证原发证机关报告；中止施工满一年的，建设单位应于工程恢复施工前报发证机关核验施工许可证，符合条件的应允许恢复施工，施工许可证继续有效；不符合条件的，不允许恢复施工，收回施工许可证，待具备条件后，由建设单位重新申领施工许可证。

4. 法律责任

(1)未经许可擅自开工应承担的法律责任。《建设工程质量管理条例》第五十七条规定，建设单位未取得施工许可证或者开工报告未经批准，擅自施工的，责令停止施工，限期改正，处工程合同价款 1% 以上 2% 以下的罚款。

(2)规避办理施工许可证应承担的法律责任。《建筑工程施工许可管理办法》规定，对于未取得施工许可证或者为规避办理施工许可证将工程项目分解后擅自施工的，由有管辖权的发证机关责令停止施工，限期改正，对建设单位处工程合同价款 1% 以上 2% 以下罚款；对施工单位处 3 万元以下罚款。

(3)骗取、伪造、涂改施工许可证应承担的法律责任。根据《建筑工程施工许可管理办法》规定，采用虚假证明文件骗取施工许可证的，由原发证机关收回施工许可证，责令停止施工，并对责任单位处以罚款；伪造施工许可证的，该施工许可证无效，由发证机关责令停止施工，并对责任单位处以罚款；涂改施工许可证的，由原发证机关责令改正，并对责任单位处以罚款。因骗取、伪造、涂改施工许可证而构成犯罪的，依法追究刑事责任。

案例 6.1

背景：

2015 年 7 月，甲房地产开发公司在 A 市市区开发房地产项目。该项目包括住宅工程、综合楼两部分。该项目只有住宅工程有各项手续和证件，2017 年 9 月该住宅工程已经竣工验收。由于住宅工程已经竣工验收，配套工程急需跟上，综合楼工程在施工许可证还未审批办理的情况下便开始施工。该行为被 A 市监督执法大队发现后及时制止，并责令停工。

试分析：

(1)该综合楼项目的建设是否违反了《建筑法》关于施工许可的相关规定？

(2)房地产开发公司该行为的法律后果是什么？

分析要点：

问题(1)：《建筑法》规定，建筑工程开工前，建设单位应当按照国家有关规定向工程所在地县级以上人民政府住房城乡建设主管部门申请领取施工许可证。故该案例中，房地产开发公司在未取得综合楼施工许可证的情况下，擅自开工的行为违反了《建筑法》关于施工许可的相关规定。

问题(2)：《建设工程质量管理条例》规定，建设单位未取得施工许可证或者开工报告未经批准，擅自施工的，责令停止施工，限期改正，处工程合同价款 1‰以上 2‰以下罚款。所以，房地产开发公司不仅要被责令停止施工，限期改正，而且要被处以工程价款 1‰以上 2‰以下罚款。

6.2 建筑施工企业及人员从业资格许可制度

6.2.1 建筑施工企业从业资格许可制度

1. 建筑施工企业资质分级与资质标准

为加强对建筑活动的监督管理，维护公共利益和建筑市场秩序，保证建设工程质量安全，国家行政部门依法制定了《施工总承包企业特级资质标准》和《建筑业企业资质管理规定》，用以监督、管理和规范建筑施工企业和人员的从业资格。

(1)资质序列、类别与等级。建筑企业资质分为施工总承包资质、专业承包资质和施工劳务资质三个序列；各资质序列按照工程性质和技术特点分别划分为若干资质类别，各资质类别按照规定条件又划分为若干资质等级。其中房屋建筑工程施工总承包企业和公路工程施工总承包企业的资质等级均分为特级、一级、二级、三级。

建筑业企业资质等级标准和各类别等级资质企业承担工程的具体范围，由国务院建设主管部门会同国务院有关部门制定。

(2)各资质序列的业务范围。

1)取得施工总承包资质的企业(简称施工总承包企业)，可承接施工总承包工程，且既可对所承接的施工总承包工程内各专业工程全部自行施工，也可将专业工程或劳务作业依法分包给具有相应资质的专业承包企业或劳务分包企业。

2）取得专业承包资质的企业（简称专业承包企业），可承接施工总承包企业分包的专业工程和建设单位依法发包的专业工程，且可对所承接的专业工程全部自行施工，也可将劳务作业依法分包给具有相应资质的劳务分包企业。

3）取得施工劳务资质的企业（简称施工劳务企业），可承接施工总承包企业或专业承包企业分包的劳务作业。

（3）资质标准。我国现行法规对房屋建筑工程施工总承包企业资质等级标准的规定如下：

1）特级资质标准。

①企业注册资本金 3 亿元以上。

②企业净资产 3.6 亿元以上。

③企业近 3 年年平均工程结算收入 15 亿元以上。

④企业其他条件均达到一级资质标准。

2）一级资质标准。

①企业近 5 年承担过下列 6 项中的 4 项以上工程的施工总承包或主体工程承包，工程质量合格。

a. 25 层以上的房屋建筑工程。

b. 高度 100 m 以上的构筑物或建筑物。

c. 单体建筑面积 3 万 m^2 以上的房屋建筑工程。

d. 单跨跨度 30 m 以上的房屋建筑工程。

e. 建筑面积 10 万 m^2 以上的住宅小区或建筑群体。

f. 单项建安合同额 1 亿元以上的房屋建筑工程。

②企业经理具有 10 年以上从事工程管理工作经历或具有高级职称；总工程师具有 10 年以上从事建筑施工技术管理工作经历并具有本专业高级职称；总会计师具有高级会计职称；总经济师具有高级职称。

企业有职称的工程技术和经济管理人员不少于 300 人，其中工程技术人员不少于 200 人；工程技术人员中，具有高级职称的人员不少于 10 人，具有中级职称的人员不少于 60 人。企业具有的一级资质项目经理不少于 12 人。

③企业注册资本金 5 000 万元以上，企业净资产 6 000 万元以上。

④企业近 3 年最高年工程结算收入 2 亿元以上。

⑤企业具有与承包工程范围相适应的施工机械和质量检测设备。

3）二级资质标准。

①企业近 5 年承担过下列 6 项中的 4 项以上工程的施工总承包或主体工程承包，工程质量合格。

a. 12 层以上的房屋建筑工程。

b. 高度 50 m 以上的构筑物或建筑物。

c. 单体建筑面积 1 万 m^2 以上的房屋建筑工程。

d. 单跨跨度 21 m 以上的房屋建筑工程。

e. 建筑面积 5 万 m^2 以上的住宅小区或建筑群体。

f. 单项建安合同额 3 000 万元以上的房屋建筑工程。

②企业经理具有 8 年以上从事工程管理工作经历或具有中级以上职称;技术负责人具有 8 年以上从事建筑施工技术管理工作经历并具有本专业高级职称;财务负责人具有中级以上会计职称。

企业有职称的工程技术和经济管理人员不少于 150 人,其中工程技术人员不少于 100 人;工程技术人员中,具有高级职称的人员不少于 2 人,具有中级职称的人员不少于 20 人。

企业具有的二级资质以上项目经理不少于 12 人。

③企业注册资本金 2 000 万元以上,企业净资产 2 500 万元以上。

④企业近 3 年最高年工程结算收入 8 000 万元以上。

⑤企业具有与承包工程范围相适应的施工机械和质量检测设备。

4)三级资质标准。

①企业近 5 年承担过下列 5 项中的 3 项以上工程的施工总承包或主体工程承包,工程质量合格。

a. 6 层以上的房屋建筑工程。

b. 高度 25 m 以上的构筑物或建筑物。

c. 单体建筑面积 5 000 m² 以上的房屋建筑工程。

d. 单跨跨度 15 m 以上的房屋建筑工程。

e. 单项建安合同额 500 万元以上的房屋建筑工程。

②企业经理具有 5 年以上从事工程管理工作经历;技术负责人具有 5 年以上从事建筑施工技术管理工作经历并具有本专业中级以上职称;财务负责人具有初级以上会计职称。

企业有职称的工程技术和经济管理人员不少于 50 人,其中工程技术人员不少于 30 人;工程技术人员中,具有中级以上职称的人员不少于 10 人。

企业具有的三级资质以上项目经理不少于 10 人。

③企业注册资本金 600 万元以上,企业净资产 700 万元以上。

④企业近 3 年最高年工程结算收入 2 400 万元以上。

⑤企业具有与承包工程范围相适应的施工机械和质量检测设备。

(4)承包工程范围。

1)特级企业。特级企业可承担各类房屋建筑工程的施工。

2)一级企业。一级企业可承担单项建安合同额不超过企业注册资本金 5 倍的下列房屋建筑工程的施工:

①40 层及以下、各类跨度的房屋建筑工程。

②高度 240 m 及以下的构筑物。

③建筑面积 20 万 m² 及以下的住宅小区或建筑群体。

3)二级企业。二级企业可承担单项建安合同额不超过企业注册资本金 5 倍的下列房屋建筑工程的施工:

①28 层及以下、单跨跨度 36 m 及以下的房屋建筑工程。

②高度 120 m 及以下的构筑物。

③建筑面积 12 万 m² 及以下的住宅小区或建筑群体。

4)三级企业。三级企业可承担单项建安合同额不超过企业注册资本金 5 倍的下列房屋建筑工程的施工:

①14 层及以下、单跨跨度 24 m 及以下的房屋建筑工程。

②高度 70 m 及以下的构筑物。

③建筑面积 6 万 m² 及以下的住宅小区或建筑群体。

注：房屋建筑工程是指工业、民用与公共建筑（建筑物、构筑物）工程。工程内容包括地基与基础工程，土石方工程，结构工程，屋面工程，内、外部的装修装饰工程，上下水、供暖、电气、卫生洁具、通风、照明、消防、防雷等安装工程。

2. 资质申请与审批

（1）资质申请。根据 2015 年 1 月 22 日住房和城乡建设部发布的《建筑业企业资质管理规定》第四条，国务院建设主管部门负责全国建筑业企业资质的统一监督管理。国务院铁路、交通、水利、信息产业、民航等有关部门配合国务院建设主管部门实施相关资质类别建筑业企业资质的管理工作。

省、自治区、直辖市人民政府住房城乡建设主管部门负责本行政区域内建筑业企业资质的统一监督管理。省、自治区、直辖市人民政府交通、水利、信息产业等有关部门配合同级住房城乡建设主管部门实施本行政区域内相关资质类别建筑业企业资质的管理工作。

1）根据建筑业企业资质管理规定第八条，企业可以申请一项或多项建筑业企业资质。企业首次申请或增项申请资质，应当申请最低等级资质。

2）根据《建筑业企业资质管理规定》第九条，下列建筑业企业资质，由国务院住房城乡建设主管部门许可：

①施工总承包资质序列特级资质、一级资质及铁路工程施工总承包二级资质。

②专业承包资质序列公路、水运、水利、铁路、民航方面的专业承包一级资质及铁路、民航方面的专业承包二级资质；涉及多个专业的专业承包一级资质。

申请本条所列资质的，应当向企业工商注册所在地省、自治区、直辖市人民政府住房城乡建设主管部门提出申请。其中，国务院国有资产管理部门直接监管的建筑企业及其下属一级的企业，可以由国务院国有资产管理部门直接监管的建筑企业向国务院住房城乡建设主管部门提出申请。

省、自治区、直辖市人民政府住房城乡建设主管部门应当自受理申请之日起 20 个工作日内初审完毕，并将初审意见和申请材料报国务院住房城乡建设主管部门。

国务院住房城乡建设主管部门应当自省、自治区、直辖市人民政府住房城乡建设主管部门受理申请材料之日起 60 个工作日内完成审查，公示审查意见，公示时间为 10 个工作日。其中，涉及公路、水运、水利、通信、铁路、民航等方面资质的，由国务院住房城乡建设主管部门会同国务院有关部门审查。

3）下列建筑业企业资质，由企业工商注册所在地省、自治区、直辖市人民政府住房城乡建设主管部门许可：

①施工总承包资质序列二级资质及铁路、通信工程施工总承包三级资质。

②专业承包资质序列一级资质（不含公路、水运、水利、铁路、民航方面的专业承包一级资质及涉及多个专业的专业承包一级资质）。

③专业承包资质序列二级资质（不含铁路、民航方面的专业承包二级资质）。铁路方面专业承包三级资质；特种工程专业承包资质。

4）下列建筑业企业资质，由企业工商注册所在地设区的市人民政府住房城乡建设主管部门许可：

①施工总承包资质序列三级资质（不含铁路、通信工程施工总承包三级资质）。

②专业承包资质序列三级资质(不含铁路方面专业承包资质)及预拌混凝土、模板脚手架专业承包资质。

③施工劳务资质。

④燃气燃烧器具安装、维修企业资质。

5)资质申请应提交的材料。

根据《建筑业企业资质管理规定》第十四条,企业申请建筑业企业资质,应当提交以下材料:

①建筑业企业资质申请表及相应的电子文档。

②企业营业执照正、副本复印件。

③企业章程复印件。

④企业资产证明文件复印件。

⑤企业主要人员证明文件复印件。

⑥企业资质标准要求的技术装备的相应证明文件复印件。

⑦企业安全生产条件有关材料复印件。

⑧按照国家有关规定应提交的其他材料。

6)企业申请建筑业企业资质升级、资质增项相关规定。

根据《建筑业企业资质管理规定》第二十三条,企业申请建筑业企业资质升级、资质增项,在申请之日起前一年至资质许可决定做出前,有下列情形之一的,资质许可机关不予批准其建筑业企业资质升级申请和增项申请:

①超越本企业资质等级或以其他企业的名义承揽工程,或允许其他企业或个人以本企业的名义承揽工程的。

②与建设单位或企业之间相互串通投标,或以行贿等不正当手段谋取中标的。

③未取得施工许可证擅自施工的。

④将承包的工程转包或违法分包的。

⑤违反国家工程建设强制性标准施工的。

⑥恶意拖欠分包企业工程款或者劳务人员工资的。

⑦隐瞒或谎报、拖延报告工程质量安全事故,破坏事故现场、阻碍对事故调查的。

⑧按照国家法律、法规和标准规定需要持证上岗的现场管理人员和技术工种作业人员未取得证书上岗的。

⑨未依法履行工程质量保修义务或拖延履行保修义务的。

⑩其他违反法律、法规的行为。

(2)资质审批。资质许可机关收到申请材料后,应当按照《中华人民共和国行政许可法》的规定办理受理手续,及时将资质许可决定向社会公开,并为公众查询提供便利。

(3)资质时效。建筑业企业资质证书分为正本和副本,由国务院住房城乡建设主管部门统一印制,正、副本具备同等法律效力。资质证书有效期为5年。

(4)资质延续与变更。

1)资质延续。根据《建筑业企业资质管理规定》第十八条,建筑业企业资质证书有效期届满,企业继续从事建筑施工活动的,应当于资质证书有效期届满3个月前,向原资质许可机关提出延续申请。资质许可机关应当在建筑业企业资质证书有效期届满前做出是否准予延续的决定;逾期未做出决定的,视为准予延续。

2)资质变更。企业在建筑业企业资质证书有效期内名称、地址、注册资本、法定代表人等发生变更的，应当在工商部门办理变更手续后1个月内办理资质证书变更手续。

由国务院住房城乡建设主管部门颁发的建筑业企业资质证书的变更，企业应当向企业工商注册所在地省、自治区、直辖市人民政府住房城乡建设主管部门提出变更申请，省、自治区、直辖市人民政府住房城乡建设主管部门应当自受理申请之日起2日内将有关变更证明材料报国务院住房城乡建设主管部门，由国务院住房城乡建设主管部门在2日内办理变更手续。除此以外的资质证书的变更，由企业工商注册所在地的省、自治区、直辖市人民政府住房城乡建设主管部门或者设区的市人民政府住房城乡建设主管部门依法另行规定。变更结果应当在资质证书变更后15日内，报国务院住房城乡建设主管部门备案。

涉及公路、水运、水利、通信、铁路、民航等方面的建筑业企业资质证书的变更，办理变更手续的住房城乡建设主管部门应当将建筑业企业资质证书变更情况告知同级有关部门。

企业发生合并、分立、重组以及改制等事项，需承继原建筑业企业资质的，应当申请重新核定建筑业企业资质等级。

企业需更换、遗失补办建筑业企业资质证书的，应当持建筑业企业资质证书更换、遗失补办申请等材料向资质许可机关申请办理。资质许可机关应当在2个工作日内办理完毕。企业遗失建筑业企业资质证书的，在申请补办前应当在公众媒体上刊登遗失声明。

3. 资质监督管理与法律责任

建筑业企业应按其拥有的注册资本、专业技术人员、技术装备和已完成的建筑工程业绩等条件申请资质，经审查合格，取得建筑业企业资质证书后，方可在资质许可范围内从事建筑施工活动。

（1）监督管理。在工程建设活动中，上级建设主管部门应加强对下级建设主管部门资质管理工作的监督检查，并应及时纠正资质管理中的违法行为。有关单位和个人对依法进行的监督检查应协助配合，不得拒绝或阻挠。监督检查机关应将监督检查的处理结果向社会公布。

建筑业企业违法从事建筑活动的，违法行为发生地县级以上地方人民政府建设主管部门或其他有关部门应依法查处，并将违法事实、处理结果或处理建议及时告知该建筑业企业的资质许可机关。

企业取得建筑业企业资质后不再符合相应资质条件的，建设主管部门、其他有关部门根据利害关系人的请求或依据职权，可责令其限期改正；逾期不改的，资质许可机关可撤回其资质。被撤回资质的企业，可申请资质许可机关按照其实际达到的资质标准，重新核定资质。

1）资质撤销。根据《建筑业企业资质管理规定》，有下列情形之一的，资质许可机关或其上级机关，根据利害关系人的请求或依据职权，可以撤销建筑业企业资质：

①资质许可机关工作人员滥用职权、玩忽职守准予建筑业企业资质许可的。

②超越法定职权准予建筑业企业资质许可的。

③违反法定程序准予建筑业企业资质许可的。

④对不符合许可条件的申请人准予建筑业企业资质许可的。

⑤依法可以撤销资质证书的其他情形。

以欺骗、贿赂等不正当手段取得建筑业企业资质证书的，应予撤销。

2)资质注销。根据《建筑业企业资质管理规定》，有下列情形之一的，资质许可机关应依法注销建筑业企业资质，并公告其资质证书作废，建筑业企业应及时将资质证书交回资质许可机关：

①资质证书有效期届满，未依法申请延续的。

②建筑业企业依法终止的。

③建筑业企业资质依法被撤销①、撤回②或吊销③的。

④企业提出注销申请的。

⑤法律、法规规定应当注销资质的其他情形。

有关部门应将监督检查情况和处理意见及时告知资质许可机关。资质许可机关应当将涉及有关铁路、交通、水利、信息产业、民航等方面的建筑业企业资质被撤回、撤销和注销④的情况告知同级有关部门。

企业应按照有关规定，向资质许可机关提供真实、准确、完整的企业信用档案信息。包括企业基本情况、业绩、工程质量和安全、合同履约等情况。被投诉举报和处理、行政处罚等情况应作为不良行为记入其信用档案。企业的信用档案信息应按照有关规定向社会公示。

(2)法律责任。建筑业企业从事建筑活动不得触犯相关的法律、法规，依法办事，严肃规范建筑市场。《建筑业企业资质管理规定》第五章对有关违法行为应负的法律责任做了以下规定：

1)申请人隐瞒有关情况或提供虚假材料申请建筑业企业资质的，不予受理或不予行政许可，并给予警告，申请人在1年内不得再次申请建筑业企业资质。

2)企业以欺骗、贿赂等不正当手段取得建筑业企业资质的，由原资质许可机关予以撤销；由县级以上地方人民政府住房城乡建设主管部门或者其他有关部门给予警告，并处3万元的罚款；申请企业3年内不得再次申请建筑业企业资质。

3)企业有《建筑业企业资质管理规定》第二十三条行为之一，《中华人民共和国建筑法》《建设工程质量管理条例》和其他有关法律、法规对处罚机关和处罚方式有规定的，依照法律、法规的规定执行；法律、法规未作规定的，由县级以上地方人民政府住房城乡建设主管部门或者其他有关部门给予警告，责令改正，并处1万元以上3万元以下的罚款。

4)企业未按照本规定及时办理建筑业企业资质证书变更手续的，由县级以上地方人民政府住房城乡建设主管部门责令限期办理；逾期不办理的，可处以1000元以上1万元以下的罚款。

5)建筑业企业未按本规定要求提供建筑业企业信用档案信息的，由县级以上地方人民政府建设主管部门或其他有关部门给予警告，责令限期改正；逾期未改正的，可处以 1 000 元以上 1 万元以下罚款。

6.2.2 建筑施工企业技术人员的资格管理

1. 项目经理资格管理

为培养和建立懂技术、会管理、善经营的建筑施工企业项目经理队伍，提高工程建设项目管理水平，高质量、高水平、高效益地搞好工程建设，原建设部于 1995 年 1 月 7 日发布了《建筑施工企业项目经理资质管理办法》，标志着我国已正式实行项目经理责任制。

施工企业项目经理（以下简称项目经理）是指受企业法人代表委托，对工程项目施工过程全面负责的项目管理者，是建筑施工企业法定代表人在工程项目上的代表人。

（1）项目经理的资质等级和申请条件。《建筑施工企业项目经理资质管理办法》规定，项目经理资质为分一、二、三、四级，其资质申请条件分别为：

一级项目经理：担任过一个一级建筑施工企业资质标准要求的工程项目，或两个二级建筑施工企业资质标准要求的工程项目施工管理工作的主要负责人，并已取得国家认可的高级或中级专业技术职称。

二级项目经理：担任过两个工程项目，其中至少一个为二级建筑施工企业资质标准要求的工程项目施工管理工作的主要负责人，并已取得国家认可的中级或初级专业技术职称。

三级项目经理：担任过两个工程项目，其中至少一个为三级建筑施工企业资质标准要求的工程项目施工管理工作的主要负责人，并已取得国家认可的中级或初级专业技术职称。

四级项目经理：担任过两个工程项目，其中至少一个为四级建筑施工企业资质标准要求的工程项目施工管理工作的主要负责人，并已取得国家认可的初级专业技术职称。

（2）项目经理的职责与权力。

1）项目经理的职责。《建筑施工企业项目经理资质管理办法》规定，工程项目施工应当建立以项目经理为首的生产经营管理系统，实行项目经理负责制。项目经理在工程项目施工中处于中心地位，对工程项目施工负有全面管理的责任。

项目经理在承担工程项目施工管理过程中，应履行下列职责：

①贯彻执行国家和工程所在地政府的有关法律、法规和政策，执行企业的各项管理制度。

②严格财经制度，加强财经管理，正确处理国家、企业与个人的利益关系。

③执行项目承包合同中由项目经理负责履行的各项条款。

④对工程项目施工进行有效控制，执行有关技术规范和标准，积极推广应用新技术，确保工程质量和工期，实现安全、文明生产，努力提高经济效益。

2）项目经理的权力。项目经理在承担工程项目施工的管理过程中，应按建筑施工企业与建设单位签订的工程承包合同，与本企业法定代表人签订项目承包合同，并在企业法定代表人授权范围内，行使以下管理权力：

①组织项目管理班子。

②以企业法定代表人的代表身份处理与所承担的工程项目有关的外部关系，受委托签署有关合同。

③指挥工程项目建设的生产经营活动,调配并管理进入工程项目的人力、资金、物资、机械设备等生产要素。

④选择施工作业队伍。

⑤进行合理的经济分配。

⑥企业法定代表人授予的其他管理权力。

项目经理在承担工程项目施工的管理过程中,应接受企业领导和上级有关部门的工作检查及职工民主管理机构的监督。

(3)项目经理资质考核和注册。项目经理实行持证上岗制度。从事工程项目施工管理的项目经理,必须经各省、自治区、直辖市建设行政主管部门或国务院各有关部门组织培训、考核和注册,获得《全国建筑施工企业项目经理培训合格证》(以下简称项目经理培训合格证)或《建筑施工企业项目经理资质证书》。

(4)行政主管部门对项目经理的处罚。

1)弄虚作假或以不正当手段取得项目经理资质证书的,由发证机关收回其资质证书,并在三年内不得申请注册。

2)没有取得项目经理培训合格证书或资质证书的人员担任项目经理工作的,或越级承担工程项目施工管理工作的,由工程所在地建设行政主管部门责令其离岗,对其所在单位可根据情节轻重分别给予通报批评、罚款的处罚。

3)伪造、涂改、出卖或转让《建筑施工企业项目经理资质证书》《全国建筑施工企业项目经理培训合格证》的,由企业所在地住房城乡建设主管部门视情节轻重分别给予警告、扣留资质证书或培训合格证书、罚款或取消资质的处罚。

4)项目经理因管理不善,发生二级以上工程建设重大事故或两起以上三级工程建设重大事故的,降低资质等级一级。触犯刑律的,由司法机关依法追究刑事责任。项目经理在降低资质等级期间再发生一起工程建设重大事故,给予项目经理吊销资质证书的处罚。

5)被降低资质等级的项目经理,需两年后经检查合格方可申请恢复原资质等级。

6)被吊销项目经理资质证书的项目经理,需三年后才能申请项目经理资质注册。

当事人对行政处罚决定不服的,可在接到处罚通知之日起15日内,向做出处罚决定机关的上一级机关申请复议,对复议决定不服的,可在接到复议决定之日起15日内向人民法院起诉;也可以直接向人民法院起诉。逾期不申请复议也不向人民法院起诉,又不履行处罚决定的,由做出处罚决定的机关申请人民法院强制执行。

2. 施工企业特种作业人员资格管理

(1)特种作业岗位持证上岗制度。为加强建设企事业单位特种作业岗位持证上岗工作的管理,国务院于2003年11月24日发布并实施了《建设工程安全生产管理条例》(以下简称《条例》)。

《条例》第二十五条规定,垂直运输机械作业人员、安装拆卸工、爆破作业人员、起重信号工、登高架设作业人员等特种作业人员,必须按照国家有关规定经过专门的安全作业培训,并取得特种作业操作资格证书后,方可上岗作业。

(2)岗位证书的申办。2010年7月1日起施行的《特种作业人员安全技术培训考核管理规定》第七条规定,国家安全生产监督管理总局指导、监督全国特种作业人员的安全技术培训、考核、发证、复审工作;省、自治区、直辖市人民政府安全生产监督管理部门负责本行政区域特种作业人员的安全技术培训、考核、发证、复审工作。

申请办理岗位合格证书，需符合下列条件：

1)年满18周岁且不超过国家法定退休年龄。

2)经社区或者县级以上医疗机构体检健康合格，并无妨碍从事相应特种作业的器质性心脏病、癫痫病、美尼尔氏症、眩晕症、癔症、帕金森病、精神病、痴呆症以及其他疾病和生理缺陷。

3)具有初中及以上文化程度。

4)具备必要的安全技术知识与技能。

5)相应特种作业规定的其他条件。

危险化学品特种作业人员除符合上述第1)、2)、4)、5)项规定的条件外，应当具备高中或者相当于高中及以上文化程度。

(3)岗位证书的复审。特种作业操作证每3年复审1次。特种作业人员在特种作业操作证有效期内，连续从事本工种10年以上，严格遵守有关安全生产法律、法规的，经原考核发证机关或从业所在地考核发证机关同意，特种作业操作证的复审时间可延长至每6年1次。

特种作业操作证需要复审的，应在期满前60日内，由申请人或申请人的用人单位向原考核发证机关或者从业所在地考核发证机关提出申请，并提交下列材料：

1)社区或者县级以上医疗机构出具的健康证明。

2)从事特种作业的情况。

3)安全培训考试合格记录。

特种作业操作证有效期届满需要延期换证的，应按照前款规定申请延期复审。

(4)岗位证书的管理。考核发证机关应加强对特种作业人员的监督检查，对依法应当给予行政处罚的安全生产违法行为，按照有关规定依法对生产经营单位及其特种作业人员实施行政处罚。有下列情形之一的，考核发证机关应撤销特种作业操作证：

1)超过特种作业操作证有效期未延期复审的。

2)特种作业人员的身体条件已不适合继续从事特种作业的。

3)对发生生产安全事故负有责任的。

4)特种作业操作证记载虚假信息的。

5)以欺骗、贿赂等不正当手段取得特种作业操作证的。

特种作业人员违反上述第4)、5)项规定的，3年内不得再次申请特种作业操作证。

6.3 施工合同管理制度

6.3.1 施工合同管理的目的

建设工程施工合同管理的目的是防范与控制合同风险，做到管理有规章，签约有约束，履行有检查，更好地维护公司的合法权益。合同管理涉及建设工程施工合同、劳务分包合同、专业分包合同、施工内部承包合同、材料设备买卖合同等合同的管理。

6.3.2 施工合同管理的业务范围

工程施工中的合同在建筑施工中发挥着重要的作用，它是缔约双方明确业主与承包商之间的法律管理和一切权利和义务的基础，也是确保建设目标(质量、投资、工期)顺利完成的重要手段。

　　建筑施工合同管理的业务范围包括进度控制、图纸和规范、工程施工设备、材料、施工质量控制、施工条件、安全检查、现场会议、合同变更和索赔、工程风险的合理负担、工程验收、劳务和分包合同的管理、仲裁和纠纷的协调处理、档案资料管理等。

　　施工合同的管理分为工程进度控制管理、工程质量控制管理、工程付款控制管理。

任务总结

　　许可是指行政机关根据个人、组织的申请，依法准许个人、组织从事某种活动的行政行为。建筑许可是指住房城乡建设主管部门根据建设单位和从事建筑活动的单位、个人的申请，依法准许建设单位开工或确认单位、个人具备从事建筑活动资格的行政行为。

　　《建筑法》第七条规定，建筑工程开工前，建设单位应当按照国家有关规定向工程所在地县级以上人民政府住房城乡建设主管部门申请领取施工许可证，但国务院住房城乡建设主管部门确定的限额以下的小型工程以及按照国务院规定权限和程序批准开工报告的建筑工程除外。为加强对建筑活动的监督管理，维护公共利益和建筑市场秩序，保证建设工程质量安全，国家行政部门依法制定了《施工总承包企业特级资质标准》和《建筑业企业资质管理规定》，用以监督、管理和规范建筑施工企业和人员从业的资格。

　　建筑施工企业资质(建筑业企业资质)分为施工总承包资质、专业承包资质和施工劳务资质三个序列。施工总承包资质、专业承包资质按照工程性质和技术特点分别划分为若干资质类别，各资质类别按照规定的条件划分为若干资质等级。施工劳务资质不分类别与等级。

　　《建筑施工企业项目经理资质管理办法》规定，工程项目施工应当建立以项目经理为首的生产经营管理系统，实行项目经理负责制。项目经理在工程项目施工中处于中心地位，对工程项目施工负有全面管理的责任。

巩固训练

参考答案

一、名词解释

建筑许可中止施工　　恢复施工　　项目经理

二、单项选择题

1. 建设工程领取施工许可证后因故不能正常开工可申请延期，但延期以两次为限，每次不超过(　　)个月。

　　A. 3　　　　　　　　B. 4　　　　　　　　C. 5　　　　　　　　D. 6

2. 建筑施工企业资质(建筑业企业资质)分为(　　)三个序列。

　　A. 特级、一级、三级

　　B. 一级、二级、三级

　　C. 甲级、乙级、丙级

　　D. 施工总承包资质、专业承包资质、施工劳务资质

3. 必须申请领取施工许可证的建筑工程未取得施工许可证的，（　　）开工。
   A. 可以如期　　　　B. 可以延期　　　　C. 可以提前　　　　D. 一律不得
4. 建筑工程恢复施工时，中止施工不满一年的，建设单位应向施工许可证原发证机关报告；中止施工满一年的，建设单位应于工程恢复施工前（　　）。
   A. 报发证机关核验工程许可证　　　　B. 重新领取施工许可证
   C. 向发证机关报告　　　　D. 向发证机关备案
5. 根据《建筑业企业资质管理规定》第九条可知，施工总承包资质序列特级资质、一级资质及铁路工程施工总承包二级资质，由（　　）许可。
   A. 国务院国有资产管理部门　　　　B. 国务院住房城乡建设主管部门
   C. 省、自治区及直辖市建设主管部门　　　　D. 企业工商注册地建设主管部门

三、多项选择题

1. 以下工程不需要申请施工许可证的有（　　）。
   A. 投资额 30 万元以上的建筑工程　　　　B. 投资额 30 万元以下的建筑工程
   C. 建筑面积 300 m² 以下的建筑工程　　　　D. 已批准开工报告的建筑工程
2. 下列关于企业资质变更的表述中，正确的是（　　）。
   A. 企业合并后存续或新生企业可承揽合并前各方中较高资质等级，但应符合相关的条件
   B. 企业分立后的资质等级按实际达到的资质标准和规定的审批程序核定
   C. 企业改制后不再符合资质标准的，按实际达到的资质标准及相关规定申请重新核定
   D. 企业资质证书的变更，由国务院建设行政主管部门负责办理
3. 下面属于特种作业人员的是（　　）。
   A. 安装拆卸工　　　B. 爆破作业人员　　　C. 钢筋工　　　D. 起重信号工
4. 企业在建筑业企业资质证书有效期内名称、（　　）等发生变更的，应当在工商部门办理变更手续后 1 个月内办理资质证书变更手续。
   A. 地址
   C. 法定代表人
   B. 注册资本
   D. 企业职工人数
5. 施工合同的管理分为（　　）。
   A. 工程进度控制管理　　　　B. 工程质量控制管理
   C. 工程安全控制管理　　　　D. 工程付款控制管理

四、判断题

1. 对符合民用建筑节能强制性标准的，不得颁发建设工程规划许可证。　　　　（　　）
2. 特级企业可承担各类房屋建筑工程的施工。　　　　（　　）
3. 建筑业企业资质证书有效期届满，企业继续从事建筑施工活动的，应当于资质证书有效期届满 6 个月前，向原资质许可机关提出延续申请。　　　　（　　）
4. 建筑业企业资质证书正、副本具备同等法律效力。资质证书有效期为 5 年。（　　）
5. 建设单位未取得施工许可证或者开工报告未经批准，擅自施工的，责令停止施工，限期改正，或者处工程合同价款 1% 以上 2% 以下罚款。　　　　（　　）

五、简答题

1. 申领工程施工许可证应具备哪些条件？

2. 房屋建筑工程施工总承包企业的资质标准是什么？

3. 项目经理的职责与权力有哪些？

4. 什么是资格撤回？资格撤回是在什么情况下执行的？

5. 施工合同管理的目的是什么？

六、案例分析

背景：

2004 年 7 月，甲建筑工程有限公司与乙厂签订了厂房修建建设工程施工合同协议书一份，合同签订后，甲进入现场施工。施工过程中，乙发现甲工期拖延，工程出现质量问题而导致工程停工，且甲所持建筑工程资质等级证书系伪造；监理单位以甲无能力继续施工为由，建议乙解除与甲的合同；鉴于此，乙向甲提出其无条件撤出施工现场，为此双方出现纠纷并向法院提起诉讼。

试分析：

此案例中，甲与乙合同的约定是否有效？为什么？

第7章　工程建设监理法规

学习重点

工程建设监理的基本知识；工程建设监理合同的订立和履行；监理工程师注册法律制度；工程建设监理的实施；建设监理单位资质管理。

学习目标

了解工程建设监理的基本知识；熟悉监理企业的资质及其从业人员的资格管理；熟悉工程建设监理的实施；掌握监理合同的订立与履行。

7.1　工程建设监理概述

7.1.1　工程建设监理的概念

工程建设监理是指监理单位受建设单位的委托和授权，根据国家批准的工程项目建设文件、有关工程建设的法律、法规和工程建设监理合同以及其他法规、规范，对工程建设全过程或项目实施阶段进行监督和管理的活动。

工程建设监理包括对投资结构和项目决策的监理、对建设市场的监理、对工程建设实施的监理。在我国，建设监理主要是指后两种，其对象包括新建、改建和扩建的各种工程项目。

2007 年 8 月 1 日，原建设部以第 158 号部令发布的《工程监理企业资质管理规定》，对工程监理企业的资质等级、资质标准、申请与审批、业务范围等做了明确规定。2014 年 3 月1 日起实施的《建设工程监理规范》(GB/T 50319—2013)，对监理机构、监理规划、各阶段的监理工作等都做出了详细规定。这些法律、法规的颁布与实施，把我国建设监理工作的方针、政策、法规和相应的监理组织建立起来并形成体系，使建设监理工作有法可依，对我国建设工程监理制度的推行和发展，对规范监理工作的行为等具有十分重要的意义。

7.1.2　工程建设监理法规体系

工程建设监理法规体系由国家法律、行政性法规、部门规章和地方规章构成。建设监理法规，从其调整对象和主要作用来看，包括两个方面：一方面是以监理工作为对象，明确监理者与被监理者的行为准则，规定监理的性质、目的、对象、范围、各方权利与义务、责任及有关人员和单位的资质条件、有关处罚原则等的建设监理管理法规；另一方面是以建设工程为对象，明确监理工作的依据，具体包括技术规范标准，有关建设行为的管理法令以及有关方面确认的工程合同等的建设监理依据性法规。

7.1.3　工程建设监理的特征

工程建设监理是一种特殊的与其他工程建设活动有着明显区别和差异的工程建设活动，在建设领域中具有以下特征。

1. 服务性

工程建设监理是监理人员利用自己的工程建设知识、技能和经验为建设单位提供管理服务并获得技术服务性报酬的活动。它既不同于承建商的直接生产活动，也不同于建设单位的直接投资活动；既不向建设单位承包工程造价，也不参与承包单位的利益分成，它是一种高智能、有偿性的技术服务。其服务客体是建设单位的工程项目，服务对象是建设单位，服务依据是国家批准的工程项目建设文件，有关工程建设的法律、法规和工程建设监理合同以及其他法规、规范，受法律约束和保护。

2. 科学性

工程建设监理作为一种高智能的技术服务，其工作内涵、任务、使命及监理的社会化、专业化特点，都要求整个监理应当遵循科学性准则。监理的科学性主要表现在：工程监理企业应当由组织管理能力强、工程建设经验丰富的人员担任领导；应有足够数量有丰富管理经验和应变能力的监理工程师组成的骨干队伍；要有一套健全的管理制度；要有现代化的管理手段；要掌握先进的管理理论、方法和手段；要积累足够的技术、经济资料和数据；要有科学的工作态度和严谨的工作作风；要实事求是、创造性地开展工作。

3. 公正性

公正性是监理行业的必然要求，也体现监理单位和监理工程师的职业道德。监理单位作为提供技术服务的第三方，在开展建设工程监理的过程中，应依据国家法律、法规、技术标准、规范、规程和合同文件，排除各种干扰，站在客观、公正的立场进行判断、证明和行使处理权，要维护建设单位和不损害被监理单位双方的合法权益。

4. 独立性

监理单位是直接参与工程项目建设的"三方当事人"之一，它与项目建设单位、承建商之间是一种平等的主体关系。《建筑法》《工程建设监理规定》《建设工程监理规范》等明确要求，工程监理单位应严格按照有关法律、法规、规章、工程建设文件、工程建设技术标准、建设工程委托监理合同、有关建设工程合同等相关规定实施监理；在委托监理的工程中，与承建单位不得有隶属关系和其他利益关系；在开展工程监理的过程中，必须建立自己的组织，按照自己的工作计划、程序、流程、方法、手段，根据自己的判断，独立地开展工作。

7.2　建设工程监理合同的订立与履行

7.2.1　勘察设计合同的订立与履行

工程勘察设计合同是委托方与承包方为完成一定的勘察设计任务而签订的明确双方权利与义务关系的协议。勘察设计合同与普通合同相比，具有一定的特殊性，主要表现在以下两个方面：

（1）国家对勘察设计合同的行政干预较强。勘察设计合同订立、履行的全过程受到《合同法》《标准化法》《中华人民共和国环境保护法》及各种条例、规程的制约，在履行过程中受到国家严格的管理和监督。

（2）勘察设计合同具有严格的次序性。建筑工程的建设周期长、质量要求高、涉及面广，未经立项，没有计划任务书，就无法进行勘察工作；未经勘察，就无法进行工程设计；没有完成勘察设计，就无法开始施工。勘察、设计和施工三个阶段要按严格的顺序进行，工程勘察设计合同具有次序性。

1. 勘察设计合同的订立

依法必须进行招标的建设工程勘察设计任务通过招标或设计方案的竞投确定勘察设计单位后，应遵循工程项目建设程序，签订勘察设计合同。签订勘察设计合同由建设单位、设计单位或有关单位提出委托，经双方协商同意，即可签订，主要包括以下几项：

（1）确定合同标的。合同标的是合同的中心。确定勘察设计合同标的实际上就是决定勘察设计是分开发包还是合并发包。

（2）合同当事人对对方的审查。包括以下内容：

1）资格审查。资格审查是指工程勘察设计合同的当事人审查对方是否具有民事权利能力和民事行为能力，即是否具有法人资格。作为发包方，必须是国家批准建设项目，落实投资计划的企事业单位、社会组织；作为承包方，必须是具有国家批准的勘察设计许可证，有经国家有关部门核准的资质等级的勘察设计单位。

2）资信审查。资信即资金和信用。资金是合同当事人从事有关经济活动的基本要素，是当事人有权支配并能运用于生产经营的财产的货币形态；信用则指商品买卖中的延期付款或货币的借贷情况。审查当事人的资信情况，可以了解当事人履行合同的能力和态度，以慎重签订合同。

3）履约能力审查。履约能力是指合同当事人能全面、正确地履行合同条款所确定的义务，确保双方当事人的权利得以完全实现的能力。主要指发包方审查勘察设计单位的专业业务能力，了解其以往的工程实绩。

（3）选定承包商。依法必须招标的项目，按招标投标程序优选出的中标人即承包商。可以不招标的项目由发包人直接选定承包商，其选定过程是向几家潜在承包商询价、初商合同的过程，也就是发包人提出勘察设计的内容、质量等要求并提供勘察设计所需资料，承包商据以报价、做出方案及进度安排的过程。

（4）商签勘察设计合同。对于以招标方式确定承包商的项目，因受招投标法及有关文件约束，签约阶段需要协商的内容有限。而通过协商、直接委托的合同谈判，则要涉及几乎所有的合同条款，必须认真协商，严格对待。

勘察设计合同双方当事人经过协商，就合同各项条款取得一致意见，且双方法人或指定代表在合同文本上签字并加盖公章后，合同才具有法律效力。在签订合同时要注意审查有关合同签订人员是否是法定代表人或法人委托的代理人，以及代理的活动是否越权等。

案例 7.1

背景：

2015 年 6 月，A 单位拟建写字楼一栋，工程地址位于 H 小区附近。A 单位就设计任务与 B 单位签订了工程合同，合同规定设计费总额为 50 万元。该工程拟经过勘察、设计等阶段之后于 2015 年 12 月 1 日开始施工，施工承包商为 M 建筑公司。

试分析：

(1)委托方 A 应预付设计定金数额是多少？

(2)该工程签订设计合同几天后，委托方 A 单位通过其他渠道获得 H 小区业主 C 单位提供的 H 小区的设计报告，A 单位认为可以借用该设计报告，于是通知 B 单位不再履行合同。请问在上述事件中，哪些单位的做法是错误的？为什么？A 单位是否有权要求 B 单位返还所收定金？

分析要点：

问题(1)：A 单位应支付 B 单位定金为 $50 \times 20\% = 10$(万元)。

问题(2)：A 单位和 C 单位的做法都是错误的。A 单位不履行设计合同，属违约行为；C 单位本应维护他人的设计文件成果，不得擅自转让给第三方或用于合同之外的项目，但 C 单位却将该设计报告擅自提供给 A 单位，并用于合同外项目，属侵权行为，因此也是错误的。委托方 A 单位因不履行设计合同而无权要求返还定金。

2. 勘察设计合同的履行

(1)勘察设计合同履行中的纠纷及处理。

1)勘察设计合同的纠纷一般发生在合同履行中。主要包括以下几项：

①工期纠纷，即因委托方不能按期向承包方提供有关资料或承包方不能按期完成设计任务而产生的纠纷。

②费用支付纠纷，即委托方因拒付或少付勘察设计费而产生的纠纷。

2)勘察设计合同履行中的纠纷处理原则。由于勘察设计合同纠纷所涉及的费用金额偏低，纠纷原因错综复杂，法院审结案周期较长等，当事人认为通过向法院起诉解决纠纷得不偿失，因此发生这类纠纷时，一般遵循"先行调解"的原则来处理。

(2)勘察设计合同的索赔。勘察设计合同一旦签订，双方当事人就要严格履行合同。若因一方当事人的责任而使另一方当事人的权益受到损害，遭受损失方可向责任方提出索赔，以补偿损失。

1)承包方向委托方提出索赔，包括以下几项：

①委托方不按合同要求准时提交满足设计要求的资料或在设计中途提出变更要求，影响承包方设计人员正常开展设计工作，承包方可提出合同价款及合同工期索赔。

②委托方不按合同规定支付价款，承包方可提出合同违约金索赔。

③因委托方其他原因造成承包方利益损害时，承包方可提出合同价款索赔。

2)委托方向承包方提出索赔，包括以下几项：

①承包方未按合同约定时间完成设计任务，导致工程项目不能按期开工造成损失，委托方可向承包方提出索赔。

②承包方勘察设计成果中出现偏差或漏项等，导致工程项目施工或使用时给委托方造成损失，委托方可向承包方索赔。

③承包方完成的勘察设计任务深度不足，影响工程项目施工，委托方也可提出索赔。

④因承包方其他原因造成委托方损失的，委托方可以提出索赔。

7.2.2 监理合同的订立与履行

1. 监理合同的订立

(1)监理业务的范围。监理业务的范围伸缩性较强，就工程建设各阶段而言，可以包括项目前期立项咨询、设计阶段、实施阶段、保修阶段的全部监理工作或某一阶段的监理工作。在每一阶段内，又可以进行投资、质量、进度的三大控制及信息、合同两项管理。对于具体的项目，则要根据工程特点、监理人能力、项目建设不同阶段的监理任务等因素，将委托的监理任务详细写入合同的专用条款之中。

（2）监理合同的订立。

1）签约双方对对方的审查。发包人对监理人的资格审查包括：资质等级、营业资格、财务状况、工作业绩、社会信誉等。监理人对工程发包人的了解及工程合同可行性的调查包括：发包人的合法性、财产和经费的情况、作为监理合同的标的是否符合国家政策等。

2）监理人的自我分析。监理人首先应根据自身状况和工程情况，考虑竞争该项目的可行性。其次，在获得委托人的招标文件或与委托人草签协议之后，应立即对工程所需费用进行预算，提出报价，并分析、审查招标文件中的合同文本，为合同谈判和签约提供决策依据。

3）商签合同。委托人和监理人就监理合同主要条款通过协商谈判，就监理合同各项条款达成一致，即可正式签订合同文件。谈判内容要具体，责任要明确，要有准确的文字记载。

2. 监理合同的履行及违约责任与索赔

（1）监理合同的履行。

1）委托人的履行。

①义务履行。监理合同规定的应由委托人负责的工作，是合同最终实现的基础，如协调外部关系，为监理工作提供外部条件，提供必要的信息、物资和人员等协助服务等，是监理人做好工作的先决条件。委托人必须严格按照监理合同的规定，履行应尽的义务，才有权要求监理人履行合同。

②权利行使。监理合同中规定的委托人的权利，主要包括：对设计、施工单位的发包权；对工程规模、设计标准的认定权及设计变更的审批权；对监理人的监督管理权。

③档案管理。在全部工程项目竣工后，委托人应将全部合同文件，包括完整的工程竣工资料，按照有关规定建档保管。

2）监理人的履行。

①确定项目总监理工程师，成立项目监理组织机构。每一个拟监理的工程项目，监理人都应根据工程项目规模、性质及委托人对监理的要求，委派称职的人员担任项目的总监理工程师，代表监理人全面负责该工程项目的监理工作。在总监理工程师的具体领导下，组建项目的监理组织机构，并根据签订的合同制订监理规划和具体的实施计划，开展监理工作。总监理工程师对内向监理单位负责，对外向委托人负责。

②制订工程项目监理规划。工程项目的监理规划是开展项目监理活动的纲领性文件，是根据委托人委托监理的要求，在项目总监理工程师主持下，以监理合同、监理投标文件等为依据，在详细占有监理项目有关资料基础上，结合监理的具体条件编制的开展监理工作的指导性文件。其内容包括工程概况、监理范围和目标、监理主要措施、监理组织、项目监理工作制度等。

③制订各专业监理工作计划或实施细则。在监理规划的指导下，为具体指导投资控制、质量控制、进度控制的进行，结合工程项目实际情况，制订相应的实施性计划或细则。

④根据制订的监理工作计划和工作制度，科学、规范地开展监理工作。具体体现在工

作的程序性、职责分工的严密性、工作目标的确定性三个方面。

⑤监理工作总结归档。其包括向委托人提交监理工作总结、监理单位内部的监理工作总结、监理工作中存在的问题及改进建议三部分内容。

在全部监理工作完成后，监理人应注意做好监理合同的归档工作。归档资料包括监理合同、监理大纲、监理规划、监理工作中的程序性文件(包括监理会议纪要、监理日记等)。

3)监理合同的变更。监理合同内涉及合同变更的条款主要指合同责任期的变更和委托监理工作内容的变更。监理合同履行期间，由于某些客观或人为事件而导致一方或双方不能正常履行其应尽职责时，委托人和监理人都有权提出变更合同的要求。合同变更的后果一般会导致合同有效期的延长或提前终止，以及增加监理方的附加或额外工作，从而发生合同责任期的变更和委托监理工作内容的变更。

(2)监理合同的违约责任与索赔。

1)违约责任。监理合同在履行过程中，任何一方违约，都应根据实际情况承担各自的违约责任。为保证监理合同的顺利实现，《建设工程监理合同(示范文本)》(GF—2012—020)中制定了约束双方行为的条款，归纳如下：

①在合同责任期内，合同双方均应履行合同约定的义务。任何一方违约，都应承担违约责任。

②违约方的赔偿原则如下：

a. 委托人违约应承担违约责任，赔偿监理人的经济损失。

b. 因监理人过失造成经济损失，应向委托人进行赔偿，累计赔偿额不应超出监理酬金税后总额。

c. 若一方向另一方的索赔要求不成立，提出索赔一方应补偿对方由此导致的各项支出。

2)监理人的责任限度。由于工程项目在建设过程中受到诸多因素的限制，在责任划分方面，结合建设工程监理的性质做了规定：监理人在责任期内，应对因自己过失而造成的经济损失负监理失职责任；监理人不对责任期以外发生的任何事情引起的损失或损害负责，也不对第三方违反合同规定的质量要求和完工时限承担责任。

3)因违约终止监理合同。有以下三种情况：

①委托人因不可抗力因素或自身责任原因要求终止合同。在合同履行过程中，由于发生严重的不可抗力事件、国家政策的调整或委托人无后续工程建设资金等情况，需要暂停或终止合同时，委托方应至少提前56天向监理人发出通知，随后监理方应停止服务，将开支减至最少。双方通过协商，对监理人受到的实际损失给予合理补偿后协议终止合同。

②委托人因监理人的违约行为要求终止合同。当委托人认为监理人未履行监理义务又无正当理由时，可向监理人发出指明其未履行义务的通知。若委托人在发出通知后21天内没有收到监理人的满意答复，可在第一个通知发出后35天内，进一步发出终止合同的通知，随后监理合同即行终止。

③监理人因委托人违约要求终止合同。在合同履行过程中，由于实际情况发生变化而使监理人被迫暂停监理业务时间超过半年或委托人发出通知指示监理人暂停执行监理业务时间超过半年，仍不能恢复监理业务或委托人严重拖欠监理酬金，监理方可单方面提出终止与委托人的合同关系。

4)争议解决。合同双方应协商解决因违反或终止合同而引起的损失或损害赔偿。如协商未能达成一致，可先提交主管部门协调；如不能解决，根据双方约定提交仲裁机构仲裁或向人民法院起诉。

7.2.3 工程施工合同的订立与履行

1. 工程施工合同的订立

(1)施工合同签订原则。施工合同签订原则是指贯穿于订立施工合同的整个过程，对承发包双方签订合同起指导和规范作用、双方均应遵守的准则。

1)依法签订原则。

①必须依据《合同法》《建筑法》《招标投标法》等有关法律、法规。

②合同的内容、形式、签订程序要符合法律规定。

③合同当事人应遵守社会公德，不得扰乱社会经济秩序和损害社会公共利益。

④根据招标文件要求，结合合同实施中可能发生的各种情况进行周密、充分的准备，按照"缔约过失责任"[①]原则保护企业的合法权益。

2)平等互利、协商一致原则。

①作为合同当事人，双方经济法律地位平等，无主从关系。

②合同的主要内容需经双方平等协商、达成一致，不允许一方将自己的意志强加于对方或一方以行政手段干预、压服对方等现象发生。

3)等价有偿原则。

①签约双方的经济关系要合理，当事人的权利、义务要对等。

②合同条款应充分体现等价有偿原则，即：

a. 一方给付，另一方必须按价值相等原则作相应给付。

b. 不允许发生无偿占有、使用另一方财产的现象。

c. 对工期提前、质量全优要予以奖励；延误工期、质量低劣应罚款。

d. 提前竣工的收益应由双方分享。

4)严密完备原则。

①要充分考虑施工各阶段，施工合同主体间可能发生的情况和一切容易引起争端的焦点问题，并预先约定解决的原则及方法。

②条款内容力求完备，避免疏漏，措辞力求严谨、准确、规范。

③对合同变更、纠纷协调、索赔处理等应有严格的合同条款作保证，以减少双方矛盾。

5)履行法律程序原则。

①签约双方都必须具备签约资格，手续齐备。

②代理人越权签订的工程合同无效。

③签约程序符合法律规定。

④签订的合同必须经过授权的合同管理机关鉴证、公证和登记等手续，对合同的真实性、可靠性、合法性进行审查确认，方能生效。

(2)施工合同签订的形式和程序。

1)施工合同签订的形式。《合同法》第二百七十条规定，工程施工合同应当采用书面形

小资料

①缔约过失责任

缔约过失责任是指当事人在订立合同过程中，缔约方因违反根据诚信原则所负的先合同义务，导致合同不成立，或者合同虽然成立，但不符合法定生效条件而被确认无效或被撤销，从而给对方造成信赖利益损失时所应承担的一种民事责任。

式。主要是由于施工合同涉及面广、内容复杂、建设周期长、标的金额大。

2)施工合同签订的程序。作为承包商的建筑施工企业签订施工合同的主要工作程序如下：

①市场调查，建立联系。

a. 施工企业对建筑市场进行调查研究。

b. 追踪获取拟建项目的情况和信息，以及发包人情况。

c. 在对某项工程有承包意向时，可进一步详细调查并与发包人取得联系。

②表明合作意愿，进行投标报价。

a. 接到招标单位邀请或公开招标通告后，企业领导做出投标决策。

b. 向招标单位提出投标申请书，表明投标意向。

c. 研究招标文件，着手具体的投标报价工作。

③协商谈判。

a. 接受中标通知书后，组成包括项目经理在内的谈判小组，依据招标文件和中标书草拟合同专用条款。

b. 与发包人就工程项目具体问题进行实质性谈判。

c. 通过协商，就双方的具体权利与义务达成一致，形成合同条款。

d. 参照施工合同示范文本和发包人拟定的合同条件，订立施工合同。

④合同审查。合同审查是指签订合同前，通过"解剖"合同文本，检查合同结构和内容的完整性以及条款之间的一致性，分析评价每一合同条款执行的法律后果及其中的隐含风险，为合同的谈判和签订提供决策依据。通过合同审查，可以发现合同中存在的内容含糊、概念不清之处或自己未能完全理解的条款，并加以仔细研究、认真分析，采取相应措施，以减少合同中的风险及合同谈判和签订中的失误，有利于合同双方合作解决，促进工程项目施工的顺利进行。

⑤签署书面合同。施工合同应采用书面形式的合同文本；合同使用的文字要经双方确定，用两种以上语言的合同文本，需注明几种文本是否具有同等法律效力；合同内容要详尽、具体，责任义务要明确，条款要严密、完整，文字表达要准确、规范；确认合同双方资格或代理权限，签署施工合同。

⑥鉴证与公证。合同签署后，必须在合同规定的时限内完成履约保函、预付款保函、有关保险等保证手续；送交工商行政管理部门鉴证并缴纳印花税；送交公证处公证。经过鉴证、公证确认合同真实性、可靠性、合法性后，合同具有法律效力，受法律保护。

2. 工程施工合同的履行

(1)施工合同履行中各方的职责。工程项目施工合同明确规定了合同当事人即发包人和承包商的职责，同时也对接受发包人委托的监理工程师的职责做了明确、具体的规定。

1)发包人的职责。发包人及其指定的代表人，负责协调监理工程师和承包商之间的关系，对重要问题做出决策。其主要职责如下：

①指定发包人代表，委托监理工程师，并以书面形式通知承包商；若是国际贷款项目，则还应通知贷款方。

②及时办理征地、拆迁、施工许可证等有关事宜，并按合同规定完成或委托承包商完成场地平整，水、电、道路接通及提供施工场地的工程土质、地下管线资料等准备工作。

③批准承包商转让部分工程权益的申请，批准履约保证和承保人，批准承包商提交的

保险单，负责为承包商开具有关证明信，以便其为工程的材料、设备及施工装备等办理海关、税收等手续，协助承包商(特别是外国承包商)解决生活物资的供应、运输等问题。

④在承包商有关手续齐备后，及时向承包商拨付有关款项，如工程预付款、设备和材料预付款，月结算、最终结算表等。

⑤主持解决合同中的纠纷与合同条款的必要变动和修改(需经双方讨论同意)。

⑥及时签发工程变更命令，批准监理工程师同意上报的工程延期报告并对承包商的信函及时给予答复。

⑦负责编制并向上级及有关单位送报财务年度用款计划、财务结算及各种统计报表等。

⑧负责组成验收委员会进行整个工程或局部工程的初步验收和最终竣工验收，并签发有关证书。

⑨按照合同规定的日期和方式支付全部工程价款。如果承包商违约，发包人有权终止合同并授权其他人去完成合同。

2)监理工程师的职责。监理工程师不属于发包人与承包商之间所签施工合同中任何一方，但也接受发包人的委托和授权，代表发包人对工程进行监督管理。其具体职责如下：

①协助发包人评审投标文件，提出决策建议，并协助发包人与中标者商签承包合同。

②按照合同要求，全面负责对工程的监督、管理和检查，协调现场各承包商之间的关系，处理矛盾并负责合同文件的解释和说明。

③审查承包商入场后的施工组织设计、施工方案、施工进度实施计划以及工程各阶段或各分部工程的进度实施计划，并监督实施，督促承包商按期或提前完成工程。按照合同条件主动处理或接受承包商的申请处理工期延长问题；审批承包商报送的各分部工程的施工方案、特殊技术措施和安全措施，必要时发出暂停施工和复工命令并处理由此带来的问题。

④帮助承包商正确理解设计意图，负责有关工程图纸的解释、变更和说明，发出图纸变更命令，提供新的补充图纸，监督承包商认真贯彻执行合同中的技术规范、施工要求和图纸上的规定，审查、修改和批准由承包商提交的质量检查要求和规定，制定对承包商进行施工质量检查的各类补充规定，现场解决施工期间出现的设计问题。负责提供原始基准点、基准线和参考标高，审查、批准承包商的测量放样结果。

⑤严格检查材料、设备质量，批准、检查承包商的订货(包括厂家、样品、规格等)，指定或批准材料检验单位，抽查或检查进场材料和设备(包括配件、半成品数量和质量等)。检查批准承包商的各项实验室及现场试验成果，及时签发有关试验的验收合格证书。

⑥进行投资控制并定期向发包人提供工程情况报告。审核承包商提交的月工程量及相应的月结算财务报表，处理价格调整中的有关问题并签署当月支付款数额，及时报发包人审核支付。根据工地实际情况及时向发包人呈报工程变更报告，以便发包人签发变更命令。

⑦人员考核。承包商派去工地管理工程的项目经理，需经监理工程师批准。监理工程师有权考查承包商进场人员的素质，可以随时撤换不称职的项目经理和不听从管理的工人。

⑧审批承包商有关设备、施工机械、材料等物品进、出海关的报告，并转达发包人，督促发包人及时向海关发出有关公函。

⑨监理工程师应自己记录施工日记并保存一份质量检查记录，应根据积累的工程资料，整理工程档案，在临近工程结束时核实最终工程量，同时参加竣工验收，或受发包人委托负责组织并参加竣工验收。

⑩协助调解发包人和承包商之间的各种矛盾，协助发包人处理好索赔问题。索赔问题均应与发包人和承包商协商后，决定处理意见。若其任意一方对监理工程师的决定不满意，均可提交仲裁。及时处理施工中的各种意外事件(如不可预见的自然灾害等)引起的问题。

案例 7.2

背景：

某输气管道工程在施工过程中，施工单位未经监理工程师事先同意，订购了一批钢管，钢管运抵施工现场后，监理工程师进行了检验，发现钢管质量存在以下问题：

(1)施工单位未能提交钢管产品合格证、质量保证书和检测证明资料。

(2)钢管外观粗糙，标识不清，有锈斑。

试分析：

监理工程师应如何处理上述问题？

分析要点：

(1)根据工程项目监理合同及施工合同等规定的发包人、承包商以及监理人员职责，由于该批材料由施工单位采购，监理工程师检验发现外观不良、标识不清，且无合格证等资料，作为监理工程师，应书面通知施工单位不得将该材料用于工程并抄送项目业主备案。

(2)监理工程师应要求施工单位提交该批材料的产品合格证、质量保证书、材料检验(化验)单、技术指导报告以及生产厂家的生产许可证等资料，并对生产厂家和材质保证等方面进行书面资料的审查。有以下两种情况：

①施工单位应监理工程师要求，提交了上述资料，监理工程师审查符合要求，施工单位应按技术规范要求对该批材料进行有监理人员签证的取样送检。如果检测后证明材质符合技术规范、设计文件及工程承包合同要求，监理工程师可进行质检签证并书面通知施工单位。

②施工单位应监理工程师要求不能提供所述资料，或虽提供，但经抽样检测后证明质量不符合技术规范或设计文件或承包合同要求，监理工程师应书面通知施工单位不得将该批钢管用于工程，并要求施工单位将该批材料运出施工现场。

(3)监理工程师应将处理结果书面通知项目业主。工程材料检测费由施工单位承担。

3)承包商的职责。承包商的职责包括以下几项：

①按合同工作范围、技术规范、图纸要求，进场后呈交经监理工程师批准的施工进度实施计划，负责组织现场施工。

②每周在监理工程师召开的会议上汇报工程进展情况及存在问题，提出解决问题的办法，经监理工程师批准执行。

③负责施工放样及测量，负责按工程进度及工艺要求进行各项有关现场及实验室试验。所有测量原始数据、图纸，均需经监理工程师检查并签字批准；所有试验成果均需报监理工程师审核批准。承包商对测量数据、图纸、试验成果的正确性负责。

④根据监理工程师的要求，每月报送进、出场机械设备的数量和型号，材料进场量和耗用量以及进、出场人员数。

⑤制定各种有效措施保证工程质量和施工安全，提出有关质量检查办法的建议和制定施工安全措施，经监理工程师批准后实施执行，承包商对工地的安全负责。

⑥按合同要求负责设备的采购、运输、检查、安装、调试及试运行，负责施工机械的维护、保养和检修。

⑦按照监理工程师的指示，对施工的有关工序，填写详细的施工报表并及时要求监理工程师审核确认。

⑧根据合同规定或监理工程师的要求，进行部分永久工程的设计或绘制施工详图，报监理工程师批准后实施，承包商应对所设计的永久工程负责。

⑨订购材料前，根据监理工程师的要求，将材料样品送监理工程师审核，或送监理工程师指定的试验室进行试验，试验成果报请监理工程师审核批准。要随时抽检进场材料的质量。

⑩承包商的强制性义务一般包括：执行监理工程师的指令、接受工程变更要求、严格执行合同中有关期限的规定、必须信守价格义务。

(2)施工合同履行主体应遵守的规定。施工合同履行的主体是项目经理和项目经理部。项目经理部必须在履行施工合同的全过程中实行动态管理，跟踪收集并整理、分析合同履行中的信息，合理、及时地进行调整，对合同履行进行预测，及早发现和解决影响合同履行的问题，尽可能避免或减少风险。

1)项目经理部履行施工合同应遵守下列规定：

①必须遵守《合同法》《建筑法》规定的各项合同履行原则和规则。

②在行使权利、履行义务时应遵循诚实信用原则和坚持全面履行的原则。全面履行包括实际履行(标的的履行)和适当履行(对合同约定的品种、数量、质量、价款或报酬等的履行)。

③项目经理由企业授权，负责组织施工合同的履行，并依据《合同法》规定，与发包人或监理工程师进行合同变更、索赔、转让和终止等工作。

④如果发生不可抗力致使合同不能履行或不能完全履行，应及时向企业报告，并在委托权限内依法及时进行处置。

⑤遵守合同对约定的不明条款、价格变化的履行规则，合同履行担保规则和抗辩权、代位权、撤销权规则的约定。

⑥承包人按专用条款的约定分包所承担的部分工程，并与分包单位签订分包合同。未经发包人同意，承包人不得将承包工程的任何部分分包。

⑦承包人不得将其承包的全部工程倒手转给他人承包，也不得将全部工程肢解后以分包名义分别转包给他人。工程转包是指承包人不行使承包人的管理职能，不承担技术经济责任，将其承包的工程转手给他人的承包行为。工程转包是违法行为。

2)项目经理部履行施工合同应当完成以下工作：

①合同履行前，应针对影响合同履行的重要问题(工程的承包范围、质量标准和工期要求，承包人的义务和权利，工程款的结算、支付方式与条件，合同变更、不可抗力影响、物价上涨、工程中止、第三方损害等问题产生时的处理原则和责任承担，争议的解决方法等)进行合同分析，对合同内容、风险、重点或关键性问题做出特别说明和提示，向各职能部门人员交底，依据施工合同落实各项目标，指导工程实施和项目管理。

②组织施工力量；签订分包合同；研究熟悉设计图纸及有关文件资料；多方筹集足够的流动资金；编制施工组织设计、进度计划、工程结算付款计划等；做好施工准备，按时进入现场，按期开工。

③制订科学、周密的材料、设备采购计划，采购符合质量标准的价格低廉的材料、设备，按施工进度计划及时进入现场，搞好供应和管理工作，保证顺利施工。

④按设计图纸、技术规范和规程组织施工；做好施工记录，按时报送各类报表；进行各种有关的现场或试验室抽检测试，保存好原始资料；制定各种有效措施，采取先进的管理方法，全面保证施工质量达到合同要求。

⑤按期竣工、试运行，通过质量检验交付发包人，收回工程价款。

⑥按合同规定，做好责任期内的维修、保修和质量回访工作。对属于承包方责任的工程质量问题，应无偿负责修理。

⑦按合同规定接受监理工程师监督，并自觉接受公证机关、银行的监督，如有关计划、建议的实施需经监理工程师审核批准，所做记录或报表要得到监理工程师签字确认等；按监理工程师要求报送各类报表，执行监理工程师指令，接受一定范围的工程变更要求等。

⑧项目经理部在履行合同期间，应注意收集、记录对方当事人违约事实的证据，即对发包方或业主履行合同进行监督为索赔提供依据。

(3)施工合同履行中常见问题的处理。

1)发生不可抗力。订立合同时，应当明确不可抗力的范围及双方应承担的责任。不可抗力发生后，承包人应迅速采取措施，尽量减少损失；在不可抗力事件发生过程中，每隔 7 天向工程师报告一次受害情况；不可抗力事件结束后 48 小时内，向工程师通报受损受害情况及预计清理和修复的费用，并于 14 天内向工程师提交清理和修复费用的正式报告。

2)合同变更。变更是合同履约中的基本特征，是《合同法》规范调整的重要内容。施工合同变更是指在合同履约过程中，由于实施条件或相关因素的变化，依法对原来合同进行的修改和补充。合同变更一经成立，原合同中的相应条款即告解除。

合同变更要经过有关专家的科学论证和合同双方协商，依法进行；在履约过程中合同变更的次数应尽量少，时间应尽量提前；应以监理工程师、发包人和承包商共同签署的合同变更书面指令为准，并以此作为结算工程价款的凭据；紧急情况下，监理工程师的口头通知也可接受，但必须在 48 小时内追补合同变更书；合同变更造成的损失，除依法可免责任外，应根据实际情况由责任方负责赔偿。

①合同变更范围。《合同法》中涉及的合同变更有广义和狭义之分。广义的合同变更包括合同内容的变更和合同主体的变更；狭义的合同变更仅指合同内容的变更，如涉及合同条款、合同条件、合同协议书所定义的双方责、权、利关系或一些重大问题的变更就是狭义的合同变更。

②工程变更。工程变更指工程的质量、数量、性质、功能、施工次序和实施方案的变化。合同变更中，量最大、最频繁的是工程变更，它在工程索赔中所占的份额也最大。工程变更的责任分析是工程变更起因与工程变更问题处理，即确定赔偿问题的桥梁。工程变更有以下三种：

a. 设计变更。设计变更包含的内容十分广泛，是工程变更的主体内容，约占工程变更总量的 70% 以上。设计变更会引起工程量的增减，新增或删除分项工程，导致工程质量、进度、实施方案的变化。重大的设计变更常常会导致施工方案的变更，如果设计变更由发包人承担责任，则相应施工方案的变更也由发包人负责；反之，则由承包商负责。常见的设计变更有：因设计计算错误或图示错误发出的设计变更通知书；因设计遗漏或设计深度不够而发出的设计补充通知书；应业主、承包商或监理方请求对设计所做的优化调整等。

b. 施工方案变更。在建设工程施工合同履约过程中，施工方案变更存在于工程施工的全过程。施工方案变更是指在施工过程中承包方因工程地质条件变化、施工环境或施工条件的改变等因素影响，向监理工程师和业主提出的改变原施工措施方案的过程。也可对不利的异常地质条件所引起的施工方案进行变更。施工方案变更一般作为发包人的责任，因为一方面这是一个有经验的承包商也无法预料的障碍或条件(现场气候条件除外)；另一方面，地质勘察和提供地质报告本来就是由发包人负责，发包人应对报告的正确性和完备性承担责任。另外，施工措施方案的变更应经监理工程师和业主审查同意后实施，否则引起的费用增加和工期延误将由承包方自行承担，重大施工措施方案的变更还应征询设计单位的意见。

c. 施工进度变更。发包人在招标文件中给出工程的总工期目标，承包商在投标书中有一个总进度计划，中标后承包商还要提出详细的进度计划，由工程师批准或同意。工程开工后，通常只要工程师(或发包人)批准或同意承包商调整后的进度计划，则新的进度计划就有约束力，因此，施工进度的变更是十分频繁的。如因发包人不能按新进度计划及时提供图纸、施工场地、水电等，则属发包人违约，应承担责任。

3)合同解除。合同解除分约定解除和法定解除两种情况。合同解除应发生在合同有效成立之后、履行完毕之前。解除方式包括在合同生效以后协商解除，也可事先在合同中约定解除合同的条件，当条件成立时，合同即可解除。两者的区别在于协商时间的不同。

①合同解除的主要原因包括以下几项：

a. 施工合同经当事人双方协商，一致同意解除合同关系。

b. 因不可抗力或者非合同当事人的原因，造成工程停建或缓建，致使合同无法履行。

c. 由于当事人一方违约致使合同无法履行。

②合同解除后的善后处理规定包括以下几项：

a. 合同解除后，当事人双方约定的结算和清理条款仍然有效。

b. 由于发包方违约导致合同解除的，发包人应赔偿因此而给施工单位造成的损失。

c. 承包人应按发包人要求妥善做好已完工程和已购材料、设备的保护和移交工作，将自有机械设备和人员撤出施工现场，发包人应为承包人支付相关费用并按合同约定支付已完工程款。已订的材料、设备由订货方负责退货或解除订货合同，不能退还的货、款及解除订货合同发生的费用，由发包人承担。

4)违约。违约是指合同当事人在执行合同的过程中，没有履行合同所规定的义务或履行合同义务不符合合同约定的行为。在施工合同履行过程中，双方当事人应严格按照合同约定履行自己的义务，避免承担违约责任，同时应注意收集和整理对方的违约证据，以维护自己的合法权益。

①违约责任的处理原则包括以下几项：

a. 违约责任应按"严格责任原则"处理，即无论合同当事人有无主观过错，只要合同当事人有违约事实，特别是有违约行为并造成损失的，就要承担违约责任。

b. 在订立合同时，合同双方应当在专用条款内约定支付违约金的数额和计算方法以及赔偿损失的计算方法，并按双方约定的担保条款，要求提供担保的第三方承担相应责任。

c. 当事人一方违约后，另一方要求违约方继续履行合同时，违约方承担继续履行合同、采取补救措施或者赔偿损失等责任。

d. 当事人一方违约后，对方应当采取适当措施防止损失的扩大，否则不得就扩大的损失要求赔偿。

e. 当事人一方因不可抗力不能履行合同时，应当对不可抗力影响部分或者全部免除责任，但法律另有规定的除外。当事人延迟履行后发生不可抗力的，不能免除责任。

②违约行为和赔偿。

a. 发包人违约。

(a)发包人不按合同约定支付各项价款，或工程师不能及时给出必要的指令、确认，致使合同无法履行，发包人承担违约责任，赔偿因其违约给承包人造成的直接损失，延误的工期相应顺延。

(b)未按合同规定的时间和要求提供材料、场地、设备、资金、技术资料等，除竣工日期得以顺延外，还应赔偿承包方因此而产生的实际损失。

(c)工程中途停建、缓建或因设计变更、设计错误造成的返工，应采取措施弥补或减少损失，赔偿承包方因停工、窝工、返工和倒运、人员、机械设备调迁、材料和构件积压等造成的实际损失。

(d)工程未经竣工验收，发包单位提前使用或擅自动用，由此发生的质量问题或其他问题，由发包方自己负责。超过合同规定的日期验收，按合同违约责任条款的规定，应偿付逾期违约金。

b. 承包人违约。

(a)因承包人原因使工程质量达不到合同约定质量标准的，承包人负责无偿修理和返工。因修理和返工造成逾期交付的，应偿付逾期违约金。

(b)承包工程的交工时间不符合合同规定的期限，应按合同中违约责任条款，偿付逾期违约金。

(c)由于承包方的责任，造成发包方提供的材料、设备等丢失或损坏的，应承担赔偿责任。

7.3 监理工程师注册法律制度

我国实行监理工程师注册执业管理制度，取得资格证书的人员，经过注册方能以监理工程师的名义从事工程监理及相关业务活动。国务院建设主管部门对全国监理工程师的注册、执业活动实施统一监督管理；县级以上地方人民政府建设主管部门对本行政区域内的监理工程师的注册、执业活动实施监督管理。

住房和城乡建设部负责组织拟定考试科目，编写考试大纲、培训教材和命题工作，统一规划和组织考前培训。人事部负责审定考试科目、考试大纲和试题。

7.3.1 监理工程师资格考试

监理工程师的资格考试工作由监理工程师资格考试委员会或注册主管机关授权的考试主管机构统一组织实施，原则上每两年举行一次。

凡中华人民共和国公民，遵纪守法，具有工程技术或工程经济专业大专以上(含大专)学历，并符合下列条件之一者，均可申请参加监理工程师执业资格考试：

(1)具有高级专业技术职称，或取得中级专业技术职称后具有三年以上工程设计或施工管理实践经验。

(2)在全国监理工程师注册管理机关认定的培训单位经过监理业务培训，并取得培训结业证书。

参加监理工程师资格考试的人员，必须由参加者本人提出申请，所在单位向本地区或本部门监理工程师资格考试委员会提出书面申请，经批准后方可参加考试。考试合格者，由监理工程师注册机关核发人事部统一印制、人事部和住建部共同盖印的《监理工程师资格证书》。《监理工程师资格证书》自领取之日起五年内未经注册者，证书失效。

7.3.2 监理工程师注册

为进一步推进行政审批制度改革，完善监理工程师注册管理工作，住房和城乡建设部建筑市场监管司印发了《注册监理工程师注册管理工作规程》的通知，自 2017 年 11 月 1 日施行，对申请注册监理工程师初始注册、延续注册、变更注册、注销注册和注册执业证书遗失破损补办等内容作了相关规定。

1. 注册申请表及网上申报

申请注册的申请表分为《中华人民共和国注册监理工程师初始注册申请表》《中华人民共和国注册监理工程师延续注册申请表》《中华人民共和国注册监理工程师变更注册申请表》《中华人民共和国注册监理工程师注销注册申请表》《中华人民共和国注册监理工程师注册执业证书遗失破损补办申请表》几种情况。申请人可进入中华人民共和国住房和城乡建设部网站（www. mohurd. gov. cn），登录"注册监理工程师管理系统"，填写以上申请表，并上报扫描件和电子文档。

2. 申报材料

（1）初始注册。取得中华人民共和国监理工程师执业资格证书的申请人，应自证书签发之日起 3 年内提出初始注册申请。逾期未申请者，需符合近 3 年继续教育要求后方可申请初始注册。申请初始注册需在网上提交下列材料：

1）本人填写的《中华人民共和国注册监理工程师初始注册申请表》。

2）由社会保险机构出具的近一个月在聘用单位的社保证明扫描件（退休人员需提供有效的退休证明）。

3）本人近期一寸彩色免冠证件照扫描件。

（2）延续注册。注册监理工程师注册有效期为 3 年，注册期满需继续执业的，应符合继续教育要求并在注册有效期届满 30 日前申请延续注册。在注册有效期届满 30 日前未提出延续注册申请的，在有效期满后，其注册执业证书和执业印章自动失效，需继续执业的，应重新申请初始注册。申请延续注册需在网上提交下列材料：

1）本人填写的《中华人民共和国注册监理工程师延续注册申请表》。

2）由社会保险机构出具的近一个月在聘用单位的社保证明扫描件（退休人员需提供有效的退休证明）。

（3）变更注册。注册监理工程师在注册有效期内，需要变更执业单位、注册专业等注册内容的，应申请变更注册。

申请办理变更注册手续的，变更注册后仍延续原注册有效期。申请变更注册需在网上提交下列材料：

1）本人填写的《中华人民共和国注册监理工程师变更注册申请表》。

2）由社会保险机构出具的近一个月在聘用单位的社保证明扫描件（退休人员需提供有效

的退休证明)。

3)在注册有效期内，变更执业单位的，申请人应提供工作调动证明扫描件(与原聘用单位终止或解除聘用劳动合同的证明文件，或由劳动仲裁机构出具的解除劳动关系的劳动仲裁文件)。

4)在注册有效期内，因所在聘用单位名称发生变更的，应在聘用单位名称变更后30日内按变更注册规定办理变更注册手续，并提供聘用单位新名称的营业执照、工商核准通知书扫描件。

(4)注销注册。注册监理工程师本人和聘用单位需要申请注销注册的，需填写并网上提交《中华人民共和国注册监理工程师注销注册申请表》电子数据，由聘用单位将相应电子文档通过网上报送给省级注册管理机构。被依法注销注册者，当具备初始注册条件，并符合近3年的继续教育要求后，可重新申请初始注册。

(5)注册执业证书遗失、破损补办。因注册执业证书遗失、破损等原因，需补办注册执业证书的，需填写并网上提交《中华人民共和国注册监理工程师注册执业证书遗失破损补办申请表》电子数据和遗失声明扫描件，由聘用单位将相应电子文档通过网上报送给省级注册管理机构。

3. 注册审批

(1)申请人填写注册申请表并打印，签字后将申报材料和相应电子文档交聘用单位。

(2)聘用单位在注册申请表上签署意见并加盖单位印章后，将申请人的申报材料电子版和相应电子文档通过网上报送给省级注册管理机构，同时将申请人纸质申请表和近期一寸彩色免冠证件照报送给省级注册管理机构。

(3)省级注册管理机构在网上接收申请注册材料后，应当在5日内将全部申请材料通过网上报送住房和城乡建设部，同时将纸质申请表和照片报送住房和城乡建设部。

对申请注册的材料，省级注册管理机构应进入中华人民共和国住房和城乡建设部网站，登录"注册监理工程师管理系统"，使用管理版进行接收，形成《申请注册监理工程师初始、延续、变更注册汇总表》后上报。

(4)住房和城乡建设部收到省级注册管理机构上报的注册申报材料后，对申请初始注册的，住房和城乡建设部应当自受理申请之日起20日内审批完毕并作出书面决定。自作出决定之日起10日内公告审批结果。对申请变更注册、延续注册的，住房和城乡建设部应当自受理申请之日起10日内审批完毕并作出书面决定。

申请材料不齐全或者不符合法定形式的，应当在5日内一次性告知申请人需要补正的全部内容，待补正材料或补办手续后，按程序重新办理。逾期不告知的，自收到申请材料之日起即受理。

对准予初始注册的人员，由住房和城乡建设部核发注册执业证书，并核定执业印章编号(注册号)。对准予变更注册、延续注册的人员，核发变更、延续贴条，并核定执业印章编号(注册号)。

(5)各省级注册管理机构负责收回注销注册和破损补办未到注册有效期的注册监理工程师注册执业证书和执业印章，交住房和城乡建设部销毁。

4. 其他规定

《中华人民共和国注册监理工程师注册执业证书》由住房和城乡建设部统一制作，执业印章由申请人按照统一格式自行制作。

注册监理工程师与原聘用单位解除劳动关系后申请变更执业单位，原聘用单位有义务协助完成变更手续。若未解除劳动关系或发生劳动纠纷的，应待解除劳动关系或劳动纠纷解决后，申请办理变更手续。

军队系统取得监理工程师执业资格人员申请注册，由中央军委后勤保障部军事设施建设局按照省级注册管理机构的职责，接收申请注册申报材料后，报住房和城乡建设部审批。

7.4　工程建设监理实施

工程监理的目的是保证建设行为符合国家法律、法规和有关政策的规定，使工程建设进度、投资、质量等按合同进行，确保建设行为的合法性和经济性。总而言之，工程监理的基本目的是协助建设单位在计划目标内将建设工程建成投入使用。

7.4.1　工程建设监理的依据和范围

1. 工程建设监理的依据

工程建设监理的依据包括：国家或部门制定颁布的法律、法规、规章以及国家现行的规范、标准、规程等（如《建筑法》《合同法》《招标投标法》《建设工程质量管理条例》《工程建设监理规定》《建设工程监理规范》等法律、法规以及有关的工程技术标准、规范、规程等）；工程建设文件（如批准的可研报告、建设项目选址意见书、建设用地规划许可证、建设工程规划许可证、批准的施工图设计文件、施工许可证等）；建设工程委托监理合同和有关的建设工程合同（如工程监理企业与建设单位签订的建设工程委托监理合同、建设单位与承建单位签订的有关建设工程合同等）。

2. 工程建设监理的范围

《建筑法》规定，实行强制监理建筑工程的范围由国务院规定。国务院于 2000 年 1 月 30 日颁布的《建设工程质量管理条例》规定了现阶段我国必须实行工程建设监理的工程项目范围，建设部 2001 年 1 月 17 日颁布的《建设工程监理范围和规模标准规定》，对实行强制监理建设工程的范围和规模进行了细化。根据上述法律、法规，下列建设工程必须实行监理：

（1）国家重点建设工程。国家重点建设工程是指依据《国家重点建设项目管理办法》所确定的对国民经济和社会发展有重大影响的骨干项目。

（2）大中型公用事业工程。大中型公用事业工程是指项目总投资额在 3 000 万元以上的工程项目。

1）供水、供电、供气、供热等市场工程项目。

2）科技、教育、文化等项目。

3）体育、旅游、商业等项目。

4）卫生、社会福利等项目。

5）其他公用事业项目。

（3）成片开发建设的住宅小区工程。建筑面积在 5 万 m² 以上的住宅建设工程必须实行监理；5 万 m² 以下的住宅建设工程，可以实行监理，具体范围和规模标准由省、自治区、直辖市人民政府建设行政主管部门规定。为了保证住宅质量，对高层住宅及地基、结构复杂的多层住宅①应当实行监理。

(4)利用外国政府或者国际组织贷款、援助资金的工程。这类工程包括以下几项：

1)使用世界银行、亚洲开发银行等国际组织贷款资金的项目。

2)使用国外政府及其机构贷款资金的项目。

3)使用国际组织或国外政府援助资金的项目。

(5)国家规定必须实行监理的其他工程。其主要指学校、影剧院、体育场馆项目以及项目总投资额在3 000万元以上关系社会公共利益、公众安全的基础设施项目，如煤炭、石油、化工、天然气、铁路、公路、民航、邮政、通信、防洪、灌溉、发电、水资源保护、道路、桥梁、地下管道、公共停车场等项目。

建设工程监理范围应当包括整个工程建设全过程，即包括工程立项、勘察、设计、施工、材料设备采供、设备安装调试等环节，应对工期、质量、造价、安全等诸方面进行监督管理。

小资料

①多层住宅

房屋按高度不同，可分为以下几类：

低层房屋：指高度≤10 m的建筑物。一般1～3层，如平房、别墅等。

多层房屋：指高度>10 m且≤24 m的建筑物。一般4～8层，通常采用砖混结构，少数采用钢筋混凝土结构。

高层房屋：指高度>24 m的建筑。一般为8层及以上的建筑物。通常把8～13层的建筑称为小高层；18层以上、建筑高度54 m以上的称为高层；建筑高度100 m以上的称为超高层。

7.4.2　工程建设监理的任务和责任

1. 工程建设监理的任务

工程建设监理的中心任务是进行项目目标控制，即投资、进度和质量的控制。对于任何一项工程建设，这三大目标都是相互关联、相互制约的目标系统。一般来说，三项目标不可能同时达到最佳状态，而要使工程项目能够在计划的投资、进度和质量目标内实现则是比较困难的，这正是社会需求工程建设监理的原因。因此，目标控制是工程建设监理的中心任务。

2. 工程建设监理的责任

监理单位或监理人员在接受监理任务后，如不能按照委托监理合同及相应法律开展监理工作，依据有关法律和委托监理合同，监理单位应承担相应责任。法律、法规规定的监理单位和监理人员的责任包括以下几项：

(1)建设监理的普通责任。对于工程项目监理，不按照委托监理合同约定履行义务，对应当监督检查的项目不检查或不按规定检查，给建设单位造成损失的，应承担相应的赔偿责任。这种普通责任只存在于建设单位与监理单位之间，建设单位若不追究，该责任也就消失。

(2)建设监理的违法责任。建设监理的违法责任在于违反了现行的法律，法律要运用其强制力对违法者进行处理。包括以下几种情况：

1)与承包单位串通，为承包单位谋取非法利益，给建设单位造成损失的，应当与承包单位承担连带赔偿责任。

2)与建设单位或建筑施工企业串通，弄虚作假，降低工程质量的，责令改正、处以罚款、降低资质等级、吊销资质证书；有违法所得的予以没收；造成损失的，承担连带赔偿责任；构成犯罪的，依法追究刑事责任。

3)监理单位经营责任。如转让监理业务(擅自开业、超越范围、故意损害甲乙方利益、造成重大事故等)，责令改正，没收违法所得；停止整顿，降低资质等级；情节严重的，吊销资质证书。

7.4.3　工程建设监理的原则、作用、方法与程序

1. 工程建设监理的原则

(1)严格、公正、独立、自主原则。工程建设监理的中心任务及目的，要求监理工程师必须坚持严格、公正、独立、自主的原则，在监理过程中尊重科学，尊重事实，严格监理，组织各方协同配合，维护各方的合法权益。监理工程师应按合同约定的权、责、利关系协调业主与承包商双方的一致性，即只有按合同约定建成工程项目，业主才能实现投资目的，承包商才能取得相应工程款和实现盈利。

(2)责、权一致原则。监理工程师根据建设监理法规和业主委托与授权从事监理活动，其承担的职责应与业主授权一致。监理工程师之所以能行使监理职权，是依赖于业主对其所做的授权。因此，监理工程师在明确业主提出的监理目标和监理工作内容要求后，应与业主协商，明确相应授权，达成共识，以更好地完成监理目标和任务。总监理工程师是监理单位履行监理合同的全权负责人；监理工程师具体履行监理职责，对总监理工程师负责。总监理工程师代表监理单位全面履行工程建设委托监理合同，承担合同中确定的监理方对业主方的义务和责任。因此，在监理合同实施过程中，监理单位应给予总监理工程师充分的授权，体现责、权一致的原则。

(3)热情服务、实事求是原则。工程建设监理是一种高智能、有偿性技术服务，其服务对象是建设单位。工程建设监理的性质决定在监理过程中必须实事求是，以理服人，力争为业主提供热情服务的同时，监理工程师的任何指令、判断都应有事实依据。

(4)综合效益原则。只有在符合宏观经济效益、社会效益和环境效益的条件下，业主投资项目的微观经济效益才能得以实现。因此，建设监理活动要坚持综合效益的原则，即在监理过程中既要考虑业主的经济效益，也要考虑社会效益和环境效益，以符合公众利益。因此，监理工程师应严格遵守国家的建设管理法律、法规、标准等，以高度负责的态度和社会责任感，既对业主负责，谋求其最大的经济效益，又要对国家和社会负责，从而取得最佳的综合效益。

(5)预防为主原则。工程建设监理活动产生与发展的前提条件，是拥有一批具有工程技术与管理知识、实践经验丰富，精通法律和经济的高素质专门人才，形成专业化、社会化的高智能工程建设监理单位，为业主提供服务。由于工程项目具有"一次性""单件性"等特点，工程项目建设过程存在很多风险，因此，监理工程师在制定监理规划、编制监理细则和实施监理控制过程中，对工程项目投资控制、进度控制和质量控制可能发生的失控问题要有预见性和超前考虑，制定相应对策和预控措施予以防范，做到事前有预测，事变有对策。

2. 工程建设监理的作用

(1)有利于提高建设工程投资决策的科学化水平。工程监理企业通过实施全方位、全过程监理，可协助建设单位选择适当的工程咨询机构，管理工程咨询合同的实施，并对咨询

结果(如项目建议书、可行性研究报告)进行评估,提出有价值的修改意见和建议;或直接从事工程咨询工作,为建设单位提供建设方案,使建设单位项目投资不仅符合国家经济发展规划、产业政策和投资方向,而且更加符合市场需求。可见,工程监理企业参与或承担项目决策阶段的监理工作,有利于提高项目投资决策的科学化水平,避免项目投资决策的失误,为实现建设工程投资综合效益最大化奠定良好的基础。

(2)有利于规范工程建设参与各方的建设行为。在建设工程实施过程中,参与各方的建设行为要做到符合法律、法规、规章和市场准则,仅靠自律机制远远不够。工程监理企业在规范自身行为、接受政府监督管理的前提下,依据委托监理合同和有关建设工程合同对承建单位的建设行为进行监督管理。由于这种约束机制通过事前、事中和事后控制相结合的方式贯穿于工程建设全过程,因此可以有效规范各承建单位的建设行为,最大限度地避免或制止不当建设行为的发生,最大限度地减少不良后果。同时,工程监理单位可向建设单位提出适当建议,避免建设单位发生不当建设行为,对规范建设单位的建设行为也可起到一定的约束作用。

(3)有利于保证建设工程质量和使用安全。工程监理企业对承建单位建设行为的监督管理,实际上是从产品需求者的角度对建设工程生产过程的管理,不同于产品生产者自身的管理。工程监理企业又不同于建设工程的实际需求者,其监理人员都是既懂工程技术又懂经济管理的专业人士,有能力及时发现建设工程实施过程中出现的问题及工程材料、设备、阶段产品中存在的问题,避免留下工程质量隐患。因此,实行建设工程监理制,有利于加强承建单位自身对工程质量的管理,也有利于保证建设工程质量和使用安全。

(4)有利于实现建设工程投资效益的最大化。建设工程监理对于实现建设工程投资效益最大化表现为以下三个方面:

1)在满足建设工程预定功能和质量标准前提下,建设投资额最少。

2)在满足建设工程预定功能和质量标准前提下,建设工程寿命周期费用或全寿命费用最少。

3)建设工程本身的投资效益与环境效益、社会效益的综合效益最大化。

3. 工程建设监理的基本方法

工程建设监理的基本方法包括目标规划、动态控制、组织协调、信息管理和合同管理。它们相互联系、相互支持、共同运行,形成一个完整的方法体系。

(1)目标规划。目标规划是指以实现目标控制为目的的规划和计划,是围绕工程项目目标(投资、进度和质量目标)进行研究确定、分解综合、安排计划、风险管理、制定措施等各项工作的集合。目标规划是目标控制的基础和前提,只有做好目标规划,目标控制的基础才牢固,目标控制的前提条件才充分,才能有效实施目标控制。

工程项目目标规划过程是一个由粗而细的过程。它随着工程的进展,分阶段地根据可能获得的工程信息对前一阶段的规划进行细化、补充和修正。它和目标控制是一种交替出现的循环链式关系。目标规划工作包括:目标论证、目标分解、目标实施、目标风险分析和管理、制定目标综合控制措施。

(2)动态控制。动态控制是指在完成工程项目的过程中,通过对过程、目标和活动的跟踪,全面、及时、准确地掌握工程建设信息,将实际目标值和工程建设状况与计划目标和状况进行对比。如果偏离了计划和标准的要求,就采取措施加以纠正,以保证计划总目标的实现。动态控制是开展工程建设监理活动时采用的基本方法,贯穿于工程项目整个监理过程之中，与工程项目的动态性一致。工程在不同阶段进行，控制就要在不同阶段展开；工程在不同空间展开，控制就要针对不同空间来实施。计划伴随工程的变化调整，控制就要不断地适应计划的变化。工程项目的实现始终要受到外部环境和内部因素的干扰，因此必须采取应变措施。监理工程师只有把握工程项目的动态性，才能做好目标控制工作。

（3）组织协调。组织协调与目标控制密不可分，协调就是为了实现项目目标。在监理过程中，当设计概算超过投资估算时，监理工程师要与设计单位进行协调，使设计与投资限额一致；当施工进度影响到项目计划时间时，监理工程师就要与施工单位进行协调，或改变投入，或修改计划，或调整目标，直到制定出一个较理想的解决方案为止；当发现承包单位的管理人员不称职，给工程质量造成影响时，监理工程师就要与承包单位进行协调，以便更换人员，确保工程质量。组织协调既包括项目监理组织内部人与人、机构与机构之间的协调，也包括存在于项目监理组织与外部环境组织之间的协调，主要是与项目建设单位、设计单位、施工单位、材料和设备供应单位，以及与政府有关部门、社会团体、咨询单位、科学研究、工程毗邻单位之间的协调。

为了开展好工程建设监理工作，要求项目监理组织内部所有监理人员都能采用科学、有效的方法主动地在自己负责的范围内进行协调。为了搞好组织协调工作，需要对经常性事项的协调加以程序化，事先确定协调的内容、方式和具体流程；需要经常通过监理组织系统和项目组织系统，利用权责体系，采取指令等方式进行协调，需要设置专门机构或专人进行协调，需要召开各种会议进行协调。只有这样，项目系统内各子系统、各专业、各工种、各项资源以及时间、空间等方面才能实现有机配合，使工程项目成为一体化运行的整体。

（4）信息管理。信息管理是指监理工程师对所需信息进行收集、整理、处理、存储、传递、应用等一系列工作的总和。信息管理对工程建设监理十分重要，监理工程师在监理工作推进中要不断预测或发现问题，要不断进行规划、决策、执行和检查，而这些都离不开相应的信息。信息是控制的基础，任何控制只有在信息的支持下才能有效进行。为了获得全面、准确、及时的工程信息，需要组成专门机构，确定专门人员从事信息管理工作。

（5）合同管理。监理单位在工程建设监理过程中的合同管理，主要是根据监理合同的要求，对工程承包合同的签订、履行、变更和解除进行监督、检查，对合同双方的争议进行调解和处理，以保证合同依法签订和全面履行。合同管理直接关系着投资、进度、质量控制，是工程建设监理方法系统中不可分割的组成部分，对于监理单位完成监理任务非常重要。根据国外经验，合同管理产生的经济效益往往大于技术优化所产生的经济效益。工程合同对参与建设项目各方的建设行为起到控制作用，同时又具体指导工程如何操作完成。从这个意义上讲，合同管理起着控制整个项目实施的作用。监理工程师在合同管理中应着重于协助业主签订有利于目标控制的工程建设合同；对签订合同进行系统分析；建立合同目录、编码和档案；对合同的履行进行监督、检查；做好防止索赔和索赔处理工作。

工程项目实施中会发生各种各样、大大小小的索赔、争议等问题。索赔处理是合同管理中的重要工作，关系合同双方切身利益，牵扯监理单位的目标控制，是参与项目建设各方都关注的事情。需要强调的是，合同各方应尽量在最早时间、最低层次，尽最大可能以友好协商的方式解决索赔问题，不要轻易提交仲裁。承包商应在索赔事件发生后的 28 天内，将索赔意向通知监理工程师。索赔意向通知提交后的 28 天内或工程师可能同意的其他合理时间内，承包人应递送正式的索赔报告。首先，监理单位应协助业主制定并采取措施防止索赔，最大限度地减少无理索赔数量与索赔影响；其次，要处理好索赔事件。对于索赔，监理工程师应以公正的态度对待，同时按照事先规定的程序处理好索赔工作。

4. 工程建设监理的程序

根据《工程建设监理规定》，监理的实施程序主要包括：确定项目总监理工程师，成立项目监理机构；编制建设工程监理规划；制定各专业监理实施细则；按照监理细则，规范化地开展监理工作；参与工程竣工验收，签署建设监理意见；向业主提交工程建设监理档案资料；进行监理工作总结。

7.4.4 工程建设监理的内容

1. 工程建设决策阶段监理

工程建设决策阶段的工作主要是对投资决策、立项决策和可行性研究决策的咨询。

(1)投资决策咨询。投资决策咨询的委托方可能是建设单位(筹备机构)，也可能是金融单位或政府。

(2)立项决策咨询。工程建设立项决策主要是确定拟建工程项目的必要性和可行性(建设条件是否具备)以及拟建规模。

(3)可行性研究决策咨询。工程建设的可行性研究是根据确定的项目建议书在技术上、经济上、财务上对项目进行详细论证，提出优化方案。

工程建设的决策咨询不是监理单位替建设单位决策，更不是替政府决策，其工作内容是受建设单位或政府的委托选择决策咨询单位，协助建设单位或政府与决策咨询单位签订咨询合同；监督管理决策咨询合同的实施履行；对咨询意见进行评估，并提出监理报告。

2. 工程建设设计阶段监理

工程建设设计阶段是工程建设进入实施阶段的开始。工程设计通常包括初步设计和施工图设计两个阶段，工程设计前还要进行地质、水文勘察，这一阶段又称为勘察设计阶段。在工程建设实施过程中，一般是把勘察和设计分开签订合同。勘察设计阶段监理工作的内容包括以下几项：

(1)协助业主提出设计要求，组织审查或评选设计方案。

(2)协助选择勘察、设计单位，协助签订建设工程勘察、设计合同，并监督合同的履行。

(3)督促设计单位限额设计、优化设计。

(4)审核设计是否符合规划要求，能否满足业主提出的功能使用要求。

(5)审核设计方案的技术、经济指标的合理性，审核设计方案是否满足国家规定的具体要求和设计规范。

(6)分析设计的施工可行性和经济性。

3. 工程建设施工阶段监理

工程施工是工程建设实施的最终阶段，是形成建筑产品的最后一步。施工阶段各种工作开展的好坏对建筑产品的质量有着巨大的影响。工程施工阶段监理的范围较广，包括施工招标阶段的监理、施工阶段的监理和竣工后工程保修阶段的监理。

(1)施工招标阶段的监理。

1)协助建设单位编制工程施工招标文件。

2)核查工程施工图设计、工程施工图预算及标底。

3)协助建设单位组织投标、开标和评标活动，向建设单位提出中标单位建议。

4)协助建设单位与中标单位签订工程施工合同书。

（2）施工阶段的监理。

1)协助建设单位与承建商编写开工申请报告。

2)察看工程项目建设现场，向承建商办理移交手续。

3)审查、确认承建商选择的分包单位。

4)制定施工总体规划，审查承建商的施工组织设计和施工技术方案，提出修改意见，下达单位工程施工开工令。

5)审查承建商提出的建筑材料、建筑物构件和设备的采购清单。工业工程的建设单位往往为了满足连续施工的需求，在选定承建商之前就开始设备订货。

6)检查工程使用的材料、构件、设备的规格和质量。

7)检查施工技术措施和安全防护设施。

8)主持协商建设单位、设计单位、施工单位或监理单位本身提出的设计变更。

9)监督管理工程施工合同的履行，主持协商合同条款的变更，调解合同双方的争议，处理索赔事项。

10)核查已完工程量，验收分项分部工程，签署工程付款凭证。

11)督促施工单位整理施工文件的归档准备工作。

12)参与工程竣工预验收，并签署监理意见。

13)检查工程结算。

（3）竣工后工程保修阶段的监理。

1)向建设单位提交监理档案资料。

2)编写竣工验收申请报告。

3)在规定的工程质量保修期限内，负责检查工程质量状况，组织鉴定质量问题责任，督促责任单位维修。

4. 监理单位其他服务

监理单位除承担工程建设监理业务外，还可以承担工程建设咨询业务，包括以下几个方面：

（1）工程建设投资风险分析。

（2）工程建设立项评估。

（3）编制工程建设项目可行性研究报告。

（4）编制工程施工招标标底。

（5）编制工程建设各种估算。

（6）各类建筑物(构筑物)的技术检测、质量鉴定。

（7）有关工程建设的其他专项技术咨询服务。

7.5 监理单位的资质管理

7.5.1 监理单位应具备的条件

工程监理单位是技术密集型企业，是依法成立的法人，除有自己的名称、组织机构、场所、必要的财产和经费外，还必须具有与承担监理业务相适应的人员素质、监理手段、专业技能和管理水平等。符合条件的单位，经申请得到政府有关部门的资格认证，确定可以监理经核定的工程类别及等级，并经工商行政管理机关注册登记，取得营业执照，方具备工程项目监理的资格，成为可以从事工程建设监理业务的经济实体。

7.5.2 监理单位资质等级与业务范围

监理单位资质是指从事建设工程监理业务的工程监理企业应当具备的注册资本、专业技术人员的素质、技术装备、专业配套能力、管理水平及工程监理业绩等。

1. 资质等级

工程监理企业资质分为综合资质、专业资质和事务所资质。综合资质、事务所资质不分级别。专业资质等级分为甲级、乙级；其中，房屋建筑、水利水电、公路和市政公用专业资质可设立丙级，并按照工程性质和技术特点划分为若干工程类别。工程监理企业的资质等级标准如下：

（1）综合资质标准。

1）具有独立法人资格且注册资本不少于600万元。

2）企业技术负责人应为注册监理工程师，并具有15年以上从事工程建设工作的经历或具有工程类高级职称。

3）具有5个以上工程类别的专业甲级工程监理资质。

4）注册监理工程师不少于60人，注册造价工程师不少于5人，一级注册建造师、一级注册建筑师、一级注册结构工程师或其他勘察设计注册工程师合计不少于15人。

5）企业具有完善的组织结构和质量管理体系，有健全的技术、档案等管理制度。

6）企业具有必要的工程试验检测设备。

7）申请工程监理资质之日前一年内，无《工程监理企业资质管理规定》第十六条禁止的行为发生。

8）申请工程监理资质之日前一年内，无因本企业监理责任造成的重大质量事故。

9）申请工程监理资质之日前一年内，无因本企业监理责任而发生三级以上工程建设重大安全事故或者发生两起以上四级工程建设安全事故。

（2）专业资质标准。

1）甲级工程监理企业的标准。

①具有独立法人资格且注册资本不少于300万元。

②企业技术负责人应为注册监理工程师，并具有15年以上从事工程建设工作的经历或具有工程类高级职称。

③注册监理工程师、注册造价工程师、一级注册建造师、一级注册建筑师、一级注册结构工程师或其他勘察设计注册工程师合计不少于25人；其中，相应专业注册监理工程师不少于《专业资质注册监理工程师人数配备表》要求配备的人数，注册造价工程师不少于2人。

④企业近两年内独立监理过三个以上相应专业的二级工程项目，但具有甲级设计资质或一级及以上施工总承包资质的企业申请本专业工程类别甲级资质的除外。

⑤企业具有完善的组织结构和质量管理体系，有健全的技术、档案等管理制度。

⑥企业具有必要的工程试验检测设备。

⑦申请工程监理资质之日前一年内，无《工程监理企业资质管理规定》第十六条禁止的行为。

⑧申请工程监理资质之日前一年内，无因本企业监理责任造成的重大质量事故。

⑨申请工程监理资质之日前一年内，无因本企业监理责任发生三级以上工程建设重大安全事故或者发生两起以上四级工程建设安全事故。

2）乙级工程监理企业的标准。

①具有独立法人资格且注册资本不少于100万元。

②企业技术负责人应为注册监理工程师，并具有10年以上从事工程建设工作的经历。

③注册监理工程师、注册造价工程师、一级注册建造师、一级注册建筑师、一级注册结构工程师或者其他勘察设计注册工程师合计不少于15人。其中，相应专业注册监理工程师不少于《专业资质注册监理工程师人数配备表》要求配备的人数，注册造价工程师不少于1人。

④有较完善的组织结构和质量管理体系，有技术、档案等管理制度。

⑤有必要的工程试验检测设备。

⑥申请工程监理资质之日前一年内，无《工程监理企业资质管理规定》第十六条禁止的行为。

⑦申请工程监理资质之日前一年内，无因本企业监理责任造成的重大质量事故。

⑧申请工程监理资质之日前一年内，无因本企业监理责任发生三级以上工程建设重大安全事故或者发生两起以上四级工程建设安全事故。

3）丙级工程监理企业的标准。

①具有独立法人资格且注册资本不少于50万元。

②企业技术负责人应为注册监理工程师，并具有8年以上从事工程建设工作的经历。

③相应专业的注册监理工程师不少于《专业资质注册监理工程师人数配备表》要求配备的人数。

④有必要的质量管理体系和规章制度。

⑤有必要的工程试验检测设备。

（3）事务所资质标准。

1）取得合伙企业营业执照，具有书面合作协议书。

2）合伙人中有3名以上注册监理工程师，合伙人均有5年以上从事建设工程监理的工作经历。

3）有固定的工作场所。

4）有必要的质量管理体系和规章制度。

5）有必要的工程试验检测设备。

2. 业务范围

（1）综合资质。可以承接所有专业工程类别建设工程项目的工程监理业务。

（2）专业资质。分为以下几种情况：

1）专业甲级资质。可承接相应专业工程类别建设工程项目的工程监理业务。

2）专业乙级资质。可承接相应专业工程类别二级以下（含二级）建设工程项目的工程监理业务。

3）专业丙级资质。可承接相应专业工程类别三级建设工程项目的工程监理业务。

(3)事务所资质。可承接三级建设工程项目的工程监理业务，但国家规定必须实行强制监理的工程除外。

7.5.3 监理单位资质的申请

1. 资质申请

2007年8月1日起施行的《工程监理企业资质管理规定》对监理企业资质的申请做了以下规定：

(1)资质申请管理部门。

1)申请综合资质、专业甲级资质的，应当向企业工商注册所在地的省、自治区、直辖市人民政府建设主管部门提出申请。

省、自治区、直辖市人民政府建设主管部门应当自受理申请之日起20日内初审完毕，并将初审意见和申请材料报国务院建设主管部门。

国务院建设主管部门应当自省、自治区、直辖市人民政府建设主管部门受理申请材料之日起60日内完成审查，公示审查意见，公示时间为10日。其中，涉及铁路、交通、水利、通信、民航等专业工程监理资质的，由国务院建设主管部门送国务院有关部门审核。国务院有关部门应当在20日内审核完毕，并将审核意见报国务院建设主管部门。国务院建设主管部门根据初审意见审批。

2)专业乙级、丙级资质和事务所资质由企业所在地省、自治区、直辖市人民政府建设主管部门审批。

专业乙级、丙级资质和事务所资质许可延续的实施程序由省、自治区、直辖市人民政府建设主管部门依法确定。

省、自治区、直辖市人民政府建设主管部门应当自作出决定之日起10日内，将准予资质许可的决定报国务院建设主管部门备案。

(2)资质申请应提交的材料。《工程监理企业资质管理规定》第十二条规定，申请工程监理企业资质，应当提交以下材料：

1)工程监理企业资质申请表(一式三份)及相应电子文档。

2)企业法人、合伙企业营业执照。

3)企业章程或合伙人协议。

4)企业法定代表人、企业负责人和技术负责人的身份证明、工作简历及任命(聘用)文件。

5)工程监理企业资质申请表中所列注册监理工程师及其他注册执业人员的注册执业证书。

6)有关企业质量管理体系、技术和档案等管理制度的证明材料。

7)有关工程试验检测设备的证明材料。

取得专业资质的企业申请晋升专业资质等级或者取得专业甲级资质的企业申请综合资质的，除前款规定的材料外，还应当提交企业原工程监理企业资质证书正、副本复印件，企业《监理业务手册》及近两年已完成代表工程的监理合同、监理规划、工程竣工验收报告及监理工作总结。

(3)资质证书及时效。

1)工程监理企业资质证书分为正本和副本，每套资质证书包括一本正本，四本副本。

正、副本具有同等法律效力。

2)工程监理企业资质证书由国务院建设主管部门统一印制并发放。工程监理企业资质证书的有效期为5年。

3)资质有效期届满，工程监理企业需要继续从事工程监理活动的，应当在资质证书有效期届满60日前，向原资质许可机关申请办理延续手续。

4)对在资质有效期内遵守有关法律、法规、规章、技术标准，信用档案中无不良记录，且专业技术人员满足资质标准要求的企业，经资质许可机关同意，有效期延续5年。

(4)资质变更。《工程监理企业资质管理规定》第十四条对工程监理企业资质变更做了以下规定：

1)工程监理企业在资质证书有效期内名称、地址、注册资本、法定代表人等发生变更的，应当在工商行政管理部门办理变更手续后30日内办理资质证书变更手续。

2)涉及综合资质、专业甲级资质证书中企业名称变更的，由国务院建设主管部门负责办理，并自受理申请之日起3日内办理变更手续。

3)前款规定以外的资质证书变更手续，由省、自治区、直辖市人民政府建设主管部门负责办理。省、自治区、直辖市人民政府建设主管部门应当自受理申请之日起3日内办理变更手续，并在办理资质证书变更手续后15日内将变更结果报国务院建设主管部门备案。

《工程监理企业资质管理规定》第十五条规定，工程监理企业申请资质证书变更，应当提交以下材料：

1)资质证书变更的申请报告。

2)企业法人营业执照副本原件。

3)工程监理企业资质证书正、副本原件。

工程监理企业改制的，除前款规定材料外，还应当提交企业职工代表大会或股东大会关于企业改制或股权变更的决议、企业上级主管部门关于企业申请改制的批复文件。

(5)资质合并、分离与增补。《工程监理企业资质管理规定》第十七条、第十八条规定：

1)工程监理企业合并的，合并后存续或者新设立的工程监理企业可以承继合并前各方中较高的资质等级，但应当符合相应的资质等级条件。

2)工程监理企业分立的，分立后企业的资质等级，根据实际达到的资质条件，按照本规定的审批程序核定。

3)企业需增补工程监理企业资质证书的(含增加、更换、遗失补办)，应当持资质证书增补申请及电子文档等材料向资质许可机关申请办理。遗失资质证书的，在申请补办前应当在公众媒体刊登遗失声明。资质许可机关应当自受理申请之日起3日内予以办理。

2. 工程监理企业的禁止性行为

《工程监理企业资质管理规定》第十六条规定，工程监理企业不得有下列行为：

(1)与建设单位串通投标或者与其他工程监理企业串通投标，以行贿手段谋取中标。

(2)与建设单位或者施工单位串通弄虚作假、降低工程质量。

(3)将不合格的建设工程、建筑材料、建筑构配件和设备按照合格签字。

(4)超越本企业资质等级或以其他企业名义承揽监理业务。

(5)允许其他单位或个人以本企业的名义承揽工程。

(6)将承揽的监理业务转包。

(7)在监理过程中实施商业贿赂。

(8)涂改、伪造、出借、转让工程监理企业资质证书。

(9)其他违反法律、法规的行为。

7.5.4 监理单位资质的监督管理

《工程监理企业资质管理规定》对工程监理企业资质的监督管理做了以下规定：

(1)县级以上人民政府建设主管部门和其他有关部门应当依照有关法律、法规和《工程监理企业资质管理规定》，加强对工程监理企业资质的监督管理。

(2)建设主管部门进行监督检查时，应当有两名以上监督检查人员参加，并出示执法证件，不得妨碍被检查单位的正常经营活动，不得索取或者收受财物、谋取其他利益。

有关单位和个人对依法进行的监督检查应当协助与配合，不得拒绝或者阻挠。监督检查机关应当将监督检查的处理结果向社会公布。

(3)工程监理企业违法从事工程监理活动的，违法行为发生地的县级以上地方人民政府建设主管部门应当依法查处，并将违法事实、处理结果或处理建议及时报告该工程监理企业资质的许可机关。

(4)工程监理企业取得工程监理企业资质后不再符合相应资质条件的，资质许可机关根据利害关系人的请求或者依据职权，可以责令其限期改正；逾期不改的，可以撤回其资质。

(5)有下列情形之一的，资质许可机关或者其上级机关，根据利害关系人的请求或者依据职权，可以撤销工程监理企业资质：

1)资质许可机关工作人员滥用职权、玩忽职守作出准予工程监理企业资质许可的。

2)超越法定职权作出准予工程监理企业资质许可的。

3)违反资质审批程序作出准予工程监理企业资质许可的。

4)对不符合许可条件的申请人作出准予工程监理企业资质许可的。

5)依法可以撤销资质证书的其他情形。

以欺骗、贿赂等不正当手段取得工程监理企业资质证书的，应当予以撤销。

(6)有下列情形之一的，工程监理企业应当及时向资质许可机关提出注销资质的申请，交回资质证书，国务院建设主管部门应当办理注销手续，公告其资质证书作废：

1)资质证书有效期届满，未依法申请延续的。

2)工程监理企业依法终止的。

3)工程监理企业资质依法被撤销、撤回或吊销的。

4)法律、法规规定的应当注销资质的其他情形。

(7)工程监理企业应当按照有关规定，向资质许可机关提供真实、准确、完整的工程监理企业的信用档案信息。

工程监理企业的信用档案应当包括基本情况、业绩、工程质量和安全、合同违约等情况。被投诉举报和处理、行政处罚等情况应当作为不良行为记入其信用档案。工程监理企业的信用档案信息按照有关规定向社会公示，公众有权查阅。

7.5.5 法律责任

《工程监理企业资质管理规定》对工程监理企业及政府有关部门在资质申请、资质许可、资质变更等过程中的违法违规行为应承担的法律责任做了以下规定：

（1）申请人隐瞒有关情况或者提供虚假材料申请工程监理企业资质的，资质许可机关不予受理或者不予行政许可，并给予警告，申请人在1年内不得再次申请工程监理企业资质。

（2）以欺骗、贿赂等不正当手段取得工程监理企业资质证书的，由县级以上地方人民政府建设主管部门或者有关部门给予警告，并处1万元以上2万元以下的罚款，申请人3年内不得再次申请工程监理企业资质。

（3）工程监理企业有《工程监理企业资质管理规定》第十六条第七项、第八项行为之一的，由县级以上地方人民政府建设主管部门或者有关部门予以警告，责令其改正，并处1万元以上3万元以下的罚款；造成损失的，依法承担赔偿责任；构成犯罪的，依法追究刑事责任。

（4）工程监理企业违反《工程监理企业资质管理规定》，不及时办理资质证书变更手续的，由资质许可机关责令限期办理；逾期不办理的，可处以1千元以上1万元以下的罚款。

（5）工程监理企业未按照《工程监理企业资质管理规定》要求提供工程监理企业信用档案信息的，由县级以上地方人民政府建设主管部门予以警告，责令限期改正；逾期未改正的，可处以1千元以上1万元以下的罚款。

《工程监理企业资质管理规定》第三十二条规定，县级以上地方人民政府建设主管部门依法给予工程监理企业行政处罚的，应当将行政处罚决定以及给予行政处罚的事实、理由和依据，报国务院建设主管部门备案。

（6）县级以上人民政府建设主管部门及有关部门有下列情形之一的，由其上级行政主管部门或者监察机关责令改正，对直接负责的主管人员和其他直接责任人员依法给予处分；构成犯罪的，依法追究刑事责任：

1）对不符合本规定条件的申请人准予工程监理企业资质许可的。

2）对符合本规定条件的申请人不予工程监理企业资质许可或者不在法定期限内作出准予许可决定的。

3）对符合法定条件的申请不予受理或者未在法定期限内初审完毕的。

4）利用职务上的便利，收受他人财物或者其他好处的。

5）不依法履行监督管理职责或者监督不力，造成严重后果的。

任务总结

工程建设监理是指监理单位受建设单位的委托和授权，根据国家批准的工程项目建设文件，有关工程建设的法律、法规和工程建设监理合同以及其他法规、规范，对工程建设全过程或项目实施阶段进行监督和管理的活动。工程建设监理包括对投资结构和项目决策的监理、对建设市场的监理、对工程建设实施的监理。在我国，建设监理主要是指后两种，其对象包括新建、改建和扩建的各种工程项目。

委托监理业务的范围伸缩性较强，就工程建设各阶段而言，可以包括项目前期立项咨询、设计阶段、实施阶段、保修阶段的全部监理工作或某一阶段的监理工作。在每一阶段内，又可以进行投资、质量、工期的三大控制及信息、合同两项管理。对于具体的项目，则要根据工程特点、监理人能力、项目建设不同阶段的监理任务等因素，将委托的监理任务详细写入合同的专用条款之中。

工程建设监理的中心任务是进行项目目标控制，即投资、进度和质量的控制。

工程建设监理的内容包括工程建设决策阶段、设计阶段、施工阶段的监理。其中工程施工阶段监理的范围较广，包括施工招标阶段的监理、施工阶段的监理和竣工后工程保修阶段的监理。

工程监理企业资质分为综合资质、专业资质和事务所资质。综合资质、事务所资质不分级别，并按照工程性质和技术特点划分为若干工程类别。工程监理企业的专业资质等级分为甲级、乙级；其中，房屋建筑、水利水电、公路和市政公用专业资质可设立丙级。

巩固训练

参考答案

一、名词解释

工程建设监理　　　工程变更　　　动态控制　　　信息管理　　　监理单位资质

二、单项选择题

1. 协助建设单位在计划目标内将建设工程建成投入使用是建设工程监理的（　　）。

　　A. 基本目的　　　　B. 基本内涵　　　　C. 主要方式　　　　D. 主要方法

2. 工程建设监理包括对投资结构和项目决策的监理、对建设市场的监理、对工程建设实施的监理。在我国，建设监理主要是指（　　），其对象包括新建、改建和扩建的各种工程项目。

　　A. 前两种　　　　B. 后两种　　　　C. 第一种　　　　D. 第三种

3. 在开展建设工程监理的过程中，应依据国家法律、法规、技术标准、规范、规程和合同文件，排除各种干扰，站在客观、公正的立场进行判断、证明和行使处理权，要维护建设单位和不损害被监理单位双方的合法权益。这表明建设工程监理具有（　　）。

　　A. 公平性　　　　B. 自主性　　　　C. 独立性　　　　D. 公正性

4. 工程建设监理是一种高智能、有偿性的技术服务。其服务客体是建设单位的工程项目，服务对象是（　　），服务依据是国家批准的工程项目建设文件，有关工程建设的法律、法规和工程建设监理合同以及其他法规、规范。

　　A. 施工单位　　　　B. 监理单位　　　　C. 建设单位　　　　D. 所有单位

5. 工程勘察设计合同是（　　）为完成一定的勘察设计任务而签订的明确双方权利与义务关系的协议。

　　A. 委托方与承包方　B. 委托方　　　　C. 承包方　　　　D. 第三方

6. 在我国，专业乙级监理资质单位可承担（　　）。

　　A. 相应专业工程类别建设工程项目的工程监理业务

　　B. 三级建设工程项目的工程监理业务，但国家规定必须实行的强制的监理工程除外

　　C. 相应专业工程类别三级建设工程项目的工程监理业务

　　D. 相应专业工程类别二级以下（含二级）建设工程项目的工程监理业务

7. 经监理工程师资格考试合格，由监理工程师注册机关核发（　　）。

　　A.《注册监理工程师注册执业证书》　　　　B.《监理工程师资格证书》

　　C.《监理工程师培训结业证书》　　　　　　D.《监理工程师岗位证书》

8. 建设工程监理的中心任务是（　　　）。

    A. 目标控制　　　　　　　　　　B. 风险管理

    C. 监理规划　　　　　　　　　　D. 组织协调

9. 建设工程监理实施的前提是（　　　）。

    A. 有关法律、法规　　　　　　　B. 建设单位的委托和授权

    C. 有关建设工程合同　　　　　　D. 工程建设文件

10. 工程监理企业下列行为中合法的是（　　　）。

    A. 转包监理业务

    B. 超越资质等级承揽监理业务

    C. 允许其他单位以本企业的名义承揽工程

    D. 接受建设单位的监理委托

三、多项选择题

1. 工程建设监理的作用在于（　　　）。

    A. 有利于政府对工程建设参与各方的建设行为进行监督管理

    B. 有利于提高建设工程投资决策的科学化水平

    C. 可以无限降低工程造价

    D. 有利于规范工程建设参与各方的建设行为

    E. 有利于实现建设工程投资效益的最大化

2. 工程建设监理的基本方法包括（　　　）和合同管理。

    A. 目标规划　　　　　　　　　　B. 动态控制

    C. 人事管理　　　　　　　　　　D. 组织协调

    E. 信息管理

3. 以下是勘察设计阶段监理工作内容的有（　　　）。

    A. 向建设单位提交监理档案资料　B. 编写竣工验收申请报告

    C. 督促设计单位限额设计、优化设计　D. 协助业主提出设计要求

    E. 分析设计的施工可行性和经济性

4. 工程建设施工阶段的监理包括（　　　）。

    A. 工程建设决策阶段的监理　　　B. 施工阶段的监理

    C. 工程建设设计阶段的监理　　　D. 施工招标阶段的监理

    E. 竣工后工程保修阶段的监理

5. 建设工程监理的中心任务是控制工程项目目标，也就是控制（　　　）。

    A. 工程项目的投资目标　　　　　B. 工程项目的质量目标

    C. 工程项目的进度目标　　　　　D. 工程项目的成本目标

    E. 工程项目的安全目标

6. 监理单位除承担工程建设监理业务之外，还可以承担工程建设以下（　　　）等方面的咨询业务。

    A. 工程建设投资风险分析　　　　B. 指定购买某单位生产的原材料

    C. 参与投标单位投标　　　　　　D. 编制工程建设各种估算

    E. 工程建设立项评估

7. 有下列（　　　）情形之一的，工程监理企业应当及时向资质许可机关提出注销资质的

申请，交回资质证书，国务院建设主管部门应当办理注销手续，公告其资质证书作废。

A. 资质证书有效期届满，未依法申请延续的

B. 企业法定代表人变更的

C. 工程监理企业依法终止的

D. 工程监理企业资质依法被撤销、撤回或吊销的

E. 法律、法规规定的应当注销资质的其他情形

8. 工程监理单位是技术密集型企业，是依法成立的法人，除有自己的名称、组织机构、场所、必要的财产和经费外，还必须具有与承担监理业务相适应的(　　)等。

A. 合作伙伴　　　　B. 人员素质　　　　C. 监理手段　　　　D. 专业技能

E. 管理水平

9. 建设监理法规体系由(　　)构成。

A. 国家法律　　　　　　　　　　B. 企业规章

C. 行政性法规　　　　　　　　　D. 部门规章

E. 地方规章

10. 工程变更有以下三种(　　)。

A. 设计变更　　　　　　　　　　B. 生产单位法定代表人变更

C. 施工进度变更　　　　　　　　D. 施工方案变更

E. 项目经理变更

四、判断题

1. 监理单位开展监理活动的主要依据是受建设行政主管部门委托和授权。　　　　(　　)

2. 国家重点建设工程，依据《国家重点建设项目管理办法》，必须实施监理。　　(　　)

3. 建设工程监理的主要任务是进行成本控制。　　　　　　　　　　　　　　　(　　)

4. 建设单位不追究监理单位的普通责任，则该责任就不存在。　　　　　　　　(　　)

5. 监理工程师代表监理单位全面履行工程建设监理委托合同。　　　　　　　　(　　)

6. 合同解除分约定解除和法定解除两种情况。　　　　　　　　　　　　　　　(　　)

7. 施工合同履行中，承包商要执行监理工程师的指令。　　　　　　　　　　　(　　)

8. 申请监理工程师注册，由拟聘用申请者的工程建设监理单位统一向本地区或本部门的监理工程师注册机关提出申请。　　　　　　　　　　　　　　　　　　　　(　　)

9. 经监理工程师资格考试合格人员，由监理工程师注册机关核发《监理工程师岗位证书》。

(　　)

10. 监理单位是直接参与工程项目建设的"三方当事人"之一，这体现了工程监理的科学性。

(　　)

五、简答题

1. 工程建设监理在建设领域中具有哪些特征？

2. 项目经理部履行施工合同应当完成哪些工作？

3. 哪些建设工程必须实行强制监理？

六、案例分析

背景：

A业主开发建设办公写字楼一栋，委托甲监理公司监理并签订了委托监理合同，经过

施工招标，业主与乙建筑公司签订了施工合同。乙建筑公司拟将桩基工程分包给丙地基基础工程公司。在总监理工程师组织的现场监理机构工作会议上，总监理工程师要求监理人员在乙建设公司入场到开工这段时间内，要认真审核施工单位提交的有关文件、资料等，并且要合理运用工程建设监理的基本方法，确保工程建设监理的中心任务得以顺利实现。

试分析：

(1)甲监理公司在本项目中从事监理工作的前提和依据是什么？

(2)工程建设监理的中心任务是什么？

(3)工程建设监理的基本方法有哪些？

第8章 建设工程质量管理法规

8.1 概述

建设工程质量通常是指工程实体质量，即国家现行法律、法规、技术标准、设计合同中，对工程的安全、适用、经济、美观等特性的综合要求。工程实体质量的好坏是决策、计划、勘察、设计、施工等各环节、各方面工作质量的总体反映。

建设工程质量需要通过法律手段加以规范，我国目前已实施的有《建筑法》《建设工程质量管理条例》等法律、法规和《工程建设标准强制性条文》等技术规范。

8.1.1 工程建设标准

1. ISO9001：2015

1987 年 3 月，国际标准化组织（ISO）正式发布了 ISO9000《质量管理和质量保证》系列标准。"ISO9000 族标准"是指由 ISO/TC176 制定的所有国际标准。TC176 即 ISO 中第 176 个技术委员会，全称是"质量保证技术委员会"，1987 年更名为"质量管理和质量保证技术委员会"。

2015 年 9 月 23 日，ISO9001：2015《质量管理体系要求》正式发布。该标准为未来 25 年的质量管理标准做好了准备，适合所有类型组织的应用，特别适合于企业建立整合管理体系，其非常关注质量管理体系的有效性和效率。

ISO9001：2015 主要由以下模块组成：范围、规范性引用文件、术语和定义、组织的背景、领导作用、策划、支持、运行、绩效评价、支持改进。其中，规范性引用文件是为了过程质量审核，过程质量审核是对影响过程质量的各因素是否按质量控制计划所规定的要求进行控制、控制是否有效、能否适应等进行审查与评价。过程质量审核的目的，就是通过审核检查在生产现场是否按质量控制计划规定的措施执行、是否符合标准，评价其有效性，同时发现问题进行改进，以保证过程质量的稳定。过程质量审核的内容如下：

（1）操作者是否具备规定的能力或资格。

（2）是否按图样、工艺规程和作业指导书进行加工。

（3）设备、工装、刀具等是否符合要求，并且使用正确。

（4）原材料、毛坯、协作件是否符合要求。

（5）图样、工艺文件、检验文件等是否完整、统一、正确、有效。

（6）是否按规定正确地开展质量检验工作。

（7）制造、装配现场环境是否良好。

（8）过程质量控制点的设置是否合理，控制的文件等是否齐全，能否真正起到控制的作用。

过程质量审核应根据管理部门的安排有计划地定期进行，审核重点应是建立质量控制点的过程，以评定其质量控制活动。开展过程质量审核，可有效改进过程质量控制方法，完善质量控制点的预防控制作用，为改善过程质量控制、保证产品质量起到积极的作用。

2. 工程建设国家标准

我国 1992 年 12 月 30 日实施的《工程建设国家标准管理办法》规定，工程建设国家标准分为强制性标准和推荐性标准。

（1）强制性标准与推荐性标准。根据《工程建设国家标准管理办法》的规定，下列标准属于强制性标准：

1）工程建设勘察、规划、设计、施工（包括安装）及验收等通用的综合标准和重要的通用的质量标准。

2）工程建设通用的有关安全、卫生和环境保护的标准。

3）工程建设重要的通用的术语、符号、代号、量与单位、建筑模数和制图方法标准。

4）工程建设重要的通用的试验、检验和评定方法等标准。

5）工程建设重要的通用的信息技术标准。

6）国家需要控制的其他工程建设通用的标准。

强制性标准以外的标准是推荐性标准。

（2）编制国家标准应遵循的原则。《工程建设国家标准管理办法》第五条规定，编制国家标准的计划应遵循下列原则：

1）在国民经济发展总目标和总方针的指导下进行，体现国家的技术、经济政策。

2）适应工程建设和科学技术发展的需要。

3）在充分做好调查研究和认真总结经验的基础上，根据工程建设标准体系表的要求，综合考虑相关标准之间的构成和协调配套。

4）从实际出发，保证重点，统筹兼顾，根据需要和可能，分别轻重缓急，做好计划的综合平衡。

8.1.2 建设工程质量管理体系

建设工程质量管理体系，目前在我国是指对中国境内建筑施工企业实施质量管理体系认证时，应当同时按照 ISO9001《质量管理体系 要求》和《工程建设施工企业质量管理规范》（GB/T 50430—2017）的要求开展认证审核活动。

1. 质量管理体系要素

（1）ISO9001。ISO9001 是迄今为止世界上最成熟的质量框架，目前全球有 161 个国家和地区超过75万家组织正在使用这一框架。ISO9001不仅为质量管理体系，也为总体管理体系设立了标准。它帮助各类组织通过改进客户满意度、提升员工积极性以及持续改进来获得成功。

（2）《工程建设施工企业质量管理规范》（GB/T 50430—2017）。本规范是为进一步提高建筑施工企业质量管理水平，为社会提供优质建筑，满足建筑施工领域质量管理工作专业性强的需求而制定的质量管理规范。国家认证认可监督管理委员会与住房和城乡建设部决定，自2011年1月1日起，在工程建设施工领域质量管理体系认证中，应同时按照ISO9001《质量管理体系——要求》和《工程建设施工企业质量管理规范》（GB/T 50430—2017）开展认证活动。

2. 建立质量管理体系原则性工作

《追求组织的持续成功 质量管理方法》（GB/T 19004—2011）标准的实施为建设工程实施安全防范措施，消除安全隐患提供统一的技术要求，确保了工程质量安全，保障了建设工程的建造者、使用者和所有者的生命财产安全以及人身健康安全。该标准的实施对企业建立质量管理体系明确了几项基本的原则性工作，主要为：确定质量环；明确和完善体系结构；质量管理体系文件化；定期进行质量管理体系审核；质量管理体系评审和评价。

（1）确定质量环。质量环是从产品立项到产品使用全过程各阶段中影响质量的相互作用活动的概念模式，这些阶段如市场调研、设计、采购、售后服务等构成了产品形成与使用的全过程。每个阶段中包括若干直接质量职能与间接质量职能活动。满足要求的产品质量是质量环各个阶段质量职能活动的综合效果。

建筑施工企业的特定产品对象是工程，无论其工程的复杂程度、结构形式怎样变化，无论是高楼大厦还是一般建筑物，其建造和使用的过程、程序和环节应当基本一致。因此对于建筑施工企业，其质量环建议由以下八个阶段组成：

1）工程调研和任务承接。

2）施工准备。

3）材料采购。

4）施工生产。

5）试验与检验。

6）建筑物功能试验。

7）竣工交验。

8）回访与保修。

（2）明确和完善体系结构。最高管理层对质量方针负责并做出承诺，质量管理是制定和实施质量方针的全部管理职能；质量管理体系是实施质量管理的组织结构、责任、程序、过程和资源；管理者应组织建立质量管理体系并使其有效运行，以实现所规定的方针和目标。

可见，企业决策层领导及有关管理人员要负责质量管理体系的建立、完善、实施和保持各项工作的开展，使企业质量管理体系达到预期目标。

（3）质量管理体系文件化。质量管理体系文件化即质量管理体系结构采用的各项质量要素、要求和规定等各项工作必须有系统、有条理地制定为质量管理体系文件，要保证这些文件在该体系范围内使有关人员、有关部门理解一致，得到有效的贯彻与实施。

质量管理体系文件主要分为质量手册、质量计划、工作程序文件与质量记录等分类文件。

（4）定期进行质量管理体系审核。为了查明质量管理体系的实施效果是否达到了规定的目标要求，企业管理者应制订内部审核计划，定期进行质量管理体系审核。

质量管理体系审核由企业胜任的管理人员对体系各项活动进行客观评价，这些人员独立于被审核的部门和活动范围。审核范围包括：组织机构；管理与工作程序；人员、装备和器材；工作区域、作业和过程；在制品（确定其符合规范和标准的程度）；文件、报告和记录。

质量管理体系审核一般以质量管理体系运行中各项工作文件的实施程度及产品质量水平为主要工作对象，一般为符合性评价。

（5）质量管理体系评审和评价。质量管理体系的评审和评价，一般称为管理者评审，它由上层领导亲自组织，是对质量管理体系、质量方针、质量目标等工作所开展的适合性评价。评审和评价的重点是该体系的计划、结构是否合理有效，一旦发现不足，应当对其体系结构、质量目标、质量政策提出改进意见，使企业管理者采取必要措施。

与质量管理体系审核不同的是，质量管理体系评审更侧重于质量管理体系的适合性（质量管理体系审核侧重符合性），而且一般评审与评价活动要由企业领导直接组织。

3. 工程施工现场质量管理制度与基本方法

（1）现场质量管理制度。建筑工程施工阶段的管理主要包括进度控制、质量控制、投资控制三大内容。施工质量控制是整个施工过程控制的重点，也是施工单位进行现场施工管理的核心。现场管理制度包括质量责任制度、技术复核制度、现场会议制度、施工过程控制制度、现场质量检验制度、质量统计报表制度、质量事故报告和处理制度。

（2）现场质量管理基本方法。现场质量管理应建立健全以项目经理为首的施工管理能力强、技术专业性高、施工经验丰富、工作责任心强的人员组成的现场技术管理体系，有明确的职能分工与工作职责；遵循"验评分离、强化验收、完善手段、过程控制"的指导思想，着重控制管理职责、资源管理、产品实现、测量分析和改进等过程。现场质量管理的基本方法包括以下几项：

1）过程精品化建设。过程精品化建设是指在建筑产品生产过程中，从每一道工序抓起，使每道工序的质量都符合规范标准，用"过程精品"铸"精品工程"。

2）施工过程动态管理。施工过程动态管理是指在施工项目管理过程中，项目管理的三个层面（即企业层面、项目层面、作业层面）在管理过程中良性互动，通过对外部环境的预测、内部数据的分析，对生产策略、管理手段进行适时调整、修改和补充。

3）节点考核与施工质量优劣奖罚。节点考核是指运用明确的质量节点考核指标对项目各分部工程、分项工程进行管理和考核，在项目部形成"比、拼、赶、帮、超"的良性竞争局面。通过节点考核与施工质量优劣奖罚的科学结合，最大限度地发挥现场职工对质量管理的主动性和创造性，保证质量目标的实现。

4）具备准确完整的产品质量标识。施工现场产品质量标识包括产品标识和产品状态标识。产品标识是指用来识别产品特征的标识，主要反映产品名称、型号、规格、批号或地点、方向、位置等，主要目的是防止不同产品的混料或误用。产品状态标识主要反映监视和测量的状态，可以是检验和试验状态（如待检、合格、不合格、待定等）或加工状态（如正在加工、待加工、待处理等），也可以是服务状态（如正在整理、已消毒等）或警示状态（如高压危险、当心地滑等），其主要目的是防止不同监视和测量状态的混淆，避免含有不合格产品。

8.2 建设工程质量监督管理

建设工程质量监督管理是指为了加强政府对建设工程质量的监督，确保工程质量，维护国家和人民生命财产安全，根据《中华人民共和国标准化法》和国家有关行政法规，由政府授权的专门机构依据国家颁发的有关法律、法规、技术标准及设计文件对建设工程质量实施的监督管理。

8.2.1 建设工程质量监督管理法规

为加强对建设工程质量的管理，保护人民生命和财产安全，我国先后颁布了《建筑法》《建设工程质量管理条例》《房屋建筑工程和市政基础设施竣工验收备案管理暂行办法》《实施工程建设强制性标准监督规定》《房屋建筑工程质量保修办法》等法律、法规，建立了比较成熟的建设工程质量法规体系，对于保证建设工程质量，维护社会公共利益等起到了十分重要的作用。

8.2.2 建设工程质量领导责任制

工程质量管理贯穿建设全过程，参与建设的各方都直接或间接地从事与工程质量形成有关的相应活动，为确保建设工程质量目标，必须按要求履行各自的质量责任，形成严密的质量管理体系。

工程质量责任制就是对参与建设的各单位、各部门和各岗位，在保证质量方面对其应承担的责任和义务做出规定，并进行监督的一种制度。1999年国务院办公厅《关于加强基础设施工程质量管理的通知》（国办发〔1999〕16号）就此问题做了以下规定：

1. 工程质量行政领导人责任

对基础设施项目工程质量实行行业主管部门、主管地区行政领导责任人制度。中央项目的工程质量由国务院有关行业主管部门的行政领导人负责；地方项目的工程质量按项目所属关系，分别由各级地方政府行政领导人负责。如发生重大工程质量事故，除追究当事单位和当事人的直接责任外，还要追究相关行政领导人在项目审批、执行建设程序、干部任用和工程建设监督管理等方面失察的领导责任。

2. 项目法定代表人责任

基础设施项目除军事工程等特殊情况外，都要按政企分开原则组成项目法人，实行建设项目法人责任制，由项目法定代表人对工程质量负总责。凡没有实行项目法人责任制的在建项目，要限期进行整改。项目法定代表人必须具备相应的政治、业务素质和组织能力，具备项目管理工作的实际经验。项目法人单位的人员素质、内部组织机构必须满足工程管理和技术上的要求。

3. 参建单位工程质量领导人责任

勘察、设计、施工、监理等单位的法定代表人要按各自职责对所承建项目的工程质量负领导责任。因参建单位工作失误导致重大工程质量事故的，除追究直接责任人的责任外，还要追究参建单位法定代表人的领导责任。

4. 工程质量终身负责制

项目工程质量的行政领导责任人，项目法定代表人，勘察、设计、施工、监理等单位的法定代表人，要按各自职责对其经手的工程质量负终身责任。如发生重大工程质量事故，不管调到哪里工作，担任什么职务，都要追究相应的行政和法律责任。

8.2.3　建设工程质量监督管理机构及其职责

建设工程质量监督管理机构是指受县级以上地方人民政府建设主管部门或有关部门委托，经省级人民政府建设主管部门或国务院有关部门考核认定，依据国家的法律、法规和工程建设强制性标准，对工程建设实施过程中各参建责任主体和有关单位的质量行为及工程实体质量进行监督管理的具有独立法人资格的单位。

(1)住房和城乡建设部对质量监督管理工作的主要职责。

1)贯彻国家有关建设工程质量方面的方针、政策和法律、法规，制定建设工程质量监督、检测工作的有关规定和办法。

2)负责全国建设工程质量监督和检测工作的规划及管理。

3)掌握全国建设工程质量动态，组织交流质量监督工作经验。

4)负责协调解决跨地区、跨部门重大工程质量问题的争端。

(2)省、自治区、直辖市住房城乡建设主管部门和国务院工业、交通各部门对质量监督管理工作的主要职责。

1)贯彻国家有关建设工程质量监督方面的方针、政策和法律、法规，制定本地区、本部门建设工程质量监督、检测工作的实施细则。

2)负责本地区、本部门建设工程质量监督和检测工作的规划及管理，审查工程质量监督机构的资质，考核监督人员的业务水平，核发监督员证书。

3)掌握本地区、本部门建设工程质量动态，组织交流工作经验，组织对监督人员的培训。

4)组织、协调和督促处理本地区或本部门重大工程质量问题的争端。

(3)市、县住房城乡建设主管部门应负的工程质量监督管理职责由省、自治区、直辖市住房城乡建设主管部门规定。省、自治区、直辖市住房城乡建设主管部门和国务院工业、交通各部门根据实际需要，可设置从事管理工作的工程质量监督总站。

8.3　建设工程行为主体质量责任与义务

8.3.1　建设工程行为主体的概念

建设工程行为主体是指工程建设行为的参与者，包括建设单位，勘察、设计单位，施工单位，工程监理单位及建筑材料生产和供应单位等。

8.3.2　建设工程行为主体质量责任与义务

国务院于 2000 年 1 月 30 日发布实施的《建设工程质量管理条例》对建设单位，勘察、设计单位，施工单位，工程监理单位的质量责任和义务做出了明确规定。

1. 建设单位质量责任与义务

(1)建设单位应将工程发包给具有相应资质等级的单位，不得将建设工程肢解发包。

(2)建设单位应依法对工程建设项目的勘察、设计、施工、监理以及与工程建设有关的重要设备、材料等的采购进行招标。

(3)建设单位必须向有关的勘察、设计、施工、工程监理等单位提供与建设工程有关的原始资料；原始资料必须真实、准确、齐全。

(4)建设工程发包单位不得迫使承包方以低于成本的价格竞标，不得任意压缩合理工期；建设单位不得明示或暗示设计单位或施工单位违反工程建设强制性标准，降低建设工程质量。

(5)建设单位应当将施工图设计文件报县级以上人民政府住房城乡建设主管部门或其他有关部门审查。施工图设计文件审查的具体办法由国务院住房城乡建设主管部门会同国务院其他有关部门制定。施工图设计文件未经审查批准的，不得使用。

(6)实行监理的建设工程，建设单位应委托具有相应资质等级的工程监理单位进行监理，也可委托具有工程监理相应资质等级并与被监理工程的施工承包单位没有隶属关系或其他利害关系的该工程的设计单位进行监理。

(7)建设单位领取施工许可证或开工报告前，应按国家有关规定办理工程质量监督手续。

(8)按照合同约定，由建设单位采购建筑材料、建筑构配件和设备的，建设单位应保证建筑材料、建筑构配件和设备符合设计文件和合同要求。建设单位不得明示或暗示施工单位使用不合格的建筑材料、建筑构配件和设备。

(9)涉及建筑主体和承重结构变动的装修工程，建设单位应在施工前委托原设计单位或具有相应资质等级的设计单位提出设计方案；没有设计方案的，不得施工。房屋建筑使用者在装修过程中，不得擅自变动房屋建筑主体和承重结构。

(10)建设单位收到建设工程竣工报告后，应组织设计、施工、工程监理等有关单位进行竣工验收。

(11)建设单位应严格按照国家有关档案管理的规定，及时收集、整理建设项目各环节的文件资料，建立健全建设项目档案，并在建设工程竣工验收后及时向建设行政主管部门或其他有关部门移交建设项目档案。

2. 勘察、设计单位质量责任与义务

(1)从事建设工程勘察、设计的单位应依法取得相应等级的资质证书，并在资质等级许可范围内承揽工程；禁止勘察、设计单位超越其资质等级许可范围或以其他勘察、设计单位的名义承揽工程，禁止勘察、设计单位允许其他单位或个人以本单位名义承揽工程；勘察、设计单位不得转包或违法分包所承揽的工程。

(2)勘察、设计单位必须按工程建设强制性标准进行勘察、设计，并对勘察、设计质量负责；注册建筑师、注册结构工程师等注册执业人员应在设计文件上签字，对设计文件负责。

(3)勘察单位提供的地质、测量、水文等勘察成果必须真实、准确。

(4)设计单位应根据勘察成果文件进行建设工程设计；设计文件应符合国家规定的设计深度要求，注明工程合理使用年限。

（5）设计单位在设计文件中选用的建筑材料、建筑构配件和设备，应注明规格、型号、性能等技术指标，其质量要求必须符合国家规定的标准；除有特殊要求的建筑材料、专用设备、工艺生产线等外，设计单位不得指定生产厂商和供应商。

（6）设计单位应当就审查合格的施工图设计文件向施工单位做出详细说明。

（7）设计单位应当参与建设工程质量事故分析，并对因设计造成的质量事故提出相应的技术处理方案。

3. 施工单位质量责任与义务

（1）施工单位应依法取得相应等级的资质证书，并在其资质等级许可的范围内承揽工程；禁止施工单位超越本单位资质等级许可的业务范围或以其他施工单位的名义承揽工程；禁止施工单位允许其他单位或个人以本单位名义承揽工程；施工单位不得转包或违法分包工程。

（2）施工单位对建设工程的施工质量负责；施工单位应建立质量责任制，确定工程项目的项目经理、技术负责人和施工管理负责人；建设工程实行总承包的，总承包单位应对全部建设工程质量负责；建设工程勘察、设计、施工、设备采购的一项或多项实行总承包的，总承包单位应当对其承包的建设工程或采购设备的质量负责。

（3）总承包单位依法将建设工程分包给其他单位的，分包单位应按分包合同约定对其分包工程的质量向总承包单位负责，总承包单位与分包单位对分包工程的质量承担连带责任。

（4）施工单位必须按照工程设计图纸和施工技术标准施工，不得擅自修改工程设计，不得偷工减料；施工单位在施工过程中发现设计文件和图纸有差错的，应及时提出意见和建议。

（5）施工单位必须按照工程设计要求、施工技术标准和合同约定，对建筑材料、建筑构配件、设备和商品混凝土进行检验，检验应有书面记录和专人签字；未经检验或检验不合格的，不得使用。

（6）施工单位必须建立健全施工质量检验制度，严格工序管理，做好隐蔽工程的质量检查和记录。隐蔽工程在隐蔽前，施工单位应当通知建设单位和建设工程质量监督机构。

（7）施工人员应当在建设单位或工程监理单位监督下对涉及结构安全的试块、试件以及有关材料，现场取样，并送具有相应资质等级的质量检测单位进行检测。

（8）施工单位对施工中出现质量问题的建设工程或竣工验收不合格的建设工程，应当负责返修。

（9）施工单位应当建立健全教育培训制度，加强对职工的教育培训；未经教育培训或考核不合格的人员，不得上岗作业。

4. 工程监理单位质量责任与义务

（1）工程监理单位应当依法取得相应等级的资质证书，并在资质等级许可范围内承揽工程监理业务。禁止工程监理单位超越本单位资质等级许可范围或以其他工程监理单位的名义承揽工程监理业务；禁止工程监理单位允许其他单位或个人以本单位名义承揽工程监理业务。工程监理单位不得转让工程监理业务。

（2）工程监理单位与被监理工程的施工承包单位以及建筑材料、建筑构配件和设备供应单位有隶属关系或其他利害关系的，不得承揽该项建设工程的监理业务。

（3）工程监理单位应当依照法律、法规及有关技术标准、设计文件和建设工程承包合同，代表建设单位对施工质量实施监理，并对施工质量承担监理责任。

(4)工程监理单位应当选派具备相应资格的总监理工程师和监理工程师进驻施工现场；未经监理工程师签字，建筑材料、建筑构配件和设备不得在工程上使用或安装，施工单位不得进行下一道工序的施工。未经总监理工程师签字，建设单位不拨付工程款，不进行竣工验收。

(5)监理工程师应当按工程监理规范要求，采取旁站、巡视和平行检验等形式，对建设工程实施监理。

案例8.1

背景：

某工程项目，建设单位与施工总承包单位签订了施工总承包合同，并委托某监理公司承担施工阶段的监理任务。施工总承包单位将桩基工程分包给一家专业施工单位。施工过程中，总监理工程师组织监理人员熟悉设计文件时发现部分图纸设计不当，便修改了该部分图纸，并直接签发给施工总承包单位进行施工；监理人员现场发现，工人绑扎钢筋完毕后，在施工总承包单位未通知建设工程质量监督机构检查验收的情况下就准备浇筑混凝土。

试分析：

(1)总监理工程师对图纸的处理是否正确？如有不妥之处，写出正确做法。

(2)钢筋绑扎完毕后总承包单位未通知监理人员检查就准备浇筑混凝土是否正确？说明理由。监理人员应如何处理？

分析要点：

问题(1)：总监理工程师自行修改图纸的做法不正确。总监理工程师发现图纸设计有误后，应当通知设计部门进行修改。

问题(2)：钢筋绑扎完毕后总承包单位未通知建设工程质量监督机构检查验收就准备浇筑混凝土的做法不正确。因为此处钢筋绑扎属隐蔽工程，在其隐蔽前，应通知建设单位和建设工程质量监督机构检查验收，未经验收或验收不合格，不得进行下一道工序施工。监理人员发现后，应当勒令停止施工，待验收合格后方可浇筑混凝土。

8.4 建设工程竣工验收制度

建设工程项目竣工验收是施工全过程的最后一道程序，它是建设投资成果转入生产或使用的标志，也是全面考核投资效益、检验设计和施工质量的一个重要环节。

8.4.1 建设工程竣工验收

1. 竣工验收条件

《建设工程质量管理条例》第十六条规定，建设单位收到建设工程竣工报告后，应组织设计、施工、工程监理等有关单位进行竣工验收。建设工程竣工验收应当具备下列条件：

(1)完成建设工程设计和合同约定的各项内容。

(2)有完整的技术档案和施工管理资料。

(3)有工程使用的主要建筑材料、建筑构配件和设备的进场试验报告。

（4）有勘察、设计、施工、工程监理等单位分别签署的质量合格文件。

（5）有施工单位签署的工程保修书。

2. 竣工验收类型

在工程实践过程中，竣工验收有单项工程验收和全部验收两种类型。

（1）单项工程验收。单项工程验收是指在一个总体建设项目中，一个单项工程或一个车间已按设计要求建设完成，能满足生产要求或具备使用条件，且施工单位已预验，监理工程师已初验通过，在此条件下进行的正式验收。由几个施工单位负责施工的单项工程，当其中一个单位所负责的部分已按设计完成时，也可组织正式验收，办理交工手续，交工时应请施工总承包单位参加。

对于建成的住宅可分幢进行正式验收，以便及早交付使用，提高投资效益。

（2）全部验收。全部验收是指整个建设项目已按设计要求全部建设完成，并已符合竣工验收标准，施工单位预验通过，监理工程师初验认可，由监理工程师组织以建设单位为主，设计、施工等单位参加的正式验收。在整个项目进行全部验收时，对已验收过的单项工程，可以不再进行正式验收和办理验收手续，但应当将单项工程验收单作为全部工程验收的附件加以说明。

根据《建筑法》规定，建筑工程竣工经验收合格后，方可交付使用；未经验收或验收不合格的，不得交付使用。因此，无论是单项工程提前交付使用，还是全部工程整体交付使用，都必须经过竣工验收，而且必须验收合格，否则不能交付使用。

3. 竣工验收组织机构

竣工验收工作应当由建设单位组织竣工验收小组负责实施，质量监督机构对验收工作实施监督，验收组组长由建设单位法人代表或其委托的负责人担任，副组长应至少有一名工程技术人员担任，成员由建设单位的上级主管部门、建设单位项目负责人、建设单位项目现场管理人员及勘察、设计、施工、监理单位与项目无直接关系的技术负责人或质量负责人组成，组成人员中土建及水电安装专业人员应配备齐全。建设单位也可邀请有关专家参加验收。

4. 工程竣工验收程序

（1）由竣工验收小组组长主持竣工验收。

（2）建设、施工、监理、设计、勘察单位分别以书面形式汇报工程项目建设质量状况、合同履约及执行国家法律、法规和工程建设强制性标准情况。

（3）验收组分三部分分别进行检查验收。

1）检查工程实体质量。

2）检查工程建设参与各方提供的竣工资料。

3）对建筑工程的使用功能进行抽查、试验，如卫生间、厨房、阳台地面闭水试验，浴缸、水盘、水池盛水试验，排污主管通球试验及绝缘电阻、接地电阻、漏电跳闸测试等。

（4）对竣工验收情况进行汇总讨论，并听取质量监督机构对该工程的质量监督意见。

（5）形成竣工验收意见，填写《建设工程竣工验收备案表》和《建设工程竣工验收报告》，验收小组人员分别签字，建设单位盖章。

（6）验收过程中发现严重问题，达不到竣工验收标准时，验收小组应责成责任单位立即整改，并宣布本次验收无效，重新确定时间组织竣工验收。

(7)当验收过程中发现需要一般整改的质量问题时，验收小组可形成初步验收意见，填写有关表格，有关人员签字，但建设单位不加盖公章。验收小组责成有关责任单位整改，可委托建设单位项目负责人组织复查，整改完毕符合要求后，加盖建设单位公章。

(8)当竣工验收小组各方不能形成一致竣工验收意见时，应当协商提出解决办法，待意见一致后，重新组织工程竣工验收；当协商不成时，应当报建设行政主管部门或质量监督机构进行协调裁决。

8.4.2 建设工程竣工消防验收

2009 年 5 月 1 日起施行的《中华人民共和国消防法》明确要求，国务院公安部门规定的大型人员密集场所和其他特殊建设工程，建设单位应当向公安机关消防机构申请消防验收。

1. 验收范围

根据 2012 年 11 月 1 日起施行的修订后的《建设工程消防监督管理规定》，对具有下列情形之一的特殊建设工程，建设单位应向公安机关消防机构申请消防设计审核，并在建设工程竣工后向出具消防设计审核意见的公安机关消防机构申请消防验收：

(1)建筑总面积大于 20 000 m^2 的体育场馆、会堂，公共展览馆、博物馆的展示厅。

(2)建筑总面积大于 15 000 m^2 的民用机场航站楼、客运车站候车室、客运码头候船厅。

(3)建筑总面积大于 10 000 m^2 的宾馆、饭店、商场、市场。

(4)建筑总面积大于 2 500 m^2 的影剧院，公共图书馆的阅览室，营业性室内健身、休闲场馆，医院门诊楼，大学的教学楼、图书馆、食堂，劳动密集型企业的生产加工车间，寺庙、教堂。

(5)建筑总面积大于 1 000 m^2 的托儿所、幼儿园的儿童用房，儿童游乐厅等室内儿童活动场所，养老院、福利院，医院、疗养院的病房楼，中小学校的教学楼、图书馆、食堂，学校的集体宿舍，劳动密集型企业的员工集体宿舍。

(6)建筑总面积大于 500 m^2 的歌舞厅、录像厅、放映厅、卡拉 OK 厅、夜总会、游艺厅、桑拿浴室、网吧、酒吧，具有娱乐功能的餐馆、茶馆、咖啡厅。

(7)设有上述所列的人员密集场所的建设工程。

(8)国家机关办公楼、电力调度楼、电信楼、邮政楼、防灾指挥调度楼、广播电视楼、档案楼。

(9)上述(7)、(8)项规定以外的单体建筑面积大于 40 000 m^2 或建筑高度超过 50 m 的其他公共建筑。

(10)城市轨道交通、隧道工程，大型发电、变配电工程。

(11)生产、储存、装卸易燃易爆危险物品的工厂、仓库和专用车站、码头，易燃易爆气体和液体的充装站、供应站、调压站。

2. 建设单位申请消防验收应提供的材料

(1)建设工程消防验收申报表。

(2)工程竣工验收报告和有关消防设施的工程竣工图纸。

(3)消防产品质量合格证明文件。

(4)具有防火性能要求的建筑构件、建筑材料、室内装修装饰材料符合国家标准或行业标准的证明文件、出厂合格证。

(5)消防设施、检测合格证明文件。

(6)施工、工程监理、检测单位的合法身份证明和资质等级证明文件。

(7)建设单位的工商营业执照等合法身份证明文件。

(8)法律、行政法规规定的其他材料。

8.4.3 建设工程竣工环保验收和节能验收

建设项目在生产过程中会因产生废水、废气、固体废物、噪声等而污染或破坏环境。因此，建设单位应当按国务院有关规定报有审批权限的环境保护行政主管部门审查环境影响评价文件(环境影响报告书、环境影响报告表或环境影响登记表)，审查通过的，项目审批部门方可批准建设；建设项目竣工后，建设单位应按相关规定向审批该建设项目环境影响评价文件的环境保护行政主管部门申请该建设项目需要配套建设的环境保护设施竣工验收。

建筑工程竣工节能验收是指对新建、改建和扩建的民用建筑工程中墙体、幕墙、门窗、屋面、地面、通风与空调、采暖与空调系统的冷热源和附属设备及其管网、配电与照明、监测与控制等建筑节能工程及既有建筑节能改造施工质量的验收。

建设工程环境保护与建筑节能的相关内容将在第 10 章进行介绍。

8.5 建设工程竣工验收备案制度

为加强房屋建筑工程和市政基础设施工程质量的管理，真正做到"谁建设谁负责，谁监督谁负责，谁设计谁负责，谁施工谁负责"，住房和城乡建设部于 2009 年 10 月 19 日发布了《房屋建筑工程和市政基础设施工程竣工验收备案管理暂行办法》(以下简称《办法》)。《办法》第四条规定，建设单位应自工程竣工验收合格之日起 15 日内，将建设工程竣工验收报告和规划、公安消防、环保等部门出具的认可文件或准许使用文件依法向工程所在地县级以上地方人民政府建设行政主管部门(简称备案机关)备案。

8.5.1 备案文件

1. 工程竣工验收备案应提交的文件

《办法》第五条规定，建设单位办理工程竣工验收备案应提交下列文件：

(1)工程竣工验收备案表。

(2)工程竣工验收报告。竣工验收报告应包括工程报建日期，施工许可证号，施工图设计文件审查意见，勘察、设计、施工、工程监理等单位分别签署的质量合格文件及验收人员签署的竣工验收原始文件，市政基础设施的有关质量检测和功能性试验资料以及备案机关认为需要提供的有关资料。

(3)法律、行政法规规定应当由规划、环保等部门出具的认可文件或者准许使用文件。

(4)法律规定应当由公安消防部门出具的对大型人员密集场所和其他特殊建设工程验收合格的证明文件。

(5)施工单位签署的工程质量保修书；住宅工程还应提交《住宅质量保证书》和《住宅使用说明书》。

(6)法规、规章规定必须提供的其他文件。

2. 文件的验收与重新验收

《办法》第六条至第八条对建设工程竣工文件的验收和工程的重新验收做了以下规定：

(1)备案机关收到建设单位报送的竣工验收备案文件，验证文件齐全后，应当在工程竣工验收备案表上签署文件收讫。工程竣工验收备案表一式两份，一份由建设单位保存，一份留备案机关存档。

(2)工程质量监督机构应当在工程竣工验收之日起5日内，向备案机关提交工程质量监督报告。

(3)备案机关发现建设单位在竣工验收过程中有违反国家有关建设工程质量管理规定行为的，应当在收讫竣工验收备案文件15日内，责令停止使用，重新组织竣工验收。

8.5.2　法律责任

(1)建设单位在工程竣工验收合格之日起15日内未办理工程竣工验收备案的，备案机关责令限期改正，处20万元以上50万元以下罚款。

(2)建设单位将备案机关决定重新组织竣工验收的工程，在重新组织竣工验收前，擅自使用的，备案机关责令停止使用，处工程合同价款2%以上4%以下罚款。

(3)建设单位采用虚假证明文件办理工程竣工验收备案的，工程竣工验收无效，备案机关责令停止使用，重新组织竣工验收，处20万元以上50万元以下罚款；构成犯罪的，依法追究刑事责任。

(4)备案机关决定重新组织竣工验收并责令停止使用的工程，建设单位在备案之前已投入使用或者建设单位擅自继续使用造成使用人损失的，由建设单位依法承担赔偿责任。

(5)竣工验收备案文件齐全，备案机关及其工作人员不办理备案手续的，由有关机关责令改正，对直接责任人员给予行政处分。

案例 8.2

背景：

2015年4月，某市甲单位与乙建筑工程公司签订了一份建筑工程承包合同。合同约定，甲的一幢职工宿舍楼由乙承包建筑与安装的施工工程，定于2015年7月1日开工，2016年4月1日竣工并验收。2016年3月，一、二层的内装修完毕，甲单位分到一、二层的职工因多年住房紧张，见内装修完毕，便强行搬了进去，甲单位领导劝阻无效，便听之任之。以后每装修完一层，便住进去一层。到4月1日完工时，此楼已全部投入使用。这时甲对宿舍楼进行验收，发现一、二层墙皮剥落及门窗关启困难等问题，要求乙返工。乙遂将门窗进行检修，但拒绝重新粉刷墙壁，于是甲拒付剩余的5万元工程款。2016年7月5日，乙向法院起诉，要求甲付清拖欠的工程款5万元及利息。

试分析：

(1)本案中主要的违规事件是什么？

(2)由违规事件引起的工程质量责任应由谁承担？

分析要点：

问题（1）：本案中主要的违规事件就是工程未竣工验收，甲单位便擅自交付使用。

问题（2）：此事件中甲单位因擅自将未竣工验收工程交付使用，违反了《建设工程质量管理条例》相关规定，因此甲应对该工程的质量承担全部责任。

8.6　建筑工程质量保修及赔偿制度

《建设工程质量管理条例》第三十九条规定："建设工程承包单位在向建设单位提交工程竣工验收报告时，应当向建设单位出具质量保修书。质量保修书应当明确建设工程的保修范围、保修期限和保修责任等。"

8.6.1　保修范围及期限

1. 保修范围

《建筑法》第六十二条规定："建筑工程的保修范围应当包括地基基础工程、主体结构工程、屋面防水工程和其他土建工程，以及电气管线、上下水管线的安装工程，供热、供冷系统工程等项目。"

2. 保修期限

《建设工程质量管理条例》第四十条规定，在正常使用条件下，建设工程的最低保修期限为：

（1）基础设施工程、房屋建筑的地基基础工程和主体结构工程，为设计文件规定的该工程的合理使用年限。

（2）屋面防水工程、有防水要求的卫生间、房间和外墙面的防渗漏，为 5 年。

（3）供热与供冷系统，为两个采暖期、供冷期。

（4）电气管线、给水排水管道、设备安装和装修工程，为 2 年。

其他项目的保修期限由发包方与承包方约定。

建设工程的保修期限自竣工验收合格之日起计算。

8.6.2　建筑工程质量缺陷赔偿制度

《房屋建筑工程质量保修方法》规定，房屋建筑工程在保修期限内出现质量缺陷，建设单位或房屋建筑所有人应向施工单位发出保修通知，施工单位接到保修通知后，应到现场核查情况，在保修书约定的时间内予以保修；保修费用由质量缺陷的责任方承担。

在保修期内，因房屋建筑工程质量缺陷造成房屋所有人、使用人或第三方人身、财产损害的，房屋所有人、使用人或第三方可以向建设单位提出损害赔偿要求，建设单位向造成房屋建筑工程质量缺陷的责任方追偿。

1. 责任主体损害赔偿责任

（1）损害赔偿的法律依据。《建筑法》第八十条规定："在建筑物的合理使用寿命内，因建筑工程质量不合格受到损害的，受害人有权向责任者要求赔偿。"

1998 年 7 月 20 日实施的《城市房地产开发经营管理条例》第十六条规定："房地产开发

企业应当对其开发建设的房地产开发项目的质量承担责任，勘察、设计、施工、监理等单位应当依照有关法律、法规的规定或合同约定，承担相应的责任。"因此，在建设活动中，因建设工程质量缺陷而受到损害的，除建设单位以外的受害人，可直接向建设单位要求损害赔偿；建设单位向受害人承担责任后，在分清责任的基础上，再由勘察、设计、施工、监理等单位对其蒙受的损失进行赔偿的问题，按相应的法律、法规或合同约定处理。

(2)责任主体的损害赔偿责任。《建设工程质量管理条例》第三条规定："建设单位、勘察单位、设计单位、施工单位、工程监理单位依法对建设工程质量负责。"由此可见，建设单位、勘察单位、设计单位、施工单位、工程监理单位是工程质量缺陷的损害赔偿主体。

根据《建筑法》和《建设工程质量管理条例》相关规定，工程质量损害赔偿主体应承担赔偿责任的情形如下：

1)建设单位。

①未组织竣工验收，擅自交付使用，造成损失的。

②验收不合格，擅自交付使用，造成损失的。

③对不合格的建设工程按照合格工程验收，造成损失的。

④涉及建筑主体或承重结构变动的装修工程，没有设计方案擅自施工，造成损失的。

2)勘察、设计单位。

①勘察单位未按工程建设强制性标准进行勘察，造成工程质量事故或造成损失的。

②设计单位未根据勘察成果文件进行工程设计，造成工程质量事故或造成损失的。

③设计单位指定建筑材料、建筑构配件的生产厂、供应商，造成工程质量事故或造成损失的。

④设计单位未按工程建设强制性标准进行设计，造成工程质量事故或造成损失的。

3)施工单位。

①施工企业转让、出借资质证书或以其他方式允许他人以本企业名义承揽工程，对因该项承揽工程不符合规定的质量标准造成损失的，施工企业与使用本企业名义的单位或个人承担连带赔偿责任。

②承包单位将承包工程转包的，或者违反建筑法规定进行分包，对因转包工程或者违法分包的工程不符合规定质量标准造成的损失，与接受转包或分包的单位承担连带赔偿责任。

③施工企业在施工中偷工减料、使用不合格的建筑材料、建筑构配件和设备，或有其他不按工程设计图纸或施工技术标准施工的行为，造成建筑工程质量不符合规定质量标准的，负责返工、修理，并赔偿因此造成的损失。

④施工企业违反建筑法规定，不履行保修义务或拖延履行保修义务的，对在保修期内因屋顶、墙面渗漏、开裂等质量缺陷造成的损失，承担赔偿责任。

⑤施工企业未对建筑材料、建筑构配件、设备和商品混凝土进行检验，或未对涉及结构安全的试块、试件以及有关材料取样检测，造成损失的，依法承担赔偿责任。

4)工程监理单位。

①工程监理单位与建设单位或施工单位串通，弄虚作假、降低工程质量，造成损失的，承担连带赔偿责任。

②将不合格的建设工程、建筑材料、建筑构配件和设备按合格签字，造成损失的，承担连带赔偿责任。

2. 损害赔偿方式

因建筑工程质量不合格而导致的人员死亡、人身伤害和财产损失及其他重大损失，受损方都应获得赔偿，赔偿方式如下：

（1）对于财产损失，由侵害人按损失金额赔偿，可以金钱赔偿，也可以恢复原状。

（2）对于人身伤害损失，由侵害人赔偿医疗费、因误工减少的收入、残废者生活补助费等费用。

（3）造成受害人死亡的，还应支付丧葬费、抚恤费、死者生前抚养的人的必要生活费等。

近年来，我国各地因建设工程质量问题而屡屡发生的"楼歪歪""楼倒倒""楼脆脆"事件，给国家和人民带来了巨大的经济财产损失和人员伤亡。因此，国家有关建设工程损害赔偿的规定对于保护广大人民群众的生命、财产和人身安全，维护国家利益等具有重大意义。

案例8.3

背景：

2015年，甲商业总公司与乙建筑公司签订一份建筑工程施工承包合同。合同约定，乙为甲建造一栋8层营业、办公两用楼，承包方式为包工包料，开工时间为2015年5月10日，竣工时间为2015年12月30日。2015年12月25日工程竣工验收，发现大楼部分非关键性地方不符合合同约定，但不影响大楼的整体使用。于是甲向乙提出返修要求。而乙却以另有工程马上开工为由，提出少收部分工程款作为补偿，不再返工重建不符合合同规定的地方，随后便将施工队全部调往他处。甲不同意乙的做法，坚持要求乙返工。

试分析：

（1）甲是否有权要求乙返修相关工程？其依据是什么？

（2）除返修责任外，乙还应承担什么责任？

分析要点：

问题（1）：甲要求乙返修相关工程的依据是《建设工程质量管理条例》中的规定："施工单位对施工中出现质量问题的建设工程或者竣工验收不合格的建设工程，应当负责返修。"因此，甲有权要求乙承担相应的返修义务。

问题（2）：除返修责任外，乙还应承担相应的违约责任。

➤ 任务总结

建设工程质量通常是指工程实体质量，即国家现行法律、法规、技术标准、设计合同中，对工程的安全、适用、经济、美观等特性的综合要求。工程实体质量的好坏是决策、计划、勘察、设计、施工等各环节、各方面工作质量的总体反映。

为加强对建设工程质量的管理，保护人民生命和财产安全，我国先后颁布了《建筑法》《建设工程质量管理条例》《房屋建筑工程和市政基础设施竣工验收备案管理暂行办法》《实施工程建设强制性标准监督规定》《房屋建筑工程质量保修办法》等法律、法规，建立了比较成熟的建设工程质量法规体系，对于保证建设工程质量，维护社会公共利益等起到了十分重要的作用。

建设工程项目竣工验收是施工全过程的最后一道程序，它是建设投资成果转入生产或使用的标志，也是全面考核投资效益、检验设计和施工质量的一个重要环节。

为加强房屋建筑工程和市政基础设施工程质量的管理，真正做到"谁建设谁负责，谁监督谁负责，谁设计谁负责，谁施工谁负责"，住房和城乡建设部于 2009 年 10 月 19 日修订了《房屋建筑工程和市政基础设施工程竣工验收备案管理暂行办法》。

巩固训练

参考答案

一、名词解释

工程建设标准　　工程建设行为主体　　产品标识

二、单项选择题

1. 我国于(　　)实施了《工程建设国家标准管理办法》，其中明确了工程建设国家标准分为强制性标准和推荐性标准，通过标准建设来保障工程建设活动中的人身和财产安全。

A. 1991 年 12 月 15 日　　　　　　　　B. 1991 年 12 月 30 日

C. 2000 年 12 月 15 日　　　　　　　　D. 2000 年 12 月 30 日

2. 房屋建筑使用者在装修过程中，不得擅自变动房屋建筑(　　)。

A. 任何结构　　B. 主体结构　　C. 承重结构　　D. 主体和承重结构

3. 总承包单位与分包单位对分包工程的质量承担(　　)。

A. 各自责任　　B. 主体责任　　C. 连带责任　　D. 违约责任

4. 按照《建设工程质量管理条例》规定，组织设计、施工、工程监理等有关单位进行竣工验收的是(　　)。

A. 建设单位　　B. 监理单位　　C. 施工单位　　D. 设计单位

5. 《房屋建筑工程和市政基础设施工程竣工验收备案管理暂行办法》规定，建设单位向工程所在地备案机关备案的时间是自工程竣工验收合格之日起(　　)日内。

A. 1　　　　　B. 10　　　　　C. 15　　　　　D. 30

三、多项选择题

1. 建筑工程施工阶段的管理主要包括(　　)。

A. 进度控制　　B. 质量控制　　C. 投资控制　　D. 成本控制

2. 下面是现场质量管理基本方法的有(　　)。

A. 过程精品化建设　　　　　　　　B. 施工过程动态管理

C. 施行项目经理制　　　　　　　　D. 节点考核

3. 建设工程申请消防验收过程中，建设单位应当提交的材料有(　　)。

A. 建设工程消防验收申报表

B. 消防产品质量合格证明文件

C. 消防设施、电气防火技术检测合格证明文件

D. 工程检验评定资料

4. 某住宅工程设计合理使用年限为 70 年。关于该工程保修期的条款，其中符合《建设工程质量管理条例》规定合法有效的有(　　)。

A. 地基基础和主体结构工程为 70 年　　B. 屋面防水工程、卫生间防水为 5 年

C. 电气管线、给水排水管道为 2 年　　　D. 供热与供冷系统为 2 年

5. 下列不属于施工单位承担质量保修责任情形的有（ 　　）。

A. 施工单位采购的材料质量不合格造成墙面脱落

B. 地震造成墙体裂缝

C. 住户装修过程中破坏防水层造成渗漏

D. 建设单位采购的材料不合格

四、判断题

1.《工程建设施工企业质量管理规范》(GB/T 50430—2017)主要由以下模块组成：范围、规范性引用文件、术语和定义，组织的背景、领导作用、策划、支持、运行、绩效评价、支持改进。 （ 　　）

2. 对基础设施项目工程质量，实行行业地方主管部门、主管地区行政领导责任人制度。 （ 　　）

3. 利用外国政府或国际组织贷款、援助资金的工程可以不进行工程监理。 （ 　　）

4. 在工程实践过程中，竣工验收有单项工程验收和全部验收两种类型。 （ 　　）

5. 现场质量管理应遵循"验评分离、强化验收、完善手段、过程控制"的指导思想。 （ 　　）

五、简答题

1. 过程质量审核的内容有哪些？

2. 什么是质量环？建筑施工企业的质量环一般应由哪几个阶段组成？

3. 什么是工程质量终身负责制？

4. 违反建筑工程竣工验收备案制度应承担的法律责任有哪些？

5. 工程质量缺陷损害赔偿的责任主体有哪些单位？

六、案例分析

背景：

2016年6月3日，甲方某商场为减少物价上涨的影响，在施工图还没有完成的情况下，就和乙方某建筑公司签订了施工合同，并拨付了工程备料款；乙方按照甲方的要求进场做好准备等待开工。2016年6月25日甲方拿到设计单位的施工图及设计概算时，发现概算超出原资金准备30％。资金缺口很可能造成中途停建，遂决定方案另议，缓期施工，并告知乙方。乙方很快送来索赔报告，称："甲方：我方根据施工合同要求准时进场并做了大量准备工作。鉴于贵方作出'缓期施工'的决定，我方现将自进场以来所发生的费用报告如下：临时材料库及工棚搭设费，工人住宿、食堂、厕所搭建费，办公室、传达室、新改建大门费，搅拌机、卷扬机租赁费，钢管脚手架、模板租赁费等共计68.7万元。"甲方认真核实了乙方费用证据以及实物，同意乙方退场决定，并给予了实际发生的损失赔偿。

试分析：

本案例中甲方存在哪些违法违规行为？乙方的索赔是否合理？

第9章 工程建设安全生产法规

学习重点

工程建设安全生产管理相关法律规章制度；工程建设安全生产管理的主要责任与义务；安全生产管理制度的实施。

学习目标

了解工程建设安全生产管理的基本知识；熟悉工程建设安全生产管理法规及安全事故的调查处理制度。

9.1 工程建设安全生产法规概述

工程建设安全生产是指建筑生产过程中要避免人员、财产的损失及对周围环境的破坏。工程建设安全生产法规包括建筑生产过程中施工现场的人身、财产设备安全，施工现场及附近道路、管线和房屋的安全，施工现场和周围的环境保护及工程建成后的使用安全等方面的内容。

9.1.1 工程建设安全生产管理法律、法规

为加强建筑安全生产管理，预防和减少建筑事故的发生，保障建筑职工及他人的人身安全和财产安全，全国人民代表大会于1997年11月1日和2002年6月29日分别颁布了《建筑法》和《中华人民共和国安全生产法》（以下简称《安全生产法》）两部法律；国务院于2003年11月24日发布了《建设工程安全生产管理条例》，加大了建筑安全生产管理方面的立法力度。

建设工程安全生产不仅关系到公众生命财产安全，而且关系到社会的稳定与建设市场的规范发展。建设工程在施工过程中因产品固定，人员流动性大，工作环境和作业条件较差而存在较多的不安全因素，容易发生安全事故。上述"两法一条例"以及《建筑施工企业安全生产许可证管理规定》《建筑施工企业安全生产管理机构设置及专职安全生产管理人员配备办法》等安全生产部门规章的发布与施行，对于加强建筑安全生产监督管理，保障人民群众生命和财产安全具有十分重要的意义。

9.1.2 安全生产方针

安全生产方针是指政府对安全生产工作总的要求，它是安全生产工作的方向。2005年10月11日，中共中央第十六届五中全会确定我国的安全生产方针为"安全第一、预防为主、

综合治理"。认真落实这一方针，既是党和国家的要求，也是搞好安全生产，保障从业人员的生命安全健康，保障企业生产经营顺利进行的根本要求。

江泽民同志于 1986 年 10 月 13 日对上海消防工作所做"隐患险于明火，防范胜于救灾，责任重于泰山"的指示，对安全生产也同样适用。

9.2 《安全生产法》简介

2002 年 6 月 29 日颁布的《安全生产法》已于 2002 年 11 月 1 日施行。其立法目的是加强安全生产监督管理，防止和减少生产安全事故，保障人民群众生命和财产安全，保障建设市场的和谐发展，促进市场经济发展。

9.2.1 政府职责

在工程建设活动中各级政府应加强对安全生产工作的领导，制定安全生产规划，认真研究解决本地区安全生产中的重大问题；做到有法可依、有法必依、执法必严、违法必究，确保有关法律、法规和国家关于安全生产方针政策的贯彻执行；加强对事故预防工作的领导，按规定对危险性大、职业危害严重及重点项目的建设把好审批立项关，对威胁公众安全的重大事故隐患和危险设施、场所，组织有关部门对其进行安全性评估；加强对公众安全生产的宣传教育，努力提高广大人民群众遵章守纪的自觉性和安全生产意识。

9.2.2 生产经营单位的主要义务

1. 加强安全生产管理

生产经营单位必须按照法律、法规和国家有关规定，结合本单位具体情况，做好安全生产的计划、组织、指挥、控制、协调等各项管理工作；要依法设置安全生产管理机构、管理人员，建立健全本单位安全生产各项规章制度并组织实施，做好对从业人员的安全生产教育和培训，搞好生产作业场所、设备、设施的安全管理；要尊重科学，探求和把握规律，运用安全目标管理、事故预测、标准化作业、人体生物节律等现代化管理方法，更为有效地做好安全生产管理工作。

2. 建立健全安全产生责任制度

在企业安全生产责任制中，企业主要负责人应对本单位的安全生产工作全面负责，其他各级管理人员、职能部门、技术人员和各岗位操作人员，应根据各自的工作任务、岗位特点，确定其在安全生产方面应做的工作和应负的责任，并与奖惩制度挂钩。

3. 完善安全生产条件

必须具备保障安全生产的各项物质技术条件，其作业场所和各项生产经营设施、设备、器材和从业人员的安全防护用品等，都必须符合保障安全生产的要求。

9.2.3 生产经营单位主要负责人的责任

根据《安全生产法》的规定，生产经营单位主要负责人应对本单位安全生产工作全面负责。包括：建立健全本单位安全生产责任制；组织制定本单位的安全生产规章制度和操作规程；保证本单位安全生产所需的资金投入；督促、检查本单位安全生产工作，及时消除生产安全事故隐患；组织制定并实施本单位的安全事故应急救援预案；及时、如实报告生产安全事故等。

9.2.4 从业人员的权利和义务

1. 从业人员安全生产权利

(1)有关于安全生产的知情权。知情权包括获得安全生产教育和技能培训的权利，被如实告知作业场所和工作岗位存在的危险因素、防范措施及事故应急措施的权利。

(2)有获得符合国家标准的劳动防护用品的权利。

(3)有对安全生产问题提出批评、建议的权利。从业人员有权对本单位安全生产管理工作存在的问题提出建议、批评、检举、控告，生产单位不得因此做出对其不利的处分。

(4)有对违章指挥的拒绝权。从业人员对管理者做出的可能危及安全的违章指挥，有权拒绝执行，生产单位不得因此做出对其不利的处分。

(5)有采取紧急避险措施的权利。从业人员发现直接危及人身安全的紧急情况时，有权停止作业或在采取紧急措施后撤离作业场所，生产单位不得因此做出对其不利的处分。

(6)发生生产安全事故后，有获得及时抢救和医疗救治并获得工伤保险赔付的权利等。

2. 从业人员安全生产义务

(1)在建设工程生产过程中，从业人员必须遵守本单位的安全生产规章制度和操作规程，服从管理，不得违章作业。

(2)接受安全生产教育和培训，掌握本职工作所需要的安全生产知识。

(3)发现事故隐患应及时向本单位安全生产管理人员或主要负责人报告。

(4)正确使用和佩戴劳动防护用品。

9.2.5 法律责任

根据《安全生产法》的相关规定，从事工程建设活动的相关机构、政府工作人员、生产经营单位及人员违反《安全生产法》的，均应承担相应的法律责任。法律责任包括民事责任、行政责任和刑事责任等。

1. 民事责任

民事责任是指民事主体违反民事义务而依法应承担的民事法律后果。在我国的民事立法中，民事责任具有以下两种含义：

(1)一是指主体行为的民事法律后果，包含民事义务。如《民法通则》第四十三条规定："企业法人对它的法定代表人和其他工作人员的经营活动，承担民事责任。"

(2)二是指《民法通则》第一百零六条规定的"民事责任"，即公民、法人违反合同或者不履行其他义务的，应当承担民事责任；公民、法人由于过错侵害国家的、集体的财产，侵害他人财产、人身的，应当承担民事责任；没有过错，但法律规定应当承担民事责任的，应当承担民事责任。

2. 行政责任

行政责任是指由国家行政机关认定的，行为人因违反行政法律规范所应承担的法律后果。根据行政违法的程度、实施行政制裁的主体和制裁对象的不同，行政责任主要有行政处分和行政处罚两大类。

(1)行政处分是指国家机关、企事业单位、社会团体等根据法律或者内部规章制度的规定，按照隶属关系，对其所属工作人员犯有轻微违法失职行为尚不够刑事处分或者违反内部纪律的一种制裁。

(2)行政处罚是指特定的行政执法部门根据法律、法规和规章的规定，对违反行政法律规范尚不构成犯罪或已构成犯罪尚不够刑事处罚的自然人、法人或其他组织所实施的一种行政制裁。

3. 刑事责任

刑事责任是指具有刑事责任能力的人实施了刑事法律规范所禁止的行为（即犯罪行为）所必须承担的刑事法律后果。刑事责任具有以下特征：

(1)刑事责任只能由司法机关追究，行为人是否承担刑事责任，承担何种刑事责任也只能由司法机关依照刑事诉讼程序决定。

(2)刑事责任具有更强的强制性。

(3)刑事责任是最严厉的一种法律责任。

9.3 施工安全生产许可证制度

《安全生产法》《安全生产许可证条例》规定，建筑施工企业必须遵循安全生产许可制度的管理；企业未取得安全生产许可证的，不得从事生产活动。

9.3.1 安全生产许可证的申领

《安全生产许可证条例》规定，建筑施工企业进行生产前，应当依法向安全生产许可证颁发管理机关申领安全生产许可证。中央管理的建筑施工企业（集团公司、总公司）应向国务院住房城乡建设主管部门申领安全生产许可证；前款规定以外的其他建筑施工企业，包括中央管理的建筑施工企业（集团公司、总公司）下属的建筑施工企业，应当向企业注册所在地省、自治区、直辖市人民政府住房城乡建设主管部门申领安全生产许可证。

1. 申领安全生产许可证必须具备的条件

(1)建立健全安全生产责任制，制定完备的安全生产规章制度和操作规程。

(2)安全投入符合安全生产要求。

(3)设置安全生产管理机构，配备专职安全生产管理人员。

(4)主要负责人和安全生产管理人员经考核合格。

(5)特种作业人员经有关业务主管部门考核合格，取得特种作业操作资格证书。

(6)从业人员经安全生产教育和培训合格。

(7)依法参加工伤保险，为从业人员缴纳保险费。

(8)厂房、作业场所和安全设施、设备、工艺符合有关安全生产法律、法规、标准和规程的要求。

(9)有职业危害防治措施，并为从业人员配备符合国家或行业标准的劳动防护用品。

(10)依法进行安全评价。

(11)有重大危险源检测、评估、监控措施和应急预案。

(12)有生产安全事故应急救援预案、应急救援组织或应急救援人员，配备必要的应急救援器材、设备。

(13)法律、法规规定的其他条件。

2. 申领安全生产许可证应提供的材料

(1)建筑施工企业安全生产许可证申请表。

(2)企业法人营业执照。

(3)法律规定的相关文件、材料。

安全生产许可证申请表采用原建设部规定的统一式样。建筑施工企业申请安全生产许可证，应当对申请材料实质内容的真实性负责，不得隐瞒有关情况或提供虚假材料。

9.3.2 安全生产许可证的审批及时效

1. 安全生产许可证审批

《安全生产许可证条例》规定，安全生产许可证颁发管理机关应自收到申请之日起 45 日内审查完毕，经审查符合安全生产条件的，颁发安全生产许可证；不符合条件的，不予颁发安全生产许可证，书面通知企业并说明理由。

住房城乡建设主管部门在审核发放施工许可证时，应对建设工程是否有安全施工措施进行审查，对没有安全施工措施的，不得颁发施工许可证。

安全生产许可证采用国务院安全生产监督管理部门规定的统一式样，分正本和副本，正、副本具有同等法律效力。

2. 安全生产许可证时效

《安全生产许可证条例》规定，安全生产许可证的有效期为 3 年。有效期满需要延期的，应于期满前 3 个月向原安全生产许可证颁发管理机关办理延期手续；经审查符合规定的有效期延期 3 年。

9.3.3 安全生产许可证的监督管理

1. 安全生产许可证监督管理

根据《建筑施工企业安全生产许可证管理规定》，国务院住房城乡建设主管部门负责中央管理的建筑施工企业安全生产许可证的颁发和管理；省、自治区、直辖市人民政府住房城乡建设主管部门负责本行政区域内前款规定以外的建筑施工企业安全生产许可证的颁发和管理，并接受国务院住房城乡建设主管部门的指导和监督；市、县人民政府住房城乡建设主管部门负责本行政区域内建筑施工企业安全生产许可证的监督管理。

2. 安全生产许可证撤销

具有以下情形之一者，安全生产许可证颁发管理机关或其上级行政机关可撤销已颁发的安全生产许可证：

(1)安全生产许可证颁发管理机关工作人员滥用职权、玩忽职守颁发安全生产许可证的。

(2)超越法定职权颁发安全生产许可证的。

(3)违反法定程序颁发安全生产许可证的。

(4)对不具备安全生产条件的建筑施工企业颁发安全生产许可证的。

(5)依法可以撤销已经颁发安全生产许可证的其他情形。

因上述情况撤销安全生产许可证，使建筑施工企业合法权益受到损害的，住房城乡建设主管部门应当依法给予赔偿。

9.3.4 违反安全生产许可管理应承担的法律责任

根据《安全生产许可证条例》《建筑施工企业安全生产许可证管理规定》的相关规定，建筑业企业未依法取得安全生产许可证的，不得从事建筑活动，建筑施工企业不得转让、冒用安全生产许可证或使用伪造的安全生产许可证，否则依法承担如下法律责任：

(1)未取得安全生产许可证擅自进行生产的，责令停止生产，没收违法所得，并处10万元以上50万元以下罚款；造成重大安全事故或其他严重后果，构成犯罪的，依法追究刑事责任。

(2)安全生产许可证有效期满未办理延期手续，继续进行生产的，责令其在建项目停止施工，限期补办延期手续，没收违法所得，并处5万元以上10万元以下罚款；逾期仍不办理延期手续，继续进行生产的，责令其在建项目停止施工，没收违法所得，并处10万元以上50万元以下罚款；造成重大事故或其他严重后果，构成犯罪的，依法追究刑事责任。

(3)建筑施工企业转让安全生产许可证的，没收违法所得，处10万元以上50万元以下罚款，并吊销其安全生产许可证；构成犯罪的，依法追究刑事责任；接受转让的，责令其在建项目停止施工，没收违法所得，并处10万元以上50万元以下罚款；造成重大事故或其他严重后果，构成犯罪的，依法追究刑事责任。

(4)冒用安全生产许可证或使用伪造安全生产许可证的，责令其在建项目停止施工，没收违法所得，并处10万元以上50万元以下罚款；造成重大事故或其他严重后果，构成犯罪的，依法追究刑事责任。

(5)《安全生产许可证条例》施行前已经进行生产的企业，应自《安全生产许可证条例》施行之日起1年内，依照《安全生产许可证条例》规定向安全生产许可证颁发管理机关申请办理安全生产许可证；逾期不办理安全生产许可证或经审查不符合《安全生产许可证条例》规定的安全生产条件，未取得安全生产许可证，继续进行生产的，责令其在建项目停止施工，没收违法所得，并处10万元以上50万元以下罚款；造成重大事故或其他严重后果，构成犯罪的，依法追究刑事责任。

案例 9.1

背景：

2016年3月，A市甲建筑安装公司(简称甲公司)与乙设备租赁公司(简称乙公司)签订一份租赁合同，由乙公司向甲公司提供一台塔式起重机用于建筑工地，并约定了租赁期限、租金标准及支付办法；合同还约定：①设备的运输、安装均由甲公司全权负责；②设备在使用过程中，甲公司进行全权管理；③乙公司派随机司机李某、张某并对其作业负责。另外，甲公司的安全生产许可证是向丙建筑公司(简称丙公司)借用的。

2016年5月6日，李某因家里突发急事离开该工地，在没有通知乙公司的情况下，委托另一名塔式起重机司机周某接替其工作。

2016年6月7日，监理公司在安全检查时发现该塔式起重机的垂直偏差已超出允许范围，即对甲公司发出《监理工程师通知单》，要求立即暂停使用该塔式起重机，待对其纠偏符合要求后再恢复作业。甲公司因不具备塔式起重机纠偏能力，故向丙公司寻求技术服务，丙公司决定于第二日上午派人到工地对塔式起重机进行纠偏。2016年6月8日上午在丙公司所派人员尚未到达现场的情况下，张某与周某便擅自违规对该塔式起重机进行纠偏处理，导致该塔式起重机发生生产安全事故，造成1名工人死亡、1名工人重伤及塔式起重机报废。

试分析：

(1)在这起事故中责任人有哪些？

(2)事故责任者应承担哪些法律责任？

分析要点：

问题(1)：责任人一：甲公司。依据背景资料，由于甲公司没有建筑施工安全生产许可证，而是借用丙公司的安全生产许可证，该塔式起重机是由甲公司自行完成安装，甲公司对随机作业人员又存在安全教育不力、管理不严等问题，故应对事故负主要责任。

责任人二：丙公司。丙公司出借安全生产许可证，应对事故承担相应责任。

责任人三：乙公司。张某是乙公司派遣人员，周某是李某的委托人员，张某、周某是事故直接造成者，该事故说明乙公司对所属人员管理不到位，故也应对事故承担相应责任。

问题(2)：责任一：甲公司和丙公司因违反《安全生产许可证条例》规定应得到A市政府主管部门分别对其的处罚，处罚为：①甲公司未取得安全生产许可证擅自进行生产，责令停止生产，没收违法所得，并处10万元以上50万元以下罚款；造成安全事故，依法追究法律责任。②丙将公司安全生产许可证借给甲公司，没收违法所得，处10万元以上50万元以下罚款，并吊销其安全生产许可证；造成安全事故，依法追究法律责任。

责任二：甲公司因管理不力导致塔式起重机报废，应对乙公司做出赔偿。

责任三：乙公司对自己公司施工人员的管理不到位，应承担部分经济损失的赔偿。

9.4 建设工程安全生产监督管理

为加强建设工程安全生产监督管理，保障人民群众生命和财产安全，《建设工程安全生产管理条例》(第393号国务院令)已于2004年2月1日起施行。在中华人民共和国境内从事建设工程的新建、扩建、改建和拆除等有关活动及实施对建设工程安全生产的监督管理，必须遵守本条例。

建设单位、勘察单位、设计单位、施工单位、工程监理单位及其他与建设工程安全生产有关的单位，必须遵守安全生产法律、法规的规定，保证建设工程安全生产，依法承担建设工程安全生产责任。

9.4.1 安全生产管理基本制度

1. 安全生产责任制

安全生产责任制主要是指企业各级领导、职能部门和在一定岗位上的劳动者个人对安全生产工作应负责任的一种制度，也是企业的一项基本管理制度，包括从事建筑活动主体的负责人的责任制度，从事建筑活动主体的职能机构或职能处室负责人及工作人员的安全生产责任制度，从事岗位人员的安全生产责任制度。

2. 安全生产教育培训制度

工程建设安全生产教育培训制度的建立是为确保企业安全生产，提高全员自我保护和保护他人的意识，在员工中牢固树立"安全第一"的思想，使员工懂得安全生产的基本知识，掌握安全生产的操作技能。

安全生产教育培训应本着"精简、实用"的原则，使培训具有针对性和实效性。

新技术、新工艺、新设备、新材料在使用前，必须进行安全教育培训；新从业人员和转岗人员上岗前，必须进行安全教育培训，新从业人员必须经"三级"安全教育[①]培训后方可上岗。特种作业人员[②]必须参加有关部门的培训并取得《特种作业人员操作证》，做到持证上岗。企业培训以安全生产的法律法规、方针政策、规范和企业的规章制度为主；车间、班组培训以安全操作规程、劳动纪律、岗位职责、工艺流程、事故案例剖析等为主；特种作业人员培训以特种设备的操作规程、特种作业人员的安全知识为主；重大危险源的相关人员培训以危险源的危险因素、现实情况、可能发生的事故、注意事项为主。

> **小资料**
>
> **①"三级"安全教育**
>
> "三级"安全教育是指新入厂职员、工人的厂级安全教育、车间级安全教育和岗位(工段、班组)安全教育。
>
> **②特种作业人员**
>
> 特种作业人员是指直接从事特种作业的从业人员。建筑工程特种作业人员指垂直运输机械作业人员、安装拆卸工、爆破作业人员、起重信号工、登高架设作业人员等。

3. 安全生产检查制度

通过安全生产检查可以发现问题，查出隐患，从而采取有效措施，堵塞漏洞，把事故消灭在发生之前。安全生产检查的方式包括：安全执法检查、企业定期安全大检查、专业性安全大检查、季节性安全大检查、验收性安全大检查、班前班后安全检查、经常性安全检查、职工代表安全检查、工地巡回安全检查、工地"达标"安全检查。

9.4.2 建设工程安全生产管理主体责任

1. 建设单位安全生产责任

(1)建设单位应向施工单位提供施工现场及毗邻区域内供水、排水、供电、供气、供热、通信、广播电视等地下管线资料，气象和水文观测资料，相邻建筑物和构筑物、地下工程的有关资料，并保证资料的真实、准确、完整。

(2)建设单位不得对勘察、设计、施工、工程监理等单位提出不符合建设工程安全生产法律、法规和强制性标准规定的要求，不得压缩合同约定的工期。

(3)建设单位编制工程概算时，应当确定建设工程安全作业环境及安全施工措施所需费用。

(4)建设单位不得明示或暗示施工单位购买、租赁、使用不符合安全施工要求的安全防护用具、机械设备、施工机具及配件、消防设施和器材。

(5)建设单位在申请领取施工许可证时，应当提供与建设工程有关安全施工措施的资料。依法批准开工报告的建设工程，建设单位应当自开工报告批准之日起15日内，将保证安全施工的措施报送建设工程所在地县级以上地方人民政府住房城乡建设主管部门或其他有关部门备案。

(6)对于拆除工程，建设单位应当在拆除工程施工15日前，将下列资料报送建设工程所在地县级以上地方人民政府住房城乡建设主管部门或其他有关部门备案：

1)施工单位资质等级证明。

2)拟拆除建筑物、构筑物及可能危及毗邻建筑的说明。

3)拆除施工组织方案。

4)堆放、清除废弃物的措施。

5)实施爆破作业的，应遵守国家有关民用爆炸物品管理的规定。

2. 勘察、设计、工程监理及有关单位安全生产责任

(1)勘察单位。勘察单位勘察作业时，应当严格执行操作规程，按照法律、法规和工程建设强制性标准进行勘察，提供真实、准确的勘察文件，满足建设工程安全生产的需要。

(2)设计单位。设计单位应当按法律、法规和工程建设强制性标准进行设计；对涉及施工安全的重点部位和环节在设计文件中注明，并对防范生产安全事故提出指导意见；采用新结构、新材料、新工艺和特殊结构的建设工程，在设计中要提出保障施工作业人员安全和预防生产安全事故的措施建议。设计单位和注册建筑师等注册执业人员应对其设计负责。

(3)工程监理单位。工程监理单位应当审查施工组织设计中的安全技术措施或专项施工方案是否符合工程建设强制性标准；在实施监理过程中，发现安全事故隐患应要求施工单位整改，情况严重的，应当要求施工单位暂停施工并及时报告建设单位，施工单位拒不整改或不停止施工的，工程监理单位应及时向有关主管部门报告；工程监理单位和监理工程师应严格按照法律、法规和工程建设强制性标准对建筑工程实施监理，并对建设工程安全生产承担监理责任。

(4)设备和配件生产单位。设备和配件生产单位应当按照安全施工要求配备齐全有效的保险、限位等安全设施和装置。

(5)机械设备和施工机具及配件出租单位。机械设备和施工机具及配件出租单位应当具有生产(制造)许可证、产品合格证，应当对出租的机械设备和施工机具及配件的安全性能进行检测，签订租赁协议时，应当出具检测合格证明。禁止出租检测不合格的机械设备和施工机具及配件。

(6)安装、拆卸单位。安装、拆卸单位在施工现场安装、拆卸施工起重机械和整体提升脚手架、模板等自升式架设设施，必须由具有相应资质的单位承担；编制拆装方案、制定安全施工措施，并由专业技术人员现场监督；设施安装完毕后，安装单位应当自检，出具自检合格证明，并向施工单位进行安全使用说明，办理验收手续并签字。

3. 施工单位安全生产责任

(1)施工单位应具备的条件。《建设工程安全生产管理条例》规定，施工单位从事建设工程的新建、改建、扩建和拆除等活动，应当具备国家规定的注册资本、专业技术人员、技术装备和安全生产等条件，依法取得相应等级的资质证书，并在其资质等级许可范围内承揽工程。

(2)人员职责。

1)主要负责人的安全生产责任。施工单位主要负责人依法对本单位的安全生产工作全面负责。

2)项目负责人的安全生产责任。施工单位项目负责人应当由取得相应执业资格的人员担任，对建设工程项目的安全施工负责，落实安全生产责任制度、安全生产规章制度和操作规程，确保安全生产费用的有效使用；根据工程特点组织制定安全施工措施，消除安全事故隐患，及时、如实报告生产安全事故等。

3)专职安全生产管理人员的安全生产责任。《建设工程安全生产管理条例》规定，施工单位应设立安全生产管理机构，配备专职安全生产管理人员。专职安全生产管理人员的主要职责包括：对安全生产进行现场监督检查；发现安全事故隐患应及时向项目负责人和安全生产管理机构报告；对违章指挥、违章操作的要立即制止。

（3）总承包和分包单位的安全生产责任。建设工程实行施工总承包的，由总承包单位对施工现场的安全生产负总责。总承包单位应自行完成建设工程主体结构的施工。总承包单位依法将建设工程分包给其他单位的，分包合同应明确各自安全生产的权利、义务；总承包单位和分包单位对发包工程的安全生产承担连带责任；分包单位应服从总承包单位的安全生产管理，分包单位不服从管理导致生产安全事故的，由分包单位承担主要责任。

（4）工程技术措施。

1)施工单位应在施工组织设计中编制安全技术措施和施工现场临时用电方案。对下列达到一定规模的危险性较大的分部分项工程编制专项施工方案，并附具安全验算结果，经施工单位技术负责人、总监理工程师签字后实施，由专职安全生产管理人员进行现场监督：

①基坑支护与降水工程。

②土方开挖工程。

③模板工程。

④起重吊装工程。

⑤脚手架工程。

⑥拆除、爆破工程。

⑦国务院建设行政主管部门或其他有关部门规定的其他危险性较大的工程。

另外，对工程中涉及深基坑、地下暗挖工程、高大模板工程的专项施工方案，施工单位还应组织专家进行论证、审查。

2)施工单位应当在施工现场入口处、施工起重机械、临时用电设施、脚手架、出入通道口、楼梯口、电梯井口、孔洞口、桥梁口、隧道口、基坑边沿、爆破物及有害危险气体和液体存放处等危险部位设置明显的安全警示标志。安全警示标志必须符合国家标准。

3)建设工程施工前，施工单位负责项目管理的技术人员应对有关安全施工技术要求向施工作业班组、作业人员做出详细说明，并由双方签字确认。

（5）安全生产教育培训制度。

1)垂直运输机械作业人员、安装拆卸工、爆破作业人员、起重信号工、登高架设作业人员等特种作业人员，必须按国家有关规定经过专门的安全作业培训，取得特种作业操作资格证书后，方可上岗作业。

2)作业人员进入新的岗位或新的施工现场前，应当接受安全生产教育培训，未经教育培训或教育培训考核不合格者，不得上岗作业。施工单位采用新技术、新工艺、新设备、新材料时，应对作业人员进行相应的安全生产教育培训。

（6）劳保、消防及环境保护措施。

1)施工单位应当向作业人员提供安全防护用具和安全防护服装，并书面告知危险岗位的操作规程和违章操作的危害。

作业人员有权对施工现场的作业条件、作业程序和作业方式中存在的安全问题提出批评、检举和控告，有权拒绝违章指挥和强令冒险作业；施工中发生危及人身安全的紧急情况时，作业人员有权立即停止作业或在采取必要应急措施后撤离危险区域。

作业人员应当遵守安全施工的强制性标准、规章制度和操作规程，正确使用安全防护用具、机械设备等。

2）施工单位采购、租赁的安全防护用具、机械设备、施工机具及配件，应当具有生产（制造）许可证、产品合格证，并在进入施工现场前进行查验。

施工现场的安全防护用具、机械设备、施工机具及配件必须由专人管理，定期进行检查、维修和保养，建立相应的资料档案，并按国家有关规定及时报废。

3）施工单位应当为施工现场从事危险作业的人员办理意外伤害保险；意外伤害保险费由施工单位支付。实行施工总承包的，由总承包单位支付意外伤害保险费。意外伤害保险期限自建设工程开工之日起至竣工验收合格止。

4）施工单位应当在施工现场建立消防安全责任制度，确定消防安全责任人，制定用火、用电、使用易燃易爆材料等各项消防安全管理制度和操作规程，设置消防通道、消防水源，配备消防设施和灭火器材，并在施工现场入口处设置明显标志。

5）施工单位应当遵守环境保护法律、法规的规定，在施工现场采取措施，防止或减少粉尘、废气、废水、固体废物、噪声、振动和施工照明对人与环境的危害和污染。

在城市市区内的建设工程，施工单位应当对施工现场实行封闭围挡。

9.4.3 安全生产监督管理

1. 安全生产监督管理部门职责

《建设工程安全生产管理条例》规定，国务院安全生产监督管理部门，对全国建设工程安全生产工作实施综合监督管理；县级以上地方人民政府安全生产监督管理部门，对本行政区域内建设工程安全生产工作实施综合监督管理；国务院住房城乡建设主管部门对全国的建设工程安全生产实施监督管理；国务院铁路、交通、水利等有关部门，负责有关专业建设工程安全生产的监督管理；县级以上地方人民政府住房城乡建设主管部门对本行政区域内的建设工程安全生产实施监督管理；县级以上地方人民政府交通、水利等有关部门，负责本行政区域内专业建设工程安全生产的监督管理。

县级以上人民政府负有建设工程安全生产监督管理职责的部门履行安全监督检查职责时，有权采取下列措施：

(1)要求被检查单位提供有关建设工程安全生产的文件和资料。

(2)进入被检查单位施工现场进行检查。

(3)纠正施工中违反安全生产要求的行为。

(4)对检查中发现的安全事故隐患，责令立即排除；重大安全事故隐患排除前或排除过程中无法保证安全的，责令从危险区域内撤出作业人员或暂停施工。

2. 安全生产监督管理方式

安全生产监督管理方式可分为事前、事中和事后监督管理。

(1)事前监督管理。事前监督管理是指有关安全生产许可事项的审批，包括安全生产许可证、经营许可证、矿长资格证、生产经营单位主要负责人安全资格证、安全管理人员安全资格证、特种作业人员操作资格证等。

(2)事中监督管理。事中监督管理主要是指日常监督检查、安全大检查、重点安全行业和领域的专项整治、许可证的监督检查等。作业场所的监督检查主要有以下两种：

1)行为监察。行为监察是指监督检查生产经营单位安全生产的组织管理、规章制度建设、职工教育培训、各级安全生产责任制的实施等。

2)技术监察。技术监察是指对物质条件的监督检查，包括对新建、扩建、改建和技术改造工程项目的"三同时"监察；对用人单位现有防护措施与设施完好率、使用率的监察；对个人防护用品的质量、配备与作用的监察；对危险性较大的设备、危害性较严重的作业场所和特殊工种作业的监察等。

(3)事后监督管理。事后监督管理包括生产安全事故发生后的应急救援，以及调查处理，查明事故原因，严肃处理有关责任人员，提出防范措施。应严格按"四不放过"原则①处理生产安全事故。

> **小资料**
>
> ①"四不放过"原则
>
> 发生安全生产工伤事故时，为严肃调查处理，接受教训，防止同类事故重复发生，国家要求对事故按"四不放过"原则处理。具体为：
>
> 事故原因未查清不放过；事故责任人未受到处理不放过；事故责任人和周围群众没有受到教育不放过；事故制定切实可行的整改措施没有落实不放过。

9.4.4 违反《建设工程安全生产管理条例》的法律责任

1. 住房城乡建设主管部门应承担的法律责任

县级以上人民政府住房城乡建设主管部门或其他有关行政管理部门的工作人员，有下列行为之一的，给予降级或撤职的行政处分；构成犯罪的，依照刑法有关规定追究刑事责任：

(1)对不具备安全生产条件的施工单位颁发资质证书的。

(2)对没有安全施工措施的建设工程颁发施工许可证的。

(3)发现违法行为不予查处的。

(4)不依法履行监督管理职责的其他行为。

2. 建设单位应承担的法律责任

(1)建设单位未提供建设工程安全生产作业环境及安全施工措施所需费用的，责令限期改正；逾期未改正的，责令该建设工程停止施工。建设单位未将保证安全施工的措施或者拆除工程的有关资料报送有关部门备案的，责令限期改正，给予警告。

(2)建设单位具有下列行为之一的，责令限期改正，处 20 万元以上 50 万元以下罚款；造成重大安全事故，构成犯罪的，对直接责任人员，依照刑法有关规定追究刑事责任；造成损失的，依法承担赔偿责任：

1)对勘察、设计、施工、工程监理等单位提出不符合安全生产法律、法规和强制性标准规定要求的。

2)要求施工单位压缩合同约定工期的。

3)将工程发包给不具有相应资质等级的施工单位的。

3. 勘察、设计单位应承担的法律责任

勘察单位、设计单位具有下列行为之一的，责令限期改正，处 10 万元以上 30 万元以下罚款；情节严重的，责令停业整顿，降低资质等级，直至吊销资质证书；造成重大安全事故，构成犯罪的，对直接责任人员，依照《中华人民共和国刑法》有关规定追究刑事责任；造成损失的，依法承担赔偿责任：

(1)未按照法律、法规和工程建设强制性标准进行勘察、设计的。

(2)采用新结构、新材料、新工艺的建设工程和特殊结构的建设工程，设计单位未在设计中提出保障施工作业人员安全和预防生产安全事故的措施建议的。

4. 工程监理单位应承担的法律责任

工程监理单位具有下列行为之一的，责令限期改正；逾期未改正的，责令停业整顿，并处10万元以上30万元以下罚款；情节严重的，降低资质等级，直至吊销资质证书；造成重大安全事故，构成犯罪的，对直接责任人员，依照《中华人民共和国刑法》有关规定追究刑事责任；造成损失的，依法承担赔偿责任：

(1)未对施工组织设计中的安全技术措施或专项施工方案进行审查的。

(2)发现安全事故隐患未及时要求施工单位整改或暂停施工的。

(3)施工单位拒不整改或不停止施工，未及时向有关主管部门报告的。

(4)未依照法律、法规和工程建设强制性标准实施监理的。

5. 施工单位应承担的法律责任

(1)施工单位具有下列行为之一的，责令限期改正；逾期未改正的，责令停业整顿，依照《安全生产法》的有关规定处以罚款；造成重大安全事故，构成犯罪的，对直接责任人员，依照《中华人民共和国刑法》有关规定追究刑事责任：

1)未设立安全生产管理机构、配备专职安全生产管理人员或分部分项工程施工时无专职安全生产管理人员现场监督的。

2)施工单位的主要负责人、项目负责人、专职安全生产管理人员、作业人员或特种作业人员，未经安全教育培训或经考核不合格即从事相关工作的。

3)未在施工现场的危险部位设置明显的安全警示标志，或未按照国家有关规定在施工现场设置消防通道、消防水源，配备消防设施和灭火器材的。

4)未向作业人员提供安全防护用具和安全防护服装的。

5)未按规定在施工起重机械和整体提升脚手架、模板等自升式架设设施验收合格后登记的。

6)使用国家明令淘汰、禁止使用的危及施工安全的工艺、设备、材料的。

(2)施工单位具有下列行为之一的，责令限期改正；逾期未改正的，责令停业整顿，并处5万元以上10万元以下的罚款；造成重大安全事故，构成犯罪的，对直接责任人员，依照《中华人民共和国刑法》有关规定追究刑事责任：

1)施工前未对有关安全施工的技术要求做出详细说明的。

2)未根据不同施工阶段和周围环境及季节、气候的变化，在施工现场采取相应的安全施工措施，或城市市区内建设工程的施工现场未实行封闭围挡的。

3)在尚未竣工的建筑物内设置员工集体宿舍的。

4)施工现场临时搭建的建筑物不符合安全使用要求的。

5)未对因建设工程施工可能造成损害的毗邻建筑物、构筑物和地下管线等采取专项防护措施的。

施工单位有前款4)、5)项行为，造成损失的，依法承担赔偿责任。

(3)施工单位具有下列行为之一的，责令限期改正；逾期未改正的，责令停业整顿，并处 10 万元以上 30 万元以下罚款；情节严重的，降低资质等级，直至吊销资质证书；造成重大安全事故，构成犯罪的，对直接责任人员，依照《中华人民共和国刑法》有关规定追究刑事责任；造成损失的，依法承担赔偿责任：

1)安全防护用具、机械设备、施工机具及配件在进入施工现场前未经查验或查验不合格即投入使用的。

2)使用未经验收或验收不合格的施工起重机械和整体提升脚手架、模板等自升式架设设施的。

3)委托不具有相应资质的单位承担施工现场安装、拆卸施工起重机械和整体提升脚手架、模板等自升式架设设施的。

4)在施工组织设计中未编制安全技术措施、施工现场临时用电方案或专项施工方案的。

（4）施工单位挪用列入建设工程概算的安全生产作业环境及安全施工措施所需费用的，责令限期改正，处挪用费用 20% 以上 50% 以下的罚款；造成损失的，依法承担赔偿责任。

（5）施工单位主要负责人、项目负责人未履行安全生产管理职责的，责令限期改正；逾期未改正的，责令施工单位停业整顿；造成重大安全事故、重大伤亡事故或其他严重后果，构成犯罪的，依照《中华人民共和国刑法》有关规定追究刑事责任；尚不够刑事处罚的，处 2 万元以上 20 万元以下罚款或给予撤职处分；自刑罚执行完毕或者受处分之日起，五年内不得担任任何施工单位的主要负责人、项目负责人。

作业人员不服管理、违反规章制度和操作规程冒险作业造成重大伤亡事故或者其他严重后果，构成犯罪的，依法追究刑事责任。

6. 其他相关人员应承担的法律责任

在建设活动中，注册执业人员未执行法律、法规和工程建设强制性标准的，责令停止执业三个月以上一年以下；情节严重的，吊销执业资格证书，五年内不予注册；造成重大安全事故的，终身不予注册；构成犯罪的，依照《中华人民共和国刑法》有关规定追究刑事责任。为建设工程提供机械设备和配件的单位，未按安全施工要求配备齐全有效的保险、限位等安全设施和装置的，责令限期改正，处合同价款 1 倍以上 3 倍以下罚款；造成损失的，依法承担赔偿责任。

案例 9.2

背景：

B 市某大型基坑工程，甲建设单位与乙施工单位签订了施工总承包合同，并委托丙监理单位进行工程监理。开工前，乙施工单位对招募来的工人进行了"三级"安全教育，但未为工人购买施工意外伤害保险。该工程属于深基坑工程，危险性较大，项目经理部按照规定编制专项施工组织方案，经项目经理签字后组织施工并安排质量检查人员兼任安全工作。当土方开挖至坑底设计标高时，监理工程师发现基坑四周地表出现大量裂纹，坑边部分土石有滑落现象，即向现场作业人员发出口头通知，要求停止施工，撤离相关作业人员。但施工作业人员担心施工进度，对监理通知不予理睬，继续施工。随后，基坑发生大面积坍塌，基坑下 5 名作业人员被埋，造成 3 人死亡，1 人重伤，1 人轻伤。

试分析：

本案例中，施工单位有哪些违法行为？为什么？

分析要点：

违法行为一：专项施工方案审批程序错误。根据《建设工程安全生产管理条例》规定，深基坑工程危险性较大，其专项施工方案应经施工单位技术负责人、总监理工程师签字后实施，所以"经项目经理签字后组织施工"不正确。

违法行为二：安全生产管理环节严重缺失。《建设工程安全生产管理条例》中规定，施工单位应当设立安全生产管理机构，配备专职安全生产管理人员。所以"安排质量检查人员兼任安全工作"不正确。

违法行为三：《建设工程安全生产管理条例》规定，施工单位应为施工现场从事危险作业的人员办理意外伤害保险。所以施工单位"未为工人购买施工意外伤害保险"不正确。

9.5 生产安全事故调查处理制度

生产安全事故^①的调查处理，是安全生产的重要环节。做好建筑工程生产安全事故处理工作，不仅有利于强化事故责任追究，也有利于预防和减少事故发生。

小资料

①生产安全事故

生产安全事故是指生产经营单位在生产经营活动或与生产经营有关的活动中突然发生的，伤害人身安全和健康，或损坏设备设施，或造成经济损失，导致原生产经营活动或与生产经营有关的活动暂时中止或永远终止的意外事件。

9.5.1 事故分类

生产安全事故等级以造成的人员伤亡或直接经济损失来认定，一般分以下四个等级：

(1)特别重大事故。特别重大事故是指造成30人以上死亡，或100人以上重伤(包括急性工业中毒，下同)，或1亿元以上直接经济损失的事故。

(2)重大事故。重大事故是指造成10人以上30人以下死亡，或50人以上100人以下重伤，或5 000万元以上1亿元以下直接经济损失的事故。

(3)较大事故。较大事故是指造成3人以上10人以下死亡，或10人以上50人以下重伤，或1 000万元以上5 000万元以下直接经济损失的事故。

(4)一般事故。一般事故是指造成3人以下死亡，或10人以下重伤，或1 000万元以下直接经济损失的事故。

9.5.2 事故应急救援措施

根据《安全生产法》《安全生产管理条例》《建设工程安全生产管理条例》等规定，县级以上地方人民政府住房城乡建设主管部门应当根据本级人民政府的要求，制定本行政区域内建设工程特大生产安全事故应急救援预案。

应急预案的任务和目标包括以下几项：

(1)加强对施工生产安全事故的防范，及时做好安全事故发生后的救援处置工作。

(2)给施工的进行和施工场区周围居民提供更好、更安全的环境。

(3)保证各种应急反应资源处于良好的备战状态。

(4)指导应急反应行动按计划有序地进行，防止因应急反应行动组织不力或现场救援工作的无序和混乱而延误事故的应急救援。

(5)有效地避免或降低人员伤亡和财产损失。

(6)帮助实现应急反应行动的快速、有序、高效。

(7)充分体现应急救援的"应急精神"。

《特种设备安全监察条例》(国务院令第549号)第六十六条规定，特种设备①事故发生后，事故发生单位应立即启动事故应急预案，组织抢救，防止事故扩大，减少人员伤亡和财产损失，并及时向事故发生地县级以上特种设备安全监督管理部门和有关部门报告。

> **小资料**
>
> **①特种设备**
>
> 《特种设备安全监察条例》规定，特种设备指涉及生命安全、危险性较大的锅炉、压力容器(含气瓶)、压力管道、电梯、起重机械、客运索道、大型游乐设施和场(厂)内专用机动车辆。

9.5.3 事故现场处理

1. 事故现场保护

发生生产安全事故后，施工单位应采取措施防止事故扩大，保护事故现场。需要移动现场物品时，应做出标记和书面记录，妥善保管有关证物。

2. 事故报告

生产安全事故发生后，事故现场有关人员应立即向本单位负责人报告；单位负责人接到报告后，应于1小时内向事故发生地县级以上人民政府安全生产监督管理部门和负有安全生产监督管理职责的有关部门报告。情况紧急时，事故现场有关人员可直接向事故发生地县级以上人民政府安全生产监督管理部门和负有安全生产监督管理职责的有关部门报告。

(1)事故上报有关规定。安全生产监督管理部门和负有安全生产监督管理职责的有关部门接到事故报告后，应依照下列规定上报事故情况，并通知公安机关、劳动保障行政部门、工会和人民检察院：

1)特别重大事故、重大事故逐级上报至国务院安全生产监督管理部门和负有安全生产监督管理职责的有关部门。

2)较大事故逐级上报至省、自治区、直辖市人民政府安全生产监督管理部门和负有安全生产监督管理职责的有关部门。

3)一般事故上报至设区的市级人民政府安全生产监督管理部门和负有安全生产监督管理职责的有关部门。

安全生产监督管理部门和负有安全生产监督管理职责的有关部门接到发生特别重大事故、重大事故的报告后，应逐级上报，每级上报时间不得超过2小时。自事故发生之日起30日内，事故造成的伤亡人数发生变化的，应及时补报；道路交通事故、火灾事故自发生之日起7日内，事故造成的伤亡人数发生变化的，应及时补报。

(2)事故报告的内容。

1)事故发生单位概况。

2)事故发生的时间、地点及事故现场情况。

3)事故的简要经过。

4)事故已造成或可能造成的伤亡人数(包括下落不明的人数)和初步估计的直接经济损失。

5)已经采取的措施。

6)其他应报告的情况。

9.5.4　事故调查

事故调查处理应当坚持实事求是、尊重科学的原则，及时、准确地查清事故经过、事故原因和事故损失，查明事故性质，认定事故责任，总结事故教训，提出整改措施，并依法追究事故责任者责任。

1. 事故调查组的组成

工程建设生产安全事故发生后，特别重大事故由国务院或国务院授权有关部门组织事故调查组进行调查；重大事故、较大事故、一般事故分别由事故发生地省级人民政府、设区的市级人民政府、县级人民政府直接组织事故调查组或授权、委托有关部门组织事故调查组进行调查；未造成人员伤亡的一般事故，县级人民政府也可委托事故发生单位组织事故调查组进行调查。

2. 事故调查组的职责

(1)查明事故发生的经过、原因、人员伤亡情况及直接经济损失。

(2)认定事故性质和事故责任。

(3)提出对事故责任者的处理建议。

(4)总结事故教训，提出防范和整改措施。

(5)提交事故调查报告。

3. 事故调查报告的内容

(1)事故发生单位概况。

(2)事故发生经过和事故救援情况。

(3)事故造成的人员伤亡和直接经济损失。

(4)事故发生的原因和事故性质。

(5)事故责任的认定及对事故责任者的处理建议。

(6)事故防范和整改措施。

事故调查报告应附具有关证据材料。事故调查组成员应当在事故调查报告上签名。

4. 事故调查报告的提交期限

事故调查组应当自事故发生之日起60日内提交事故调查报告；特殊情况下，经负责事故调查的人民政府批准，调查报告的提交期限可适当延长，但延长的期限最长不超过60日。

9.5.5　事故处理

生产安全事故发生后，负责事故调查的行政主管部门应自收到事故调查报告之日起对报告做出批复：重大事故、较大事故、一般事故，15日内做出批复；特别重大事故，30日内做出批复，特殊情况下，批复时间可适当延长，但延长时间最长不超过30日。相关行政主管部门根据权限和程序，依法对事故发生相关单位、责任人员分别进行行政处分和行政处罚，涉嫌犯罪的，依法追究刑事责任。

事故发生单位应当认真吸取事故教训，落实防范和整改措施，防止事故再次发生。

案例9.3

背景：

A建筑公司在工程施工前，对新进工人进行了"三级"安全教育，项目部对相关人员进行了安全施工与技术方面的培训。新进工人李某在安放 10 吨重道板下的胶垫时违规未使用铁钩进行操作，直接用手安置导致其左手砸伤。施工现场负责人立即组织人员对其进行医疗救治并承担了全部费用。之后李某进行了伤情鉴定，结论是伤残等级工伤七级。

随后，李某向 A 建筑公司请求赔偿未果，遂将 A 起诉讼至人民法院，请求判令被告赔偿其误工费、住院生活补助费、鉴定费、交通费、残疾人生活补助费和再次医疗费用共计 80 357 元，诉讼费由被告承担。

试分析：

本案例中，被告是否应承担法律责任？为什么？

分析要点：

A 建筑公司于项目开工前，根据《建设工程安全生产管理条例》规定，对新进工人进行了"三级"安全教育，项目部对相关人员进行了安全施工和技术培训，事故发生后积极配合对受伤工人进行了救治，且李某受伤源自其违规操作，因此被告不承担法律责任。

9.6 生产安全事故责任者的法律责任

9.6.1 事故发生单位主要负责人的法律责任

（1）事故发生单位主要负责人有下列行为之一的，处上一年年收入 40%～80% 的罚款；属国家工作人员的，并依法给予处分；构成犯罪的，依法追究刑事责任：

1）不立即组织事故抢救的。

2）迟报或漏报事故的。

3）事故调查处理期间擅离职守的。

（2）事故发生单位主要负责人未依法履行安全生产管理职责，导致事故发生的，依照下列规定处以罚款；属国家工作人员的，并依法给予处分；构成犯罪的，依法追究刑事责任：

1）发生一般事故的，处上一年年收入 30% 的罚款。

2）发生较大事故的，处上一年年收入 40% 的罚款。

3）发生重大事故的，处上一年年收入 60% 的罚款。

4）发生特别重大事故的，处上一年年收入 80% 的罚款。

9.6.2 事故发生单位及有关人员的法律责任

（1）事故发生单位对事故发生负有责任的，依照下列规定处以罚款：

1）发生一般事故的，处 10 万元以上 20 万元以下罚款。

2）发生较大事故的，处 20 万元以上 50 万元以下罚款。

3）发生重大事故的，处 50 万元以上 200 万元以下罚款。

4）发生特别重大事故的，处 200 万元以上 500 万元以下罚款。

（2）事故发生单位及其有关人员有下列行为之一的，对事故发生单位处 100 万元以上 500 万元以下罚款；对主要负责人、直接负责的主管人员和其他直接责任人员处上一年年收入 60%～100% 的罚款；属国家工作人员的，并依法给予处分；违反治安管理行为的，由公安机关依法给予治安管理处罚；构成犯罪的，依法追究刑事责任：

　　1)谎报或瞒报事故的。

　　2)伪造或故意破坏事故现场的。

　　3)转移、隐匿资金、财产，或销毁有关证据、资料的。

　　4)拒绝接受调查或拒绝提供有关情况和资料的。

　　5)事故调查中作伪证或指使他人作伪证的。

　　6)事故发生后逃匿的。

9.6.3　事故单位及相关人员资格的处理

　　(1)事故发生单位对事故发生负有责任的，由有关部门依法暂扣或吊销其有关证照；对事故发生单位负有事故责任的有关人员，依法暂停或撤销其与安全生产有关的执业资格、岗位证书；事故发生单位主要负责人受到刑事处罚或撤职处分的，自刑罚执行完毕或受处分之日起，五年内不得担任任何生产经营单位的主要负责人。

　　(2)为发生事故的单位提供虚假证明的中介机构，由有关部门依法暂扣或吊销其有关证照及其相关人员的执业资格；构成犯罪的，依法追究刑事责任。

任务总结

　　我国的安全生产方针为"安全第一、预防为主、综合治理"。认真落实这一方针，既是党和国家的要求，也是搞好安全生产，保障从业人员的生命安全健康，保障企业生产经营顺利进行的根本要求。

　　《安全生产法》的立法目的是加强安全生产监督管理，防止和减少生产安全事故，保障人民群众生命和财产安全，保障建设市场的和谐发展，促进市场经济发展。

　　生产经营单位必须按照法律、法规和国家有关规定，结合本单位具体情况，做好安全生产的计划、组织、指挥、控制、协调等各项管理工作；要依法设置安全生产管理机构、管理人员，建立健全本单位安全生产各项规章制度并组织实施，做好对从业人员的安全生产教育和培训，搞好生产作业场所、设备、设施的安全管理；要尊重科学，探求和把握规律，运用安全目标管理、事故预测、标准化作业、人体生物节律等安全生产现代化管理方法，更为有效地做好安全生产管理工作。

　　《安全生产法》《安全生产许可证条例》规定，建筑施工企业必须遵循安全生产许可制度的管理；企业未取得安全生产许可证的，不得从事生产活动。

　　建设单位、勘察单位、设计单位、施工单位、工程监理单位及其他与建设工程安全生产有关的单位，必须遵守安全生产法律、法规的规定，保证建设工程安全生产，依法承担建设工程安全生产责任。

　　事故调查处理应当坚持"实事求是、尊重科学"的原则，及时、准确地查清事故经过、事故原因和事故损失，查明事故性质，认定事故责任，总结事故教训，提出整改措施，并依法追究事故责任者责任。

一、名词解释

工程建设安全生产　　"三级"安全教育　　"四不放过"原则
特别重大事故

参考答案

二、单项选择题

1. 下列生产企业中，不属于《安全生产许可证条例》规定实行安全生产许可制度的单位是(　　)。

   A. 某装饰工程公司　　　　　　　　　B. 某压力容器生产厂

   C. 某建筑设备安装公司　　　　　　　D. 某煤矿企业

2. 某承办单位与分包单位在分包合同中约定：分包单位自行负责分包工程的安全生产。施工过程中，分包工程发生安全事故，则该事故(　　)。

   A. 按照约定由分包单位自行承担

   B. 分包单位承担主要责任，总承包单位承担次要责任

   C. 总承包单位承担主要责任

   D. 总承包单位和分包单位承担连带责任

3. 作业人员李某在脚手架施工时，发现部分扣件松动而可能导致架体坍塌，故停止了作业，李某的行为属于行使(　　)。

   A. 拒绝权　　　　　　　　　　　　　B. 知情权

   C. 紧急避险权　　　　　　　　　　　D. 检举权

4. 行政主管部门接到发生特别重大事故、重大事故的报告后，应逐级上报，每级上报时间不得超过(　　)小时。

   A. 1　　　　　　　　B. 2　　　　　　　　C. 24　　　　　　　　D. 48

5. 对于拆除工程，建设报送的备案资料不包括的是(　　)。

   A. 拆除施工方案

   B. 堆放、清除废弃物的措施

   C. 拟拆除建筑物、构筑物及可能危及毗邻建筑的说明

   D. 建设单位的资质说明

三、多项选择题

1. 根据《建筑施工企业安全生产许可证管理规定》要求，下列属于建筑施工企业取得安全生产许可证条件的有(　　)。

   A. 主要负责人和安全生产管理人员经考核合格

   B. 特种作业人员经有关部门考核合格并取得资格证书

   C. 设置安全生产管理机构

   D. 有关生产事故应急救援预案

2. 以下属于从业人员安全生产义务的有(　　)。

   A. 不得违章作业　　　　　　　　　　B. 接受安全生产教育和培训

   C. 参加救援预案拟定　　　　　　　　D. 正确使用和佩戴劳动防护用品

3. 下面达到一定规模需编制专项施工方案的危险性较大的分部分项工程有(　　)。

    A. 基坑支护与降水工程　　　　　B. 土方开挖工程

    C. 脚手架工程　　　　　　　　　D. 安装工程

4. 施工单位应在施工现场建立消防安全责任制度,确定消防安全责任人,制定用火、用电、使用易燃易爆材料等各项消防安全的管理制度和操作规程,设置(　　),并在施工现场入口处设置明显标志。

    A. 安全通道　　　　　　　　　　B. 消防通道

    C. 消防水源　　　　　　　　　　D. 配备消防设施和灭火器材

5. 某施工单位拟租赁一家设备公司的塔式起重机,依照《建设工程安全生产管理条例》,租赁公司应当出具塔式起重机的(　　)。

    A. 发票　　　　　　　　　　　　B. 产品合格证

    C. 检测合格证明　　　　　　　　D. 生产许可证

四、判断题

1. 从业人员发现事故隐患应及时向本单位安全生产管理人员或主要负责人报告。

(　　)

2. 企业未取得安全生产许可证的,不得从事生产活动。　　　　　　　　(　　)

3. 施工单位安全生产部门负责人依法对本单位的安全生产工作全面负责。(　　)

4. 在建设活动中注册执业人员未执行法律、法规和工程建设强制性标准,造成重大安全事故的,吊销执业资格证书,5年内不予注册。　　　　　　　　　　(　　)

5. 生产安全事故发生后,事故现场有关人员应于1小时内向本单位负责人报告。

(　　)

6. 发生生产安全事故后,建设单位应采取措施防止事故扩大,保护事故现场。(　　)

五、简答题

1.《安全生产法》的立法目的及安全生产的方针各是什么?

2. 申领安全生产许可证必须具备哪些条件?

3. 建设单位违反《建设工程安全管理条例》应承担哪些法律责任?

4. 应急预案的任务和目标是什么?

5. 如何保护事故现场?

六、案例分析

案例1

背景:

2016年4月,A市市政建设工程,甲建筑公司(以下简称甲)进行路面施工。施工现场有众多的凹凸、小沟和建筑材料,但甲未在施工现场入口处设置任何安全警示标志。同年6月10日,李某经过此路段时,因不明路况,坠入小沟,造成10级伤残。事后李某多次要求甲赔偿,但甲认为李某私自进入施工现场受伤与己方无关。李某遂将甲起诉至人民法院。

试分析:甲建筑公司是否存在违法施工行为?其是否应承担对李某的民事赔偿责任?

案例2

背景:

2015年11月1日,某在建工程在施工中塔式起重机坍塌,造成现场施工人员5人死亡,10人受伤,直接经济损失234余万元。

事故发生后，建筑公司项目经理部向有关部门紧急报告了事故情况。闻讯赶来的有关领导和部门与现场工人实施了紧急抢险工作，将伤者立即送往医院治疗。

试分析：

(1)本案中施工安全事故应定为哪种等级的事故？

(2)事故发生后，施工单位应采取哪些措施？

第 10 章　环境保护与建筑节能法规

环境保护法规；建筑节能法规。

环境保护与
建筑节能法规

了解我国环境保护法的基本原则及建筑节能的意义；熟悉建设项目
环境保护的基本制度；掌握建设工程项目的环境影响评价制度及民用建筑节能条例的相关
规定。

10.1　环境保护法规

10.1.1　环境保护法规概述

1. 环境保护法的概念及调整对象

环境是指影响人类生存发展的各种天然和经过人工改造的自然因素的总体，包括大气、水、海洋、土地、矿藏、森林、草原、湿地、野生生物、自然遗迹、人文遗迹、自然保护区、风景名胜区、城市和乡村等。

环境保护是指为解决现实的或潜在的环境问题，协调人类与环境的关系，保障经济社会持续发展而采取的各种行动的总称。其方法和手段包括工程技术、行政管理、宣传教育及法律、经济等。

环境保护法是调整因保护和改善生活环境与生态环境，防治环境污染和其他公害而产生的各种社会关系的法律规范的总称。环境保护法在广义上是指与环境保护相关的法律体系；狭义上是指 1989 年 12 月 26 日第七届全国人民代表大会常务委员会第十一次会议通过，2014 年 4 月 24 日第十二届全国人民代表大会常务委员会第八次会议修订的《中华人民共和国环境保护法》，该法已于 2015 年 1 月 1 日起实行。

本书主要论述广义上的环境保护法，主要包括《中华人民共和国水污染防治法》《中华人民共和国大气污染防治法》《中华人民共和国环境噪声污染防治法》《中华人民共和国固体废物污染环境防治法》。

环境保护法适用于中华人民共和国领域和所管辖的海域；其立法目的是保护和改善生活环境与生态环境，防治污染和其他公害，保障人体健康，促进现代化建设的可持续发展。

2. 环境保护法的基本原则

(1)建设与环境保护协调发展。作为世界上第一人口大国，发展是我国当前的第一要务，但发展的同时必须保护环境，只有经济效益、社会效益和环境效益的综合效益达到最大化的发展才是可持续发展。

（2）预防为主，防治结合。该原则的核心是"防"，"防"是指从环境问题的产生根源上入手，竭力减少排污；"治"是指解决已经产生的环境问题，并应针对产生环境问题的不同原因采取多种手段进行综合治理。

（3）开发者养护，污染者治理。前者是指对环境和自然资源进行开发利用的组织或个人，有责任对其进行恢复、整治和养护；后者则是指对环境造成污染的组织或个人，有责任对被污染和破坏的环境进行治理。

（4）依靠群众。环境保护是一项公益事业，每个公民都应参与和监督环境保护工作，有权对污染或破坏环境的单位和个人进行检举和控告。

3. 环境监督管理

2015 年 1 月 1 日起实行的《中华人民共和国环境保护法》对环境监督管理做了以下规定：

（1）县级以上人民政府应当将环境保护工作纳入国民经济和社会发展规划。国务院环境保护主管部门会同有关部门，根据国民经济和社会发展规划编制国家环境保护规划，报国务院批准并公布实施。

县级以上地方人民政府环境保护主管部门会同有关部门，根据国家环境保护规划的要求，编制本行政区域的环境保护规划，报同级人民政府批准并公布实施。

环境保护规划的内容应当包括生态保护和污染防治的目标、任务、保障措施等，并与主体功能区规划、土地利用总体规划和城乡规划等相衔接。

（2）国务院有关部门和省、自治区、直辖市人民政府组织制定经济、技术政策，应当充分考虑对环境的影响，听取有关方面和专家的意见。

（3）国务院环境保护主管部门制定国家环境质量标准。省、自治区、直辖市人民政府对国家环境质量标准中未作规定的项目，可以制定地方环境质量标准；对国家环境质量标准中已作规定的项目，可以制定严于国家环境质量标准的地方环境质量标准。地方环境质量标准应当报国务院环境保护主管部门备案。

（4）国务院环境保护主管部门根据国家环境质量标准和国家经济、技术条件，制定国家污染物排放标准。省、自治区、直辖市人民政府对国家污染物排放标准中未作规定的项目，可以制定地方污染物排放标准；对国家污染物排放标准中已作规定的项目，可以制定严于国家污染物排放标准的地方污染物排放标准。地方污染物排放标准应当报国务院环境保护主管部门备案。

（5）国家建立健全环境监测制度。国务院环境保护主管部门制定监测规范，会同有关部门组织监测网络，统一规划国家环境质量监测站（点）的设置，建立监测数据共享机制，加强对环境监测的管理。

有关行业、专业等各类环境质量监测站（点）的设置应当符合法律、法规规定和监测规范的要求。

监测机构应当使用符合国家标准的监测设备，遵守监测规范。监测机构及其负责人对监测数据的真实性和准确性负责。

（6）省级以上人民政府应当组织有关部门或者委托专业机构，对环境状况进行调查、评价，建立环境资源承载能力监测预警机制。

（7）编制有关开发利用规划，建设对环境有影响的项目，应当依法进行环境影响评价。

未依法进行环境影响评价的开发利用规划，不得组织实施；未依法进行环境影响评价的建设项目，不得开工建设。

(8)国家建立跨行政区域的重点区域、流域环境污染和生态破坏联合防治协调机制，实行统一规划、统一标准、统一监测、统一的防治措施。

前款规定以外的跨行政区域的环境污染和生态破坏的防治，由上级人民政府协调解决，或者由有关地方人民政府协商解决。

(9)国家采取财政、税收、价格、政府采购等方面的政策和措施，鼓励和支持环境保护技术装备、资源综合利用和环境服务等环境保护产业的发展。

(10)企业事业单位和其他生产经营者，在污染物排放符合法定要求的基础上，进一步减少污染物排放的，人民政府应当依法采取财政、税收、价格、政府采购等方面的政策和措施予以鼓励和支持。

(11)企业事业单位和其他生产经营者，为改善环境，依照有关规定转产、搬迁、关闭的，人民政府应当予以支持。

(12)县级以上人民政府环境保护主管部门及其委托的环境监察机构和其他负有环境保护监督管理职责的部门，有权对排放污染物的企业事业单位和其他生产经营者进行现场检查。被检查者应当如实反映情况，提供必要的资料。实施现场检查的部门、机构及其工作人员应当为被检查者保守商业秘密。

(13)企业事业单位和其他生产经营者违反法律、法规规定排放污染物，造成或者可能造成严重污染的，县级以上人民政府环境保护主管部门和其他负有环境保护监督管理职责的部门，可以查封、扣押造成污染物排放的设施、设备。

(14)国家实行环境保护目标责任制和考核评价制度。县级以上人民政府应当将环境保护目标完成情况纳入对本级人民政府负有环境保护监督管理职责的部门及其负责人和下级人民政府及其负责人的考核内容，作为对其考核评价的重要依据。考核结果应当向社会公开。

(15)县级以上人民政府应当每年向本级人民代表大会或者人民代表大会常务委员会报告环境状况和环境保护目标完成情况，对发生的重大环境事件应当及时向本级人民代表大会常务委员会报告，依法接受监督。

4. 防治污染和其他公害

《中华人民共和国环境保护法》对防治污染和其他公害做了以下规定：

(1)国家促进清洁生产和资源循环利用。国务院有关部门和地方各级人民政府应当采取措施，推广清洁能源的生产和使用。企业应当优先使用清洁能源，采用资源利用率高、污染物排放量少的工艺、设备以及废弃物综合利用技术和污染物无害化处理技术，减少污染物的产生。

(2)建设项目中防治污染的设施，应当与主体工程同时设计、同时施工、同时投产使用。防治污染的设施应当符合经批准的环境影响评价文件的要求，不得擅自拆除或者闲置。

(3)排放污染物的企业事业单位和其他生产经营者，应当采取措施，防治在生产建设或者其他活动中产生的废气、废水、废渣、医疗废物、粉尘、恶臭气体、放射性物质以及噪声、振动、光辐射、电磁辐射等对环境的污染和危害。

排放污染物的企业事业单位，应当建立环境保护责任制度，明确单位负责人和相关人员的责任。

重点排污单位应当按照国家有关规定和监测规范安装使用监测设备，保证监测设备正常运行，保存原始监测记录。

严禁通过暗管、渗井、渗坑、灌注或者篡改、伪造监测数据，或者不正常运行防治污染设施等逃避监管的方式违法排放污染物。

(4)排放污染物的企业事业单位和其他生产经营者，应当按照国家有关规定缴纳排污费。排污费应当全部专项用于环境污染防治，任何单位和个人不得截留、挤占或者挪作他用。

依照法律规定征收环境保护税的，不再征收排污费。

(5)国家实行重点污染物排放总量控制制度。重点污染物排放总量控制指标由国务院下达，省、自治区、直辖市人民政府分解落实。企业事业单位在执行国家和地方污染物排放标准的同时，应当遵守分解落实到本单位的重点污染物排放总量控制指标。

对超过国家重点污染物排放总量控制指标或者未完成国家确定的环境质量目标的地区，省级以上人民政府环境保护主管部门应当暂停审批其新增重点污染物排放总量的建设项目环境影响评价文件。

(6)国家依照法律规定实行排污许可管理制度。实行排污许可管理的企业事业单位和其他生产经营者应当按照排污许可证的要求排放污染物；未取得排污许可证的，不得排放污染物。

(7)国家对严重污染环境的工艺、设备和产品实行淘汰制度。任何单位和个人不得生产、销售或者转移、使用严重污染环境的工艺、设备和产品。禁止引进不符合我国环境保护规定的技术、设备、材料和产品。

(8)各级人民政府及其有关部门和企业事业单位，应当依照《中华人民共和国突发事件应对法》的规定，做好突发环境事件的风险控制、应急准备、应急处置和事后恢复等工作。

县级以上人民政府应当建立环境污染公共监测预警机制，组织制定预警方案；环境受到污染，可能影响公众健康和环境安全时，依法及时公布预警信息，启动应急措施。

企业事业单位应当按照国家有关规定制定突发环境事件应急预案，报环境保护主管部门和有关部门备案。在发生或者可能发生突发环境事件时，企业事业单位应当立即采取措施处理，及时通报可能受到危害的单位和居民，并向环境保护主管部门和有关部门报告。

突发环境事件应急处置工作结束后，有关人民政府应当立即组织评估事件造成的环境影响和损失，并及时将评估结果向社会公布。

(9)生产、储存、运输、销售、使用、处置化学物品和含有放射性物质的物品，应当遵守国家有关规定，防止污染环境。

(10)各级人民政府及其农业等有关部门和机构应当指导农业生产经营者科学种植和养殖，科学合理施用农药、化肥等农业投入品，科学处置农用薄膜、农作物秸秆等农业废弃物，防止农业面源污染。

禁止将不符合农用标准和环境保护标准的固体废物、废水施入农田。施用农药、化肥等农业投入品及进行灌溉，应当采取措施，防止重金属和其他有毒有害物质污染环境。

畜禽养殖场、养殖小区、定点屠宰企业等的选址、建设和管理应当符合有关法律、法规规定。从事畜禽养殖和屠宰的单位和个人应当采取措施，对畜禽粪便、尸体和污水等废弃物进行科学处置，防止污染环境。

(11)各级人民政府应当在财政预算中安排资金，支持农村饮用水水源地保护、生活污水和其他废弃物处理、畜禽养殖和屠宰污染防治、土壤污染防治和农村工矿污染治理等环境保护工作。

(12)各级人民政府应当统筹城乡建设污水处理设施及配套管网，固体废物的收集、运输和处置等环境卫生设施，危险废物集中处置设施、场所以及其他环境保护公共设施，并保障其正常运行。

(13)国家鼓励投保环境污染责任保险。

5. 法律责任

《中华人民共和国环境保护法》对违反我国环境保护相关规定的行为在法律责任方面做了以下规定：

(1)企业事业单位和其他生产经营者违法排放污染物，受到罚款处罚，被责令改正，拒不改正的，依法作出处罚决定的行政机关可以自责令改正之日的次日起，按照原处罚数额按日连续处罚。

(2)企业事业单位和其他生产经营者超过污染物排放标准或者超过重点污染物排放总量控制指标排放污染物的，县级以上人民政府环境保护主管部门可以责令其采取限制生产、停产整治等措施；情节严重的，报经有批准权的人民政府批准，责令停业、关闭。

(3)建设单位未依法提交建设项目环境影响评价文件或者环境影响评价文件未经批准，擅自开工建设的，由负有环境保护监督管理职责的部门责令停止建设，处以罚款，并可以责令恢复原状。

(4)违反本法规定，重点排污单位不公开或者不如实公开环境信息的，由县级以上地方人民政府环境保护主管部门责令公开，处以罚款，并予以公告。

(5)企业事业单位和其他生产经营者有下列行为之一，尚不构成犯罪的，除依照有关法律、法规规定予以处罚外，由县级以上人民政府环境保护主管部门或者其他有关部门将案件移送公安机关，对其直接负责的主管人员和其他直接责任人员，处十日以上十五日以下拘留；情节较轻的，处五日以上十日以下拘留：

1)建设项目未依法进行环境影响评价，被责令停止建设，拒不执行的。

2)违反法律规定，未取得排污许可证排放污染物，被责令停止排污，拒不执行的。

3)通过暗管、渗井、渗坑、灌注或者篡改、伪造监测数据，或者不正常运行防治污染设施等逃避监管的方式违法排放污染物的。

4)生产、使用国家明令禁止生产、使用的农药，被责令改正，拒不改正的。

(6)因污染环境和破坏生态造成损害的，应当依照《中华人民共和国侵权责任法》的有关规定承担侵权责任。

(7)环境影响评价机构、环境监测机构以及从事环境监测设备和防治污染设施维护、运营的机构，在有关环境服务活动中弄虚作假，对造成的环境污染和生态破坏负有责任的，除依照有关法律、法规规定予以处罚，还应当与造成环境污染和生态破坏的其他责任者承担连带责任。

(8)提起环境损害赔偿诉讼的时效期间为三年，从当事人知道或者应当知道其受到损害时起计算。

(9)上级人民政府及其环境保护主管部门应当加强对下级人民政府及其有关部门环境保护工作的监督。发现有关工作人员有违法行为，依法应当给予处分的，应当向其任免机关或者监察机关提出处分建议。依法应当给予行政处罚，而有关环境保护主管部门不给予行政处罚的，上级人民政府环境保护主管部门可以直接作出行政处罚的决定。

(10)地方各级人民政府、县级以上人民政府环境保护主管部门和其他负有环境保护监督管理职责的部门有下列行为之一的，对直接负责的主管人员和其他直接责任人员给予记过、记大过或者降级处分；造成严重后果的，给予撤职或者开除处分，其主要负责人应当引咎辞职：

1)不符合行政许可条件准予行政许可的。

2)对环境违法行为进行包庇的。

3)依法应当作出责令停业、关闭的决定而未作出的。

4)对超标排放污染物、采用逃避监管的方式排放污染物、造成环境事故以及不落实生态保护措施造成生态破坏等行为，发现或者接到举报未及时查处的。

5)违反本法规定，查封、扣押企业事业单位和其他生产经营者的设施、设备的。

6)篡改、伪造或者指使篡改、伪造监测数据的。

7)应当依法公开环境信息而未公开的。

8)将征收的排污费截留、挤占或者挪作他用的。

9)法律、法规规定的其他违法行为。

(11)违反本法规定，构成犯罪的，依法追究刑事责任。

10.1.2 建设项目环境保护制度

1. 建设工程项目的环境影响评价制度

环境影响评价是指对规划和建设项目实施后可能造成的环境影响进行分析、预测和评估，提出预防或减轻不良环境影响的对策和措施，进行跟踪监测的方法与制度。

为实施可持续发展战略，预防因规划和建设项目实施后对环境造成不良影响，促进经济、社会和环境的协调发展，我国在 1998 年 11 月 29 日发布《建设项目环境保护管理条例》基础上，于 2002 年 10 月 28 日公布了《中华人民共和国环境影响评价法》(以下简称《环境影响评价法》)，并于 2003 年 9 月 1 日起施行，进一步以法律形式确立了环境影响评价制度。

(1)建设项目环境影响评价的分类管理。我国根据建设项目对环境的影响程度，对建设项目的环境影响评价实行分类管理。建设单位应当按照下列规定分别组织编制环境影响报告书、环境影响报告表或填报环境影响登记表(以下统称环境影响评价文件)：

1)可能造成重大环境影响的，应当编制环境影响报告书对产生的环境影响进行全面评价。

2)可能造成轻度环境影响的，应当编制环境影响报告表对产生的环境影响进行分析或专项评价。

3)对环境影响很小、无须进行环境影响评价的，应当填报环境影响登记表。

建设项目环境影响评价分类管理名录，由国务院环境保护行政主管部门制定并公布。

环境影响报告书或环境影响报告表应当由具有相应资质的机构编制，任何单位和个人不得为建设单位指定对其建设项目进行环境影响评价的机构。

(2)环境影响报告书的基本内容。

1)建设项目概况。

2)建设项目周围环境现状。

3）建设项目对环境可能造成影响的分析、预测和评估。

4）建设项目环境保护措施及其技术、经济论证。

5）建设项目对环境影响的经济损益分析。

6）对建设项目实施环境监测的建议。

7）环境影响评价结论。

（3）建设项目环境影响评价文件的审批管理。建设项目的环境影响评价文件，由建设单位按国务院有关规定报有审批权的环境保护行政主管部门审批；建设项目有行业主管部门的，其环境影响报告书或环境影响报告表应经行业主管部门预审后，报有审批权的环境保护行政主管部门审批。建设项目的环境影响评价文件未经法律规定的审批部门审查或审查后未予批准的，该项目审批部门不得批准其建设，建设单位不得开工建设。环境影响评价文件批准后，建设项目性质、规模、地点、生产工艺、防治污染或防止生态破坏的措施发生重大变动的，建设单位应重新报批环境影响评价文件。自环境影响评价文件批准之日起超过 5 年才决定开工建设的建设项目，其环境影响评价文件应报原审批部门重新审核，原审批部门自收到环境影响评价文件之日起 10 日内应将审核意见书面通知建设单位。

2. 环境保护"三同时"制度

环境保护"三同时"是指建设项目需要配套建设的环境保护设施，必须与主体工程同时设计、同时施工、同时投产使用。

（1）设计阶段。建设项目的初步设计应按环境保护设计规范要求编制环境保护篇章，并依据经批准的环境影响报告书或环境影响报告表，在环境保护篇章中落实防治环境污染和生态破坏的措施以及环境保护设施投资概算。

（2）试生产阶段。建设项目主体工程完工后需要试生产的，其配套建设的环境保护设施必须与主体工程同时投入试运行。试生产期间，建设单位应对环境保护设施运行和建设项目对环境的影响情况进行监测。

（3）竣工验收及投产使用阶段。建设项目竣工后，建设单位应向审批该环境影响评价文件的环境保护行政主管部门申请其配套建设环境保护设施的竣工验收。环境保护设施的竣工验收应与主体工程竣工验收同时进行。

需要进行试生产的建设项目，建设单位应自建设项目投入试生产之日起 3 个月内，向审批该建设项目环境影响评价文件的环境保护行政主管部门申请该建设项目配套建设的环境保护设施的竣工验收。

分期建设、分期投入生产或使用的建设项目，其相应环境保护设施应分期验收。环境保护行政主管部门应自收到环境保护设施竣工验收申请之日起 30 日内完成验收。建设项目配套建设的环境保护设施验收合格后，方可正式投入生产或使用。

案例 10.1

背景：

某企业新建一生产线，其配套环保工程与主体工程同时设计并同时建设。主体工程完工后，该企业组织了项目主体工程验收并验收合格。企业为尽早占领产品市场，在未申请配套的环保工程验收的情况下便进行了试生产。由于环保工程未验收，配套的环境保护设施也就未运行，其间排放了一定量的废水和废气，对当地环境造成了一定的污染，后经群众举报至当地环保主管部门。

试分析:

(1)该企业的主要违法行为有哪些?该项目应在什么情况下如何投入生产运行?

(2)环保主管部门应对其如何处理?

分析要点:

问题(1):根据环境保护"三同时"规定,建设项目需要配套建设的环境保护设施,必须与主体工程同时设计、同时施工、同时投产使用。根据背景资料,该企业在组织项目主体工程验收合格后的试生产期间,未对配套的环保工程进行验收,因此配套的环境保护设施未能同时运行。这显然违反了环境保护"三同时"的规定。该项目必须在配套的环境保护工程验收合格后,与配套的环境保护设施同时运行。

问题(2):环保主管部门应责令该企业立即停止该项目的试生产,待配套的环保工程验收合格后方可与配套的环境保护设施同时运行;因其试生产期间造成了一定的环境污染,根据《中华人民共和国环境保护法》相关规定,应处以相应罚款。

10.2 建筑节能法规

10.2.1 节能的含义

所谓节能,是指加强用能管理,采取技术上可行、经济上合理以及环境和社会可以承受的措施,从能源生产到消费各环节,降低消耗、减少损失和污染物排放、制止浪费,有效、合理地利用能源。

我国 2008 年 4 月 1 日起施行的《中华人民共和国节约能源法》,对节约能源,保护环境,构建节约型社会,促进经济、社会协调可持续发展具有重要的意义。

10.2.2 建设项目行为主体的节能责任

《中华人民共和国节约能源法》规定,国家实行固定资产投资项目节能评估和审查制度。不符合强制性节能标准的项目,依法负责项目审批或者核准的机关不得批准或者核准建设;建设单位不得开工建设;已经建成的,不得投入生产、使用。

《建设工程质量管理条例》及相关法规规定,建设单位、设计单位、施工图设计文件审查机构、监理单位及施工单位等建设工程项目行为主体,必须严格遵守工程建设强制性标准中有关节能的相关规定。

(1)建设单位应按节能政策要求和节能标准委托工程项目的设计。建设单位不得以任何理由要求设计单位、施工单位擅自修改经审查合格的节能设计文件,降低节能标准。

(2)设计单位应依据节能标准进行设计,保证节能设计质量。

(3)施工图设计文件审查机构在进行审查时应审查节能设计的内容,在审查报告中单列节能审查章节;不符合节能强制性标准的,施工图设计文件审查结论应为不合格。

(4)监理单位应依照法律、法规及节能标准、节能设计文件、建设工程承包合同及监理合同对节能工程建设实施监理。

(5)施工单位应按审查合格的设计文件和节能施工标准要求进行施工,保证施工质量。

以上各参建单位未遵守上述规定的,应按《中华人民共和国节约能源法》《建设工程质量管理条例》等法律、法规和规章，承担相应的法律责任。

10.2.3　民用建筑节能制度

为加强民用建筑节能管理，降低民用建筑使用中的能源消耗，提高能源利用效率，国务院于 2008 年 8 月 1 日发布了《民用建筑节能条例》。民用建筑节能是指在保证民用建筑使用功能和室内热环境质量的前提下，降低其使用过程中能源消耗的活动。

1. 新建建筑节能

(1)对新技术、新工艺、新材料和新设备的要求。国家推广使用民用建筑节能的新技术、新工艺、新材料和新设备，限制或禁止使用能源消耗高的技术、工艺、材料和设备。国务院节能工作主管部门、建设主管部门应制定、公布并及时更新推广使用、限制使用、禁止使用目录。

国家限制进口或禁止进口能源消耗高的技术、材料和设备。

建设单位、设计单位、施工单位不得在建筑活动中使用列入禁止使用目录的技术、工艺、材料和设备。

(2)编制城镇规划的节能要求。编制城市和镇详细规划，应当按民用建筑节能要求确定建筑的布局、形状和朝向。

城乡规划主管部门依法对民用建筑进行规划审查，应就设计方案是否符合民用建筑节能强制性标准征求同级建设主管部门的意见；建设主管部门应当自收到征求意见材料之日起 10 日内提出意见。征求意见时间不计算在规划许可期限内。

对不符合民用建筑节能强制性标准的，不得颁发建设工程规划许可证。

(3)施工图设计文件的节能要求。施工图设计文件审查机构应按民用建筑节能强制性标准审查施工图设计文件；审查不符合民用建筑节能强制性标准的，县级以上地方人民政府住房城乡建设主管部门不得颁发施工许可证。

建设单位不得明示或暗示设计单位、施工单位违反民用建筑节能强制性标准进行设计、施工，不得明示或暗示施工单位使用不符合施工图设计文件要求的墙体材料、保温材料、门窗、采暖制冷系统和照明设备。

合同约定由建设单位采购墙体材料、保温材料、门窗、采暖制冷系统和照明设备的，建设单位应保证其符合施工图设计文件要求。

(4)对施工材料的节能要求。设计单位、施工单位、工程监理单位及其注册执业人员，应当按民用建筑节能强制性标准进行设计、施工、监理。

施工单位应对进入施工现场的墙体材料、保温材料、门窗、采暖制冷系统和照明设备进行查验；不符合施工图设计文件要求的，不得使用。

工程监理单位发现施工单位不按民用建筑节能强制性标准施工的，应要求其改正；施工单位拒不改正的，工程监理单位应及时报告建设单位和有关主管部门。

墙体、屋面的保温工程施工时，监理工程师应按工程监理规范的要求，采取旁站、巡视和平行检验等形式实施监理。

未经监理工程师签字，墙体材料、保温材料、门窗、采暖制冷系统和照明设备不得在建筑上使用或安装，施工单位不得进行下一道工序的施工。

建筑的公共走廊、楼梯等部位，应安装、使用节能灯具和电气控制装置。

对具备可再生能源①利用条件的建筑，建设单位应选择合适的可再生能源，用于采暖、制冷、照明和热水供应等；设计单位应按有关可再生能源利用的标准进行设计。

可再生能源利用设施应与建筑主体工程同步设计、同步施工、同步验收。

国家机关办公建筑应安装、使用节能设备。

(5)竣工验收管理。建设单位组织竣工验收时，应对民用建筑是否符合民用建筑节能强制性标准进行查验，对不符合民用建筑节能强制性标准的，不得出具竣工验收合格报告。

2. 既有建筑节能改造

既有建筑节能改造是指对不符合民用建筑节能强制性标准的既有建筑的围护结构、供热系统、采暖制冷系统、照明设备和热水供应设施等实施节能改造的活动。

既有建筑节能改造应根据当地经济、社会发展水平和地理气候条件等实际情况，有计划、分步骤地实施分类改造，并应符合民用建筑节能强制性标准，优先采用遮阳、自然采光、改善通风等低成本改造措施。既有建筑围护结构的改造应与供热系统的改造同步进行。

3. 建筑用能系统运行节能

《民用建筑节能条例》对建筑用能系统运行节能做了以下规定：

(1)用电节能。国家机关办公建筑和大型公共建筑①的所有权人或使用权人应建立健全民用建筑节能管理制度和操作规程，对建筑用能系统进行监测、维护，并定期将分项用电量报县级以上地方人民政府建设主管部门。

县级以上地方人民政府节能工作主管部门应会同同级住房城乡建设主管部门确定本行政区域内公共建筑重点用电单位及其年度用电限额。

县级以上地方人民政府住房城乡建设主管部门应对本行政区域内国家机关办公建筑和公共建筑用电情况进行调查统计和评价分析。国家机关办公建筑和大型公共建筑采暖、制冷、照明的能源消耗情况应按法律、行政法规和国家其他有关规定向社会公布。

(2)供热节能。县级以上地方人民政府住房城乡建设主管部门应对本行政区域内供热单位的能源消耗情况进行调查统计和分析，并制定供热单位能源消耗指标；对超过能源消耗指标的，应要求供热单位制定相应的改进措施并监督实施。

供热单位应建立健全相关制度，加强对专业技术人员的教育和培训。

供热单位应改进技术装备，实施计量管理，并对供热系统进行监测、维护，提高供热系统的效率，保证供热系统的运行符合民用建筑节能强制性标准。

4. 各行为主体的法律责任

(1)建设单位的法律责任。《民用建筑节能条例》第三十七条规定，建设单位有下列行为之一的，由县级以上地方人民政府建设主管部门责令改正，处 20 万元以上 50 万元以下罚款：

1)明示或暗示设计单位、施工单位违反民用建筑节能强制性标准进行设计、施工的。

2)明示或暗示施工单位使用不符合施工图设计文件要求的墙体材料、保温材料、门窗、采暖制冷系统和照明设备的。

3)采购不符合施工图设计文件要求的墙体材料、保温材料、门窗、采暖制冷系统和照明设备的。

4)使用禁止使用目录中技术、工艺、材料和设备的。

建设单位对不符合民用建筑节能强制性标准的民用建筑项目出具竣工验收合格报告的，由县级以上地方人民政府住房城乡建设主管部门责令改正，处民用建筑项目合同价款2%以上4%以下罚款；造成损失的，依法承担赔偿责任。

(2)设计单位的法律责任。设计单位未按民用建筑节能强制性标准进行设计，或使用禁止使用目录中技术、工艺、材料和设备的，由县级以上地方人民政府住房城乡建设主管部门责令改正，处10万元以上30万元以下罚款；情节严重的，由颁发资质证书的部门责令停业整顿，降低资质等级或吊销资质证书；造成损失的，依法承担赔偿责任。

(3)施工单位的法律责任。施工单位未按民用建筑节能强制性标准进行施工的，由县级以上地方人民政府建设主管部门责令改正，处民用建筑项目合同价款2%以上4%以下罚款；情节严重的，由颁发资质证书的部门责令停业整顿，降低资质等级或吊销资质证书；造成损失的，依法承担赔偿责任。

施工单位有下列行为之一的，由县级以上地方人民政府住房城乡建设主管部门责令改正，处10万元以上20万元以下罚款；情节严重的，由颁发资质证书的部门责令停业整顿，降低资质等级或吊销资质证书；造成损失的，依法承担赔偿责任：

1)未对进入施工现场的墙体材料、保温材料、门窗、采暖制冷系统和照明设备进行查验的。

2)使用不符合施工图设计文件要求的墙体材料、保温材料、门窗、采暖制冷系统和照明设备的。

3)使用禁止使用目录中技术、工艺、材料和设备的。

(4)工程监理单位的法律责任。工程监理单位有下列行为之一的，由县级以上地方人民政府住房城乡建设主管部门责令限期改正；逾期未改的，处10万元以上30万元以下罚款；情节严重的，由颁发资质证书的部门责令停业整顿，降低资质等级或吊销资质证书；造成损失的，依法承担赔偿责任：

1)未按照民用建筑节能强制性标准实施监理的。

2)墙体、屋面的保温工程施工时，未采取旁站、巡视和平行检验等形式实施监理的。

对不符合施工图设计文件要求的墙体材料、保温材料、门窗、采暖制冷系统和照明设备，按照符合施工图设计文件要求签字的，依照《建设工程质量管理条例》第六十七条规定处罚。

注册执业人员未执行民用建筑节能强制性标准的，由县级以上人民政府住房城乡建设主管部门责令停止执业3个月以上1年以下；情节严重的，由颁发资格证书的部门吊销执业资格证书，5年内不予注册。

案例 10.2

背景：

A公司为某市一建筑公司，2010年1月8日，A承建了该市B投资公司的写字楼项目。该工程的施工图设计文件通过了有关部门的审查，但作为建设单位的B为节省开支，擅自修改了部分节能设计内容，并要求 A 按其修改后的设计文件进行施工。A 认为修改后的设计文件违反了建筑节能标准，因此拒不执行 B 的要求，但 B 态度强硬并以拒付工程款相要挟，A 无奈只好按 B 的要求进行施工。2010 年 12 月 31 日，市住建局在对该写字楼项目进行建筑节能专项检查时发现，该写字楼相关部位的保温漏做及室内灯具安装未达到原设计要求，违反了建筑节能强制性标准。

试分析：

本案例中哪些单位有违法责任？为什么？

分析要点：

本案例中，B 投资公司和 A 建筑公司都有违法责任。

B 作为建设单位，擅自修改经审查合格的节能设计文件，并指使和要挟 A 按其修改后的设计文件进行施工，违反了《节约能源法》《建设工程质量管理条例》等相关规定，是导致该写字楼不符合建筑节能强制性标准的重要原因，应接受住建局按《节约能源法》《建设工程质量管理条例》所做的相应处罚。A 作为施工单位，应按经审查合格的设计文件和节能施工标准要求进行施工，其按修改后的设计文件进行施工虽然是受 B 的指使和要挟，但却明知 B 修改后的设计文件不符合建筑节能强制性标准而照此施工，仍然违反了《建设工程质量管理条例》等相关规定，也是导致写字楼不符合建筑节能强制性标准的原因之一，因此，A 也应接受住建局按《节约能源法》《建设工程质量管理条例》所做的相应处罚。

任务总结

《中华人民共和国环境保护法》的立法目的是保护和改善生活环境与生态环境，防治污染和其他公害，保障人体健康，促进现代化建设的可持续发展。

环境影响评价是指对规划和建设项目实施后可能造成的环境影响进行分析、预测和评估，提出预防或减轻不良环境影响的对策和措施，进行跟踪监测的方法与制度。

环境保护"三同时"是指建设项目需要配套建设的环境保护设施，必须与主体工程同时设计、同时施工、同时投产使用。

民用建筑节能是指在保证民用建筑使用功能和室内热环境质量的前提下，降低其使用过程中能源消耗的活动。

《建设工程质量管理条例》及相关法规规定，建设单位、设计单位、施工图设计文件审查机构、监理单位及施工单位等建设工程项目行为主体，必须严格遵守工程建设强制性标准中有关节能的相关规定。

巩固训练

参考答案

一、名词解释

环境 环境保护"三同时" 环境影响评价 民用建筑节能

二、单项选择题

1. 建设项目中污染防治设施，必须与主体工程同时设计、同时施工、同时投产使用。

这就是（　　）。

    A. 环保"三同时"   B. 环保三要素

    C. 安全生产"三同时"   D. 安全生产三要素

2. 根据建设项目对环境的影响程度，国家对建设项目环境影响评价实行分类管理，其中可能造成重大环境影响的，应（　　）。

    A. 填写环境影响登记表   B. 编制环境影响报告表

    C. 编制环境影响报告书   D. 不予立项

3. 建设单位未依法提交建设项目环境影响评价文件或者环境影响评价文件未经批准，擅自开工建设的，由负有环境保护监督管理职责的部门责令停止建设，处以（　　），并可以责令恢复原状。

    A. 通报批评   B. 进行培训   C. 进行行政处分   D. 罚款

4. 设计单位、施工单位、工程监理单位及其注册执业人员，应按（　　）节能强制标准进行设计、施工、监理。

    A. 工业用建筑   B. 农业用建筑   C. 民用建筑   D. 军事用建筑

5. 下面不是编制城市和镇详细规划时，应按民用建筑节能要求来确定的是（　　）。

    A. 建筑的布局   B. 建筑的形状   C. 建筑的高度   D. 建筑的朝向

6. （　　）环境保护主管部门会同有关部门，根据国民经济和社会发展规划编制国家环境保护规划，报国务院批准并公布实施。

    A. 国务院   B. 所在省   C. 所在市   D. 所在县

7. 环境保护行政主管部门应自收到环保设施竣工验收申请之日起（　　）日内完成验收。

    A. 7   B. 15   C. 28   D. 30

三、多项选择题

1. 下列属于环境影响报告书的基本内容的有（　　）。

    A. 建设项目对环境影响的经济损益分析 B. 建设项目周围环境现状

    C. 环境质量标准   D. 环境影响评价结论

2. 以下是环境保护法基本原则的有（　　）。

    A. 预防为主   B. 节约投资   C. 开发者养护   D. 依靠群众

3. 采暖、制冷、照明的能源消耗情况应按法律、行政法规和国家其他有关规定向社会公布的有（　　）。

    A. 居民小区   B. 国有企业

    C. 国家机关办公建筑   D. 大型公共建筑

4. 以下属于既有建筑节能改造中应优先采用措施的有（　　）。

    A. 改善自然采光条件   B. 改善自然通风条件

    C. 使用新型保温材料   D. 遮阳措施

四、判断题

1. 我国对建设项目的环境影响评价实行分类管理。（　　）

2. 生产建设过程中造成一定的环境污染是难以避免的，因此为了保护环境，我们主要应该想办法治理污染，解决已经产生的环境问题，适当注意预防即可。（　　）

3. 建设项目配套的环保工程可以在主体工程施工过程中进行设计。（　　）

4. 设计单位依据建设单位的要求进行设计，保证节能设计质量即可。（　　）

5. 国家推广使用民用建筑节能的新技术、新工艺、新材料和新设备，限制或禁止使用能源消耗高的技术、工艺、材料和设备。　　　　　　　　　　　　　　（　　）

五、简答题

1. 环境保护法的基本原则有哪些？

2. 对施工材料的节能要求是什么？

3. 建设项目各行为主体的节能责任是什么？

六、案例分析

背景：

某新建企业，其配套环保工程与主体工程同时设计，但未同时施工。主体工程完工后环保工程才开始实施。该企业为尽早将其产品打入市场，便组织了主体工程验收并验收合格，之后又尽快进行了试生产。由于环保工程未结束，配套的环境保护设施就无法运行，试生产期间排放了大量有毒有害废水和废气，造成了当地农作物大量死亡的重大污染事故，后经群众举报至当地环保主管部门。

试分析：

(1)该企业的主要违法行为是什么？

(2)环保主管部门或其他依法行使环境保护监督管理权的部门应对其如何处理？

第11章　城市房地产与物业管理法规

学习重点

房地产开发；房地产交易；物业管理。

学习目标

了解我国城市房地产管理法的调整对象；熟悉土地使用权出让及房地产权属登记管理相关规定；掌握城市房地产、房地产开发、房地产交易、物业管理等概念及其相关规定。

11.1　城市房地产管理法规

为了加强对城市房地产的管理，维护房地产市场秩序，保障房地产权利人的合法权益，促进房地产业的健康发展，1994年7月5日第八届全国人民代表大会常务委员会第八次会议通过了《中华人民共和国城市房地产管理法》(以下简称《城市房地产管理法》)，之后又根据2009年8月27日第十一届全国人民代表大会常务委员会第十次会议《关于修改部分法律的决定》，对其进行了第二次修正。

11.1.1　城市房地产管理法规概述

1. 房地产的概念

房地产是房产和地产的合称。其中，房产是指固定于土地上由法律明确了权属关系的房屋及其附属建筑物和构筑物；地产是指在一定土地所有制下作为财产的土地。显然，在空间上，房产是不能独立于地产之外而存在的。

2. 城市房地产管理法的概念

城市房地产管理法是指调整在城市房地产的开发、交易、管理、修缮和各种服务等活动中形成的一定社会关系的法律规范的总称。城市房地产管理法有广义和狭义之分。狭义的城市房地产管理法是指《城市房地产管理法》，它是调整我国房地产关系的基本法律，在中华人民共和国城市规划区国有土地(以下简称国有土地)范围内取得房地产开发用地的土地使用权，从事房地产开发、房地产交易、实施房地产管理，应当遵守本法；广义的城市房地产法是指与城市房地产有关的所有法律、法规、条例、规定和办法等。此处主要介绍《城市房地产管理法》。

11.1.2 城市房地产开发

1. 房地产开发的概念

依据《城市房地产管理法》第二条规定，房地产开发是指在取得国有土地使用权的土地上进行基础设施、房屋建设的行为。

2. 土地使用权出让

(1)土地使用权出让的概念。土地使用权出让是指国家将国有土地使用权(以下简称土地使用权)在一定年限内出让给土地使用者，由土地使用者向国家支付土地使用权出让金的行为。

(2)土地使用权出让。《城市房地产管理法》对土地使用权出让做了以下规定：

①城市规划区内的集体所有的土地，经依法征收转为国有土地后，该幅国有土地的使用权方可有偿出让。

②土地使用权出让，必须符合土地利用总体规划、城市规划和年度建设用地计划。

③县级以上地方人民政府出让土地使用权用于房地产开发的，需根据省级以上人民政府下达的控制指标拟订年度出让土地使用权总面积方案，按照国务院规定，报国务院或者省级人民政府批准。

③土地使用权出让，由市、县人民政府有计划、有步骤地进行。出让的每幅地块、用途、年限和其他条件，由市、县人民政府土地管理部门会同城市规划、建设、房产管理部门共同拟订方案，按照国务院规定，报经有批准权的人民政府批准后，由市、县人民政府土地管理部门实施。

直辖市的县人民政府及其有关部门行使前款规定的权限，由直辖市人民政府规定。

④土地使用权出让，可以采取拍卖、招标或者双方协议的方式。

商业、旅游、娱乐和豪华住宅用地，有条件的，必须采取拍卖、招标方式；没有条件，不能采取拍卖、招标方式的，可以采取双方协议的方式。

采取双方协议方式出让土地使用权的出让金不得低于按国家规定所确定的最低价。

⑤土地使用权出让最高年限由国务院规定。

⑥土地使用权出让，应当签订书面出让合同。

土地使用权出让合同由市、县人民政府土地管理部门与土地使用者签订。

⑦土地使用者必须按照出让合同约定，支付土地使用权出让金；未按照出让合同约定支付土地使用权出让金的，土地管理部门有权解除合同，并可以请求违约赔偿。

⑧土地使用者需要改变土地使用权出让合同约定的土地用途的，必须取得出让方和市、县人民政府城市规划行政主管部门的同意，签订土地使用权出让合同变更协议或者重新签订土地使用权出让合同，相应调整土地使用权出让金。

⑨国家对土地使用者依法取得的土地使用权，在出让合同约定的使用年限届满前不收回；在特殊情况下，根据社会公共利益的需要，可以依照法律程序提前收回，并根据土地使用者使用土地的实际年限和开发土地的实际情况给予相应的补偿。

另外，《城市房地产管理法》第六条规定，征收个人住宅的，还应当保障被征收人的居住条件。具体办法由国务院规定。

⑩土地使用权因土地灭失而终止。

土地使用权出让合同约定的使用年限①届满，土地使用者需要继续使用土地的，应当至迟于届满前一年申请续期，除根据社会公共利益需要收回该幅土地的外，应当予以批准。经批准准予续期的，应当重新签订土地使用权出让合同，依照规定支付土地使用权出让金。

土地使用权出让合同约定的使用年限届满，土地使用者未申请续期或者虽申请续期但依照前款规定未获批准的，土地使用权由国家无偿收回。

（3）土地使用权划拨。土地使用权划拨是指县级以上人民政府依法批准，在土地使用者缴纳补偿、安置等费用后将该幅土地交付其使用，或者将土地使用权无偿交付给土地使用者使用的行为。

依照《城市房地产管理法》规定以划拨方式取得土地使用权的，除法律、行政法规另有规定外，没有使用期限的限制。

下列建设用地的土地使用权，确属必需的，可以由县级以上人民政府依法批准划拨：

①国家机关用地和军事用地。
②城市基础设施用地和公益事业用地。
③国家重点扶持的能源、交通、水利等项目用地。
④法律、行政法规规定的其他用地。

3. 房地产开发

《城市房地产管理法》规定，房地产开发必须严格执行城市规划，按照经济效益、社会效益、环境效益相统一的原则，实行全面规划、合理布局、综合开发、配套建设。

以出让方式取得土地使用权进行房地产开发的，必须按照土地使用权出让合同约定的土地用途、动工开发期限开发土地。超过出让合同约定的动工开发日期满一年未动工开发的，可以征收相当于土地使用权出让金20%以下的土地闲置费；满两年未动工开发的，可以无偿收回土地使用权；但是，因不可抗力或者政府、政府有关部门的行为或者动工开发必需的前期工作造成动工开发迟延的除外。

《城市房地产管理法》第三十条规定，设立房地产开发企业，应当具备下列条件：

①有自己的名称和组织机构。
②有固定的经营场所。
③有符合国务院规定的注册资本。
④有足够的专业技术人员。
⑤法律、行政法规规定的其他条件。

《城市房地产管理法》规定，设立房地产开发企业，应当向工商行政管理部门申请设立登记。工商行政管理部门对符合本法规定条件的，应当予以登记，发给营业执照；对不符合《城市房地产管理法》规定条件的，不予登记。房地产开发企业在领取营业执照后的一个月内，应当到登记机关所在地的县级以上地方人民政府规定的部门备案。

11.1.3 房地产交易

1. 房地产交易概述

依据《城市房地产管理法》规定，房地产交易包括房地产转让、房地产抵押和房屋租赁。

该法对房地产交易做了以下规定：

（1）房地产转让、抵押时，房屋的所有权和该房屋占用范围内的土地使用权同时转让、抵押。基准地价、标定地价和各类房屋的重置价格应当定期确定并公布，具体办法由国务院规定。

（2）国家实行房地产价格评估制度。房地产价格评估，应当遵循公正、公平、公开的原则，按照国家规定的技术标准和评估程序，以基准地价、标定地价和各类房屋的重置价格为基础，参照当地的市场价格进行评估。

（3）国家实行房地产成交价格申报制度。房地产权利人转让房地产，应当向县级以上地方人民政府规定的部门如实申报成交价，不得瞒报或者作不实的申报。

（4）房地产转让、抵押，当事人应当依照《城市房地产管理法》第五章的规定办理权属登记。

2. 房地产转让

房地产转让是指房地产权利人通过买卖、赠与或者其他合法方式将其房地产转移给他人的行为。

（1）以出让方式取得土地使用权的，转让房地产时，应当符合下列条件：

①按照出让合同约定已经支付全部土地使用权出让金，并取得土地使用权证书。

②按照出让合同约定进行投资开发，属于房屋建设工程的，完成开发投资总额的 25% 以上；属于成片开发土地的，形成工业用地或者其他建设用地条件。转让房地产时房屋已经建成的，还应当持有房屋所有权证书。

（2）以划拨方式取得土地使用权的，转让房地产时，应当按照国务院规定，报有批准权的人民政府审批。有批准权的人民政府准予转让的，应当由受让方办理土地使用权出让手续，并依照国家有关规定缴纳土地使用权出让金。

以划拨方式取得土地使用权的，转让房地产报批时，有批准权的人民政府按照国务院规定决定可以不办理土地使用权出让手续的，转让方应当按照国务院规定将转让房地产所获收益中的土地收益上缴国家或者作其他处理。

（3）商品房预售。商品房预售，应当符合下列条件：

①已交付全部土地使用权出让金，取得土地使用权证书。

②持有建设工程规划许可证。

③按提供预售的商品房计算，投入开发建设的资金达到工程建设总投资的 25% 以上，并已经确定施工进度和竣工交付日期。

④向县级以上人民政府房产管理部门办理预售登记，取得商品房预售许可证明。

商品房预售人应当按照国家有关规定将预售合同报县级以上人民政府房产管理部门和土地管理部门登记备案。商品房预售所得款项，必须用于有关的工程建设。

商品房预售的，商品房预购人将购买的未竣工的预售商品房再行转让的问题，由国务院规定。

（4）不得转让房地产。下列房地产不得转让：

①以出让方式取得土地使用权的，不符合上述（1）中规定的条件的。

②司法机关和行政机关依法裁定、决定查封或者以其他形式限制房地产权利的。

③依法收回土地使用权的。

④共有房地产，未经其他共有人书面同意的。

⑤权属有争议的。

⑥未依法登记领取权属证书的。

⑦法律、行政法规规定禁止转让的其他情形。

3. 房地产抵押

房地产抵押是指抵押人以其合法的房地产以不转移占有的方式向抵押权人提供债务履行担保的行为。债务人不履行债务时，抵押权人有权依法以抵押的房地产拍卖所得的价款优先受偿。

(1)依法取得的房屋所有权连同该房屋占用范围内的土地使用权，可以设定抵押权。以出让方式取得的土地使用权，可以设定抵押权。

(2)房地产抵押，应当凭土地使用权证书、房屋所有权证书办理。

(3)房地产抵押，抵押人和抵押权人应当签订书面抵押合同。

(4)设定房地产抵押权的土地使用权是以划拨方式取得的，依法拍卖该房地产后，应当从拍卖所得的价款中缴纳相当于应缴纳的土地使用权出让金的款额后，抵押权人方可优先受偿。

4. 房屋租赁

房屋租赁是指房屋所有权人作为出租人将其房屋出租给承租人使用，由承租人向出租人支付租金的行为。

(1)房屋租赁，出租人和承租人应当签订书面租赁合同，约定租赁期限、租赁用途、租赁价格、修缮责任等条款，以及双方的其他权利和义务，并向房产管理部门登记备案。

(2)住宅用房的租赁，应当执行国家和房屋所在城市人民政府规定的租赁政策。租用房屋从事生产、经营活动的，由租赁双方协商议定租金和其他租赁条款。

(3)以营利为目的，房屋所有权人将以划拨方式取得使用权的国有土地上建成的房屋出租的，应当将租金中所含土地收益上缴国家。具体办法由国务院规定。

11.1.4　房地产权属登记管理

根据《城市房地产管理法》规定，国家实行土地使用权和房屋所有权登记发证制度。

(1)以出让或者划拨方式取得土地使用权，应当向县级以上地方人民政府土地管理部门申请登记，经县级以上地方人民政府土地管理部门核实，由同级人民政府颁发土地使用权证书。

在依法取得的房地产开发用地上建成房屋的，应当凭土地使用权证书向县级以上地方人民政府房产管理部门申请登记，由县级以上地方人民政府房产管理部门核实并颁发房屋所有权证书。

(2)房地产转让或者变更时，应当向县级以上地方人民政府房产管理部门申请房产变更登记，并凭变更后的房屋所有权证书向同级人民政府土地管理部门申请土地使用权变更登记，经同级人民政府土地管理部门核实，由同级人民政府更换或者更改土地使用权证书。法律另有规定的，依照有关法律的规定办理。

(3)房地产抵押时，应当向县级以上地方人民政府规定的部门办理抵押登记。

(4)经省、自治区、直辖市人民政府确定，县级以上地方人民政府由一个部门统一负责房产管理和土地管理工作的，可以制作、颁发统一的房地产权证书，依照(1)中规定，将房屋的所有权和该房屋占用范围内的土地使用权的确认和变更，分别载入房地产权证书。

案例 11.1

背景：

2016 年 4 月 9 日，李某向房地产开发公司 A 购买商品房一套，双方签订了《商品房购销合同》，合同约定李某向房地产开发公司 A 购买其开发的商品房一套，同时约定了该商品房的价款、付款方式以及交接、质量争议、保修责任等事项。之后，李某征得 A 的同意，以给 A 公司办理贷款，解决公司周转资金困难为由，在未付房款的情况下持 A 公司开具的购房手续，于 2016 年 5 月 8 日到当地房产局办理了该买商品房的房屋所有权证，房屋所有权证到手后，李某一直未去办理贷款手续，且 A 公司催告无效。李某于 2016 年 8 月 15 日向 A 公司出具欠条，确认欠 A 公司余款 423 734 元。此后李某始终不愿再履行还款义务。2017 年 7 月 29 日，A 公司将李某起诉至人民法院，要求终止该商品房购销合同，责令李某退回占用的商品房。

试分析：

(1)本案例中签订的《商品房购销合同》是否有效？

(2)李某的行为是否构成违约？为什么？

(3)法院是否应该支持 A 公司的诉讼请求？

分析要点：

问题(1)：本案例中签订的《商品房购销合同》属于有效合同。

问题(2)：从背景可知，李某与房地产开发公司 A 签订的《商品房购销合同》属于有效合同，合同约定了李某应向 A 公司履行该商品房的购销款、付款方式等义务。之后，李某以给 A 公司办理贷款，解决 A 公司周转资金困难为由，在未付房款的情况下持 A 公司开具的购房手续到当地房产局办理了该商品房的房屋所有权证，此后，李某既不去办理贷款手续，也不按合同约定履行还款义务，且经 A 公司催告无效。李某的行为已经构成了违约。

问题(3)：根据《合同法》第九十三条规定，当事人一方迟延履行主要债务，经催告后在合理期限内仍未履行，当事人一方迟延履行债务或有其他违约行为致使不能实现合同目的，当事人可以解除合同。因此，A 公司要求终止该商品房购销合同的理由成立，法院应支持其诉讼请求。

11.2　物业管理法规

随着我国城市化规模的不断扩大和城市人民生活水平的日益提高，物业管理也得到前所未有的发展。为了规范物业管理活动，维护业主和物业服务企业的合法权益，改善人民群众的生活和工作环境，2003 年 6 月 8 日，国务院以第 379 号令公布了《物业管理条例》，并于 2016 年 3 月 1 日对其进行了修订。

11.2.1　物业管理的概念

物业管理是指业主通过选聘物业服务企业，由业主和物业服务企业按照物业服务合同约定，对房屋及配套的设施、设备和相关场地进行维修、养护、管理，维护物业管理区域内的环境卫生和相关秩序的活动。

物业管理具有委托和有偿两个基本特点。

11.2.2　业主的权利与义务

1. 业主的权利

业主就是房屋的所有权人，其可以是自然人、法人及其他组织。业主在物业管理活动中享有下列权利：

(1)按照物业服务合同的约定，接受物业服务企业提供的服务。

(2)提议召开业主大会会议，并就物业管理的有关事项提出建议。

(3)提出制定和修改管理规约、业主大会议事规则的建议。

(4)参加业主大会会议，行使投票权。

(5)选举业主委员会成员，并享有被选举权。

(6)监督业主委员会的工作。

(7)监督物业服务企业履行物业服务合同。

(8)对物业共用部位，共用设施、设备和相关场地使用情况享有知情权和监督权。

(9)监督物业共用部位，共用设施、设备专项维修资金的管理和使用。

(10)法律、法规规定的其他权利。

2. 业主的义务

业主在物业管理活动中应履行下列义务：

(1)遵守管理规约、业主大会议事规则。

(2)遵守物业管理区域内物业共用部位和共用设施、设备的使用、公共秩序和环境卫生的维护等方面的规章制度。

(3)执行业主大会的决定和业主大会授权业主委员会作出的决定。

(4)按照国家有关规定缴纳专项维修资金。

(5)按时缴纳物业服务费用。

(6)法律、法规规定的其他义务。

11.2.3　业主大会与业主委员会

物业管理区域内全体业主组成业主大会。

业主大会由业主自治组成，是物业管理的最高决策者，代表业主的合法权益。《物业管理条例》第九条规定，一个物业管理区域成立一个业主大会。

业主委员会由业主大会选举产生，是业主大会的执行机构。

1. 业主大会的职责

《物业管理条例》第十条规定，同一个物业管理区域内的业主，应当在物业所在地的区、县人民政府房地产行政主管部门或者街道办事处、乡镇人民政府的指导下成立业主大会，并选举产生业主委员会。但是，只有一个业主的，或者业主人数较少且经全体业主一致同意，决定不成立业主大会的，由业主共同履行业主大会、业主委员会职责。

《物业管理条例》第十一条规定，下列事项由业主共同决定：

(1)制定和修改业主大会议事规则。

(2)制定和修改管理规约。

(3)选举业主委员会或者更换业主委员会成员。

(4)选聘和解聘物业服务企业。

(5)筹集和使用专项维修资金。

(6)改建、重建建筑物及其附属设施。

(7)有关共有和共同管理权利的其他重大事项。

2. 业主委员会的职责

《物业管理条例》第十五条规定，业主委员会执行业主大会的决定事项，履行下列职责：

(1)召集业主大会会议，报告物业管理的实施情况。

(2)代表业主与业主大会选聘的物业服务企业签订物业服务合同。

(3)及时了解业主、物业使用人的意见和建议，监督和协助物业服务企业履行物业服务合同。

(4)监督管理规约的实施。

(5)业主大会赋予的其他职责。

《物业管理条例》第十二条规定，业主大会会议可以采用集体讨论的形式，也可以采用书面征求意见的形式；但是，应当有物业管理区域内专有部分占建筑物总面积过半数的业主且占总人数过半数的业主参加。业主可以委托代理人参加业主大会会议。业主大会或者业主委员会的决定，对业主具有约束力。业主大会或者业主委员会作出的决定侵害业主合法权益的，受侵害的业主可以请求人民法院予以撤销。

11.2.4 前期物业管理

前期物业管理是指房屋出售之日起至业主委员会与物业服务企业签订《物业服务合同》生效时止的物业管理。

根据《物业管理条例》规定，在业主、业主大会选聘物业服务企业之前，建设单位选聘物业服务企业的，应当签订书面的前期物业服务合同；建设单位应当在销售物业之前，制定临时管理规约，对有关物业的使用、维护、管理，业主的共同利益，业主应当履行的义务，违反临时管理规约应当承担的责任等事项依法作出约定；物业买受人在与建设单位签订物业买卖合同时，应当对遵守临时管理规约予以书面承诺；前期物业服务合同可以约定期限，但是，期限未满、业主委员会与物业服务企业签订的物业服务合同生效的，前期物业服务合同终止。

国家提倡建设单位按照房地产开发与物业管理相分离的原则，通过招投标的方式选聘具有相应资质的物业服务企业。

11.2.5 物业管理服务

我国对从事物业管理活动的企业实行资质管理制度。具体办法由国务院建设行政主管部门制定。

《物业管理条例》规定，一个物业管理区域由一个物业服务企业实施物业管理。业主委员会应当与业主大会选聘的物业服务企业订立书面的物业服务合同。物业服务合同应当对物业管理事项、服务质量、服务费用、双方的权利和义务、专项维修资金的管理与使用、物业管理用房、合同期限、违约责任等内容进行约定。

➤ 任务总结

　　城市房地产管理法是指调整在城市房地产的开发、交易、管理、修缮和各种服务等活动中形成的一定社会关系的法律规范的总称。城市房地产管理法有广义和狭义之分。狭义的城市房地产管理法是指《城市房地产管理法》，它是调整我国房地产关系的基本法律，在中华人民共和国城市规划区国有土地(以下简称国有土地)范围内取得房地产开发用地的土地使用权，从事房地产开发、房地产交易、实施房地产管理，应当遵守本法。广义的城市房地产法是指与城市房地产有关的所有法律、法规、条例、规定和办法等。

　　依据《城市房地产管理法》，房地产开发是指在取得国有土地使用权的土地上进行基础设施、房屋建设的行为；房地产交易包括房地产转让、房地产抵押和房屋租赁。

　　为了规范物业管理活动，维护业主和物业服务企业的合法权益，改善人民群众的生活和工作环境，2003 年 6 月 8 日，国务院以第 379 号令公布了《物业管理条例》，并于 2016 年 3 月 1 日对其进行了修订。

参考答案

➤ 巩固训练

一、名词解释

房地产　　房地产开发　　房地产交易　　房地产抵押　　房屋租赁　　物业管理　　业主
业主大会　　业主委员会

二、单项选择题

1. 1994 年 7 月 5 日第八届全国人民代表大会常务委员会第八次会议通过了《城市房地产管理法》，根据 2009 年 8 月 27 日第十一届全国人民代表大会常务委员会第十次会议《关于修改部分法律的决定》，第(　　)次对其进行了修正。

A. 一　　　　　　　B. 二　　　　　　　C. 三　　　　　　　D. 四

2. 设立房地产开发企业，不需要具备的条件是(　　)。

A. 有自己的名称和组织机构　　　　　　B. 有固定的经营场所
C. 有符合国务院规定的注册资本　　　　D. 有城市户口

3. 设立房地产开发企业，应当向(　　)部门申请设立登记。

A. 建设主管　　　　　　　　　　　　　B. 土地主管
C. 工商行政管理　　　　　　　　　　　D. 环境保护主管

4. 下列房地产不得转让的是(　　)。

A. 依法收回土地使用权的　　　　　　　B. 权属无争议的
C. 持有建设工程规划许可证的　　　　　D. 依法登记领取权属证书的

5. 房地产抵押时，应当向(　　)级以上地方人民政府规定的部门办理抵押登记。

A. 乡　　　　　　　B. 县　　　　　　　C. 市　　　　　　　D. 省

6. 一个物业管理区域由(　　)个物业服务企业实施物业管理。

A. 一　　　　　　　B. 两　　　　　　　C. 三　　　　　　　D. 多

三、多项选择题

1. 以下是土地使用权出让可以采用的方式有(　　)。
   A. 拍卖　　　　　　B. 招标　　　　　　C. 随机抽取　　　　D. 双方协议

2. 房地产开发必须严格执行城市规划，按照(　　)相统一的原则，实行全面规划、合理布局、综合开发、配套建设。
   A. 经济效益　　　　B. 社会效益　　　　C. 银行效益　　　　D. 环境效益

3. 以下属于划拨用地的是(　　)。
   A. 居民小区用地　　　　　　　　　　　B. 军事用地
   C. 国家机关办公用地　　　　　　　　　D. 交通用地

4. 房地产交易包括(　　)。
   A. 房地产转让　　B. 房地产抵押　　C. 房地产规划设计　D. 房屋租赁

5. 有条件的，必须采取拍卖、招标方式出让土地使用权的是(　　)。
   A. 公益事业用地　　B. 商业用地　　　C. 旅游用地　　　　D. 娱乐

6. 《物业管理条例》第十一条规定，下列事项由业主共同决定的是(　　)。
   A. 制定和修改管理规约　　　　　　　　B. 选聘和解聘物业服务企业
   C. 每月向政府缴纳清洁卫生费用的额度　D. 一楼的装修

7. 以下属于业主委员会职责的是(　　)。
   A. 召集业主大会会议，报告物业管理的实施情况
   B. 监督管理规约的实施
   C. 及时了解业主的用水用电情况
   D. 业主大会赋予的其他职责

四、判断题

1. 广义的城市房地产管理法是指《城市房地产管理法》。　　　　　　　　　(　　)
2. 特殊情况下，根据社会公共利益的需要，可以依照法律程序提前收回。　(　　)
3. 土地使用权出让最低年限由国务院规定。　　　　　　　　　　　　　　(　　)
4. 土地使用权出让，应当签订书面出让合同。　　　　　　　　　　　　　(　　)
5. 采取双方协议方式出让土地使用权的出让金不得低于按国家规定所确定的最低价。

　　　　　　　　　　　　　　　　　　　　　　　　　　　　　　　　　(　　)
6. 物业管理具有委托和有偿两个基本特点。　　　　　　　　　　　　　　(　　)
7. 业主委员会由业主大会选举产生，所以是物业管理的最高决策者。　　　(　　)
8. 一个物业管理区域可以根据实际情况成立一个或几个业主大会。　　　　(　　)
9. 我国没有规定对从事物业管理活动的企业实行资质管理制度。　　　　　(　　)

五、简答题

1. 土地使用权出让合同约定的使用年限届满该怎么办？
2. 商品房预售，应当符合哪些条件？

六、案例分析

背景：

2015 年 7 月 11 日，周某向新蜀房地产开发公司购买门面房，双方签订了《商品房购销合同》，合同约定周某向新蜀房地产开发公司购买其开发的门面房两间，同时约定了该门面房的定金为 20 万元以及价款、付款方式、质量争议、保修责任等事项。周某按合同约定当

即就支付了 20 万元定金，之后在距交款最后期限还有两天的 2015 年 7 月 23 日到新蜀房地产开发公司营业部交房款，但却被工作人员要求按 120 元/㎡ 的价格在原合同价款基础上追加购房款，原因是房价涨势太猛，公司认为加价在情理之中。周某不愿多给房款，坚持要求按原合同执行而未果。周某遂于 2015 年 7 月 31 日将新蜀房地产开发公司起诉至人民法院，要求强制按原合同执行。

试分析：

(1)本案例中签订的《商品房购销合同》是否有效？新蜀房地产开发公司可以单方面变更该合同吗？

(2)新蜀房地产开发公司的行为是否构成违约？为什么？

(3)法院是否应该支持周某的诉讼请求？

参 考 文 献

[1] 廖征军. 工程建设法规[M]. 2 版. 北京：北京理工大学出版社，2015.

[2] 生青杰. 工程建设法规[M]. 北京：科学出版社，2004.

[3] 叶胜川，刘平. 工程建设法规[M]. 3 版. 武汉：武汉理工大学出版社，2009.

[4] 王锁荣，张培新. 工程建设法规[M]. 北京：高等教育出版社，2005.

[5] 陈晓明，崔怀祖，宋丽伟. 工程建设法规[M]. 北京：北京理工大学出版社，2009.

[6] 陈东佐. 建筑法规概论[M]. 3 版. 北京：中国建筑工业出版社，2011.

[7] 徐占发. 建设法规与案例分析[M]. 北京：机械工业出版社，2011.

[8] 丁士昭，商丽萍. 建设工程法规及相关知识[M]. 3 版. 北京：中国建筑工业出版社，2011.

[9] 董伟，欧阳钦，黄泽钧. 建筑法规[M]. 北京：北京大学出版社，2011.

[10] 李永军，易军. 合同法[M]. 北京：中国法制出版社，2009.

[11] 江平. 民法各论[M]. 北京：中国法制出版社，2009.

[12] 廖正江. 建设工程合同条款精析及实务风险案解[M]. 北京：中国法制出版社，2011.

[13] 李庄. 环境影响评价(新 1 版)[M]. 武汉：武汉理工大学出版社，2015.